REALITY

Carolin Philipps

Großvater und das Vierte Reich

Carolin Philipps

Carolin Philipps, geboren 1954, wuchs in Hildesheim auf. Sie studierte Geschichte und Anglistik in Hannover und Bonn. Seit 1981 lebt sie in Hamburg. Sie ist verheiratet, hat zwei Kinder und arbeitet als Lehrerin; schreibt Kurzgeschichten und Jugendbücher.

Großvater und das Vierte Reich

RAVENSBURGER BUCHVERLAG

Illustrationen von Caroline Krämer

Lizenzausgabe
als Ravensburger Taschenbuch
Band 8057
erschienen 1998
Erstmals in den Ravensburger Taschenbüchern
erschienen 1994
(als RTB 4112)

Die Originalausgabe erschien 1990
im Verlag Herder Freiburg im Breisgau

Umschlagillustration: Heinrich Paravicini
(unter Verwendung eines Fotos
von Henning Alberti)

RTB-Reihenkonzeption:
Heinrich Paravicini, Jens Schmidt

**Gesamtherstellung: Ebner Ulm
Printed in Germany**

**Die Schreibweise entspricht den Regeln
der neuen Rechtschreibung.**

6 5 4 3 2 1 03 02 01 00 99 98

ISBN 3-473-58057-0

REALITY

Die Handlung dieses Buches
bewegt sich in den Jahren von
1972 bis 1989.

Auch wenn viele Details an den
Schauplätzen des Geschehens sich
seither verändert haben –
das Thema des Buches ist
dennoch **brennend** aktuell.

Teil I

1

Dirk redet seit drei Wochen, seit wir aus Südafrika zurück sind, dass ich die ganze Geschichte aufschreiben soll. Ich könne nicht den ganzen Tag auf dem Bett liegen und Löcher in die Decke starren. Es würde doch nichts ändern.

»Und du meinst, Thomas wird wieder lebendig, wenn ich es aufschreibe?«, habe ich ihn gefragt.

»Die Vergangenheit kannst du nicht mehr ändern«, war seine Antwort. »Damit musst du dich abfinden. Aber vielleicht die Zukunft.«

Vielleicht und vielleicht auch nicht. Ich habe in der Schule in Geschichte nie gut aufgepasst, aber so viel habe ich doch behalten, dass die Menschen selten eine Lehre aus der Vergangenheit gezogen haben.

Doch ich weiß selber, dass es an der Zeit ist, aufzustehen und die Hoffnung, ich könnte es vergessen, aufzugeben. Tagsüber gelingt es mir manchmal, aber nachts sind sie alle wieder da: Jan, Ohm Piet, Frank, Thomas und Nancy. Und natürlich Großvater.

Und es ist alles meine Schuld. Wenn ich ihren Treffpunkt nicht verraten hätte ...

Dirk meint, irgendwann hätte ein anderer sie verraten. Damit hätten sie von Anfang an rechnen müssen. Vielleicht, nur es war kein anderer. Ich war es! Und es nutzt auch nichts, dass ich weiß, ich wollte es nicht sagen. Es ist mir herausgerutscht, weil ich vor Angst halb verrückt war. Ich sah nur den Gummisack, den sie mir wieder über den Kopf stülpen wollten.

Selbst Franks Eltern machen mir keine Vorwürfe, aber sie haben mich gefragt, wie es überhaupt kommt, dass ich Leute wie Jan und seinen Großvater kenne.

»Wie bist du in ihren Geheimbund geraten? Woher hast du die Adresse? Und warum haben sie ausgerechnet dich als Freund aufgenommen? Sie sind sonst sehr misstrauisch«, hat Franks Vater immer wieder gefragt.

Nein, so geht es nicht. Ich muss doch ganz von vorne anfangen. Vielleicht finde ich dann eine Erklärung dafür, warum es so hat kommen müssen. Oder hat es überhaupt so kommen *müssen*? Hatte ich die Möglichkeit, es zu verhindern?

Und das ist genau der Punkt. Ist es wirklich erst drei Monate her, dass ich nach Südafrika geflogen bin, überzeugt davon, dass Großvaters Pläne richtig sind?

Beginnen wir also mit meinen Kindheitserinnerungen, so wie sie es bei Gericht machen, wenn sie die Ursache für die Taten eines Angeklagten in der frühen Kindheit suchen: mangelnde Zuwendung, falsche Freunde und so weiter.

Geboren wurde ich am 12. August 1972 in Berlin, was ich allerdings mehr aus den Erzählungen meiner Mutter als aus eigener Erinnerung weiß.

Mein Vater: Er kauft mir Zuckerwatte und fährt mit mir Autoscooter. Er hat einen Arm um mich gelegt und hält mich ganz fest. Er stößt mit Absicht gegen die anderen Autos, weil er mein Lachen so gerne hört.

Mein Vater: Er kommt torkelnd durch die Tür. Er schreit und schlägt Mutter. Und als ich weine, schlägt er auch mich. Ich habe solche und solche Erinnerungen an ihn. Viel ist es nicht, weil er uns verlassen hat, als ich fünf war. Ich habe nie wieder etwas von ihm gehört. Anfangs hab ich ihn schon vermisst – trotz der Schläge.

Mutter fand Arbeit als Sekretärin bei einer Zeitung. Ich kam zur Schule, und nach dem Unterricht ging ich zu Großvater, wo Mutter mich abends abholte.

Ich kann mich noch genau an den Tag erinnern, als ich zum ersten Mal erfuhr, dass ich einen Großvater habe. Es war kurz nachdem Vater gegangen war.

An einem Sonntagabend klingelte plötzlich das Telefon. Mutter kam erst nach einer ganzen Weile zurück, und ich sah sofort, dass sie geweint hatte.

»Was ist los?«, fragte ich erschrocken.

»Luise ist gestorben«, sagte sie.

»Wer ist Luise?«

»Die Frau deines Großvaters. Ich hab nach dem Krieg viele Jahre bei ihr und deinem Großvater gewohnt.« Sie sagte nicht »bei meinem Vater«, sie nannte ihn auch später nie »Vater«, aber das fiel mir damals nicht auf.

»Also ist ..., ich meine, war sie meine Großmutter? Warum hast du mir nie davon erzählt?«

»Sie war nicht deine Großmutter. Sie war die zweite Frau deines Großvaters, aber ich hab sie gerne gehabt. Sie war wie eine Mutter zu mir. Bis ich dann eines Tages erfahren habe ... Und nun ist sie tot. Dabei hab ich erst vor einigen Wochen mit ihr gesprochen. Sie wollte dich so gerne mal sehen. Sie konnte ja nichts dafür. Und jetzt ist es zu spät.«

Mutter war wirklich sehr traurig, aber mich hat das alles nicht besonders erschüttert, weil ich bis dahin keine Ahnung von dieser Großmutter hatte, die nicht einmal meine richtige war.

Ich hätte nur gerne noch mehr von diesem Großvater, der ja noch lebte und den ich auch nicht kannte, erfahren. Einen Großvater wollte ich schon immer haben.

Aber Mutter war nicht in der Stimmung für Erklärungen, und so fragte ich nicht weiter. Auch in den nächsten Tagen sprach sie nicht viel, schon gar nicht über diesen neuen Großvater.

Am Donnerstag darauf fuhren wir zur Beerdigung. Ich wäre am liebsten zu Hause geblieben, weil alles an mir kratzte, die neue Hose, das steife weiße Hemd und der dunkelblaue Pullover, so wie an dem Tag, als ich aus Versehen in den Ameisenhügel gefallen war.

»Reine Schurwolle! Gute Qualität. Was glaubst du, was die Sachen gekostet haben! Nun stell dich nicht so an«, schimpfte Mutter.

Bei ihr juckte es ja auch nicht. Und wegen mir hätte sie die Sachen sowieso nicht kaufen müssen. Ich wollte lieber neue Fußballschuhe, die jetzt wegen der Beerdigungskleidung in weite Ferne entschwanden.

Auf dem Friedhof waren eine Menge Leute versammelt, alle in Schwarz, und traurig sahen sie aus. Einige von ihnen schienen Mutter gut zu kennen. Sie kamen auf uns zu und schüttelten ihr die Hand.

»Dass man dich auch mal wieder sieht!«, sagte eine alte Frau. »Ja, ja, jetzt ist sie tot, die Luise. Und sie hat immer gehofft, du würdest eines Tages zurückkommen.«

Sie strich mir über den Kopf.

»Ach ja, deine arme Großmutter ist nun tot. Und du hast sie nicht einmal kennen gelernt.« Das sagte sie mit einem vorwurfsvollen Blick in Richtung Mutter. Bevor ich ihr sagen konnte, dass diese Luise gar nicht meine Großmutter war, ging sie weiter, und andere kamen, um Beileid zu wünschen. In der Friedhofskapelle saß ich dann mit Mutter ganz vorne, direkt vor dem braunen Sarg, der mit Blumen geschmückt war. Mutter weinte ein bisschen, und auch hinter mir schluchzten einige.

Ich versuchte, traurig auszusehen, weil ich irgendwie spürte, dass sie das von mir erwarteten, aber es gelang mir nicht so recht.

Nachher, als wir hinter dem Sarg hergingen, bemerkte ich den Mann zum ersten Mal. Er war sehr groß, ich reichte ihm nicht einmal bis zum Bauch. Er hatte schneeweißes Haar und einen kleinen Schnauzbart unter der Nase.

Am meisten beeindruckte mich aber seine Jacke mit den vielen Orden darauf, die beim Gehen leise klimperten.

Am Grab stand er neben mir. Und manchmal, wenn ich zu ihm aufsah, merkte ich, wie er schnell den Kopf zur Seite drehte, so als habe er mich heimlich beobachtet, wollte sich dabei aber nicht erwischen lassen.

»Wer ist das?«, fragte ich Mutter leise.

»Pst!!«, machte sie nur und zeigte auf den Priester im langen schwarzen Rock, der immer noch seine Rede hielt.

Endlich wurde der Sarg in das Grab hinabgelassen, die Leute gingen hin und warfen Blumen und eine Schaufel Erde darauf. Danach kamen sie zu uns und sagten: »Herzliches Beileid.« Auch zu dem Mann mit den Orden gingen sie und schüttelten ihm die Hand.

»Also, wer ist das?«, fragte ich ungeduldig und zupfte Mutter an ihrem neuen schwarzen Kleid.

»Dein Großvater«, sagte sie kurz und zog mich weg zum Ausgang. Auf einmal wollte ich gar nicht mehr nach Hause zurück. Ich hätte ihn gerne gefragt, woher er die vielen Orden hat, aber Mutter wollte nichts davon wissen. Als ich mich noch einmal umsah, stand er dort alleine neben dem Grab. Er winkte mir zu, und da hob auch ich meinen Arm und winkte zurück.

Später erzählte sie dann, dass sie mit achtzehn von zu Hause weggelaufen ist, weil sie auf dem Boden Fotos und Briefe von ihrer richtigen Mutter, der ersten Frau von Großvater, gefunden hat. Bis dahin hat sie geglaubt, Luise ist ihre Mutter.

»Hat er sich von deiner richtigen Mutter scheiden lassen? Bist du deshalb so böse auf ihn? Du hast dich doch auch von Vater scheiden lassen, und ich laufe nicht weg.«

Mutter schwieg. Dann sagte sie leise: »Lassen wir das lieber. Es ist schon so lange her. Du wirst es nicht verstehen. Später erkläre ich es dir.«

Na ja, das kannte ich schon. Was man mir alles »später« erklären wollte. Manchmal dachte ich, die Zeit würde »später« für all die versprochenen Erklärungen nicht ausreichen. Tatsache ist, dass mir vieles dann gar nicht mehr erklärt wurde. So zum Beispiel die Sache mit Großvater.

Vielleicht wäre alles anders gekommen, wenn sie es mir damals erklärt hätte. Warum sie, als sie ein Jahr alt war, zu ihrer Tante kam, und erst nach deren Tod, als der Krieg vorbei war, zu ihrem Vater und seiner zweiten Frau zurückkehrte. Wenn sie mir die Wahrheit über ihre Mutter, meine Großmutter, gesagt hätte.

Aber ob ich es verstanden hätte? Ich weiß es nicht.

Ich weiß nur noch, dass ich unbedingt meinen neuen Großvater kennen lernen wollte. Es gab in meiner Klasse noch andere Kinder, die keinen Vater hatten, aber sie besaßen wenigstens eine Großmutter oder einen Großvater. Ich wollte auch einen haben.

Zu meiner Überraschung wohnte er ganz in unserer Nähe. War es Mutter, die ihn zuerst anrief? Vielleicht, weil ich sie so sehr darum gebeten habe? Oder weil sie sich mit ihm versöhnen wollte, weil er alt und alleine war? Weil sie ihn als Betreuer für mich brauchte?

War es Großvater, der den Anfang machte, weil er einsam war nach dem Tod seiner zweiten Frau?

Auch das weiß ich nicht. Es ist auch nicht wichtig. Für

mich zählte nur, dass sie sich einigten und Großvater einverstanden war, dass ich nach der Schule zu ihm kam, um die Nachmittage bei ihm zu verbringen, bis Mutter mich abholte. Sie redeten nie viel miteinander, und wenn, nur über mich, aber es war mir egal, solange ich bei Großvater bleiben konnte.

2

»Daniel!«, brummelte Großvater ärgerlich vor sich hin, als er mich das erste Mal von der Schule abholte und wir Hand in Hand durch die Straßen gingen.

»Daniel! Wie konnte deine Mutter dich nur so nennen! Wahrscheinlich, um mich zu ärgern.«

Er schaute mich fragend an, aber ich wusste die Antwort auch nicht. Mutter hatte mir zwar erklärt, dass »Daniel« ursprünglich ein jüdischer Name war, aber warum das den Großvater ärgerte, verstand ich nicht.

»Na ja, macht nichts«, meinte Großvater, und irgendwie schien er erleichtert, dass ich keine Erklärung für meinen Namen wusste. »Zum Glück hast du ja noch einen zweiten Namen. ›Manfred‹, wie dein Vater. Ein guter deutscher Name. Ich werde dich Manfred nennen.«

Ich war etwas verwundert, weil Mutter mich noch nie so gerufen hatte. Aber bitte, wenn Großvater es so wollte. Ich war froh, dass er nicht mehr böse auf mich und meinen Namen war. Zunächst reagierte ich oft gar nicht, wenn

Großvater mich rief, aber mit der Zeit gewöhnte ich mich daran.

Die ersten Wochen holte er mich täglich von der Schule ab, bis ich den Weg alleine gehen konnte. Er zeigte mir die kürzeste Strecke zu seiner Wohnung, brachte mir bei, nur bei Grün über die Straße zu gehen, und erklärte mir die Namen der Vögel, denen wir unterwegs begegneten.

Die Blumen und Schmetterlinge, mein erstes Wespennest, es war Großvater, der mir alles zeigte. Im Herbst suchten wir Pilze und bastelten Tiere aus Eicheln und Kastanien.

Meine Mutter hatte nie Zeit für so etwas. Sie war abends, wenn sie mich abholte, immer müde. Fragte ich sie etwas, dann sagte sie meist: »Daniel, sei lieb, geh spielen. Ich muss noch die Wäsche bügeln. Ich bin zu müde, um Fragen zu beantworten.«

So hatte ich nur Großvaters Antworten, denn er hatte immer Zeit für meine Fragen. Er freute sich sogar darüber. Großvater hatte für alles eine Erklärung, seine Erklärung, aber für mich gab es nur diese eine.

»Was möchtest du heute Mittag essen?«, fragte er mich am ersten Tag. »Ich kann Pellkartoffeln mit Würstchen machen. Oder Bratkartoffeln mit Spiegelei oder Bratkartoffeln mit Würstchen oder ...«

Wir probierten jeden Tag etwas anderes aus. Wegen der Vitamine kaufte Großvater jede Woche auf dem Markt eine große Kiste voll Äpfel, Birnen oder Pflaumen.

Und erzählen konnte er. Ob es das Märchen von Hänsel und Gretel, Gespenstergeschichten oder eigene Erlebnisse aus dem Krieg waren, es war immer spannend und manchmal recht gruselig.

Die Geschichten aus dem Krieg gefielen mir am besten, weil Großvater da mitspielte. Er war Obersturmbannführer bei einer SS-Panzerdivision gewesen und hatte vom Führer Adolf Hitler sogar das Ritterkreuz des Eisernen Kreuzes wegen besonderer Tapferkeit verliehen bekommen.

Am schönsten war es, wenn Mutter abends etwas vorhatte und ich die Nacht über bei Großvater bleiben durfte. Er schaffte eine Unzahl Würfelspiele an, die wir dann abends spielten. Wer verlor, musste den Abwasch machen.

In der Schule war ich nicht so gut. Ich saß meine Stunden ab und träumte davon, ein großer General zu werden. Aber dann brachte ich die ersten Vierer nach Hause, und Großvater meinte, dass Mutter mir bestimmt noch verbieten würde, zu ihm zu kommen, wenn es Schwierigkeiten in der Schule gäbe.

Und das war so ziemlich das Schlimmste, was uns passieren konnte. Also strengte ich mich an. Großvater übte mit mir Diktate und Aufsätze, bevor er zu erzählen anfing, und Mutter war sehr zufrieden mit uns.

Nachmittags, wenn die Hausaufgaben gemacht waren, saßen wir zusammen in Großvaters Wohnzimmer. Er erzählte, wir bauten die Schlachten mit seinen Zinnsoldaten nach, retteten Verwundete mitten aus dem Gewehrfeuer der feindlichen

Armee und rumpelten mit den Spielzeugpanzern, die Großvater mir schenkte, über den Wohnzimmerteppich.

Zuerst spielten wir alle Schlachten nach, an denen Großvater persönlich während des Zweiten Weltkrieges teilgenommen hatte, dann auch die, die er nur aus den Erzählungen von Kameraden kannte. Frankreich, Russland und so weiter.

Manchmal bekam Großvater Besuch von ehemaligen Kameraden aus der Waffen-SS. Ich freundete mich ziemlich schnell mit ihnen an und durfte sie »Onkel« nennen. Ich saß bei ihnen und hörte zu, wie sie von den alten Zeiten schwärmten, als die Deutschen noch mächtig waren. Sie zeigten mir auf der Landkarte, was damals alles zu Deutschland gehörte: die DDR, Polen und nachher auch Österreich und die CSSR.

»Heute ist Deutschland klein und schwach«, erzählte Onkel Georg. »Und es muss das tun, was die Amerikaner sagen.«

Ich träumte davon, dass eines Tages wieder ein mächtiger Führer kommen würde, der das Parlament, diesen »unfähigen Debattierklub«, wie Großvater es nannte, in die Wüste schickte und Deutschland wieder zur führenden Nation unter den Völkern machte.

Mutter erzählte ich davon nie etwas. »Weißt du, sag ihr lieber nichts«, hatte mir Großvater gleich zu Beginn empfohlen. »Sie ist eine Frau. Und was verstehen Frauen schon vom Krieg und überhaupt von der Politik? Das ist Männersache.«

Von da an gab es viele Dinge, die ich mit Großvater

unternahm, die er zur »Männersache« erklärte und von denen Mutter nichts erfahren sollte.

Es war »Ehrensache«, dass ich ihr nie etwas sagte, und ich hatte nicht einmal ein schlechtes Gewissen dabei, denn Großvater hatte schließlich gesagt, es sei besser so. Und es war Großvater, der zählte.

Sie wusste nichts von unseren Kriegsspielen, von den Spielzeugpanzern aller Größen und Fabrikate, die ich inzwischen besaß, und sie erfuhr auch nichts von den Landserheften, die Großvater für mich kaufte und mit deren Hilfe ich meine ersten Leseversuche machte: »Granaten krachten dicht neben ihnen auseinander. Als sich der Qualm verzog, sahen sie, dass Hauptmann Schuster getroffen am Boden lag. Aus einem Seitengraben peitschte eine Maschinenpistole auf. Trotzdem gelang es Oberfeldwebel Müller und seinen Leuten, den verletzten Hauptmann aus der Schusslinie zu ziehen. Sie hatten kaum die rettende Baumgruppe erreicht, als schon die Abschüsse der Vierzentimeterflak des Gegners aufblitzten ...«

Es dauerte lange, bis ich so einen Abschnitt entziffert hatte. Dafür las Großvater mir dann zur Belohnung den Rest der Geschichte vor.

So vergingen fast vier Jahre. Großvater und ich verstanden uns immer besser. Er war für mich die wichtigste Person in meinem Leben geworden. Wenn es Schwierigkeiten in der Schule gab, Großvater renkte es wieder ein, oft so, dass Mutter nicht einmal etwas davon erfuhr.

Auch als ich beim Stehlen im Kaufhaus erwischt wurde,

sprach Großvater mit dem Geschäftsführer, bezahlte den Schaden und gab mir, nachdem er mir gründlich den Hintern versohlt hatte, von da an regelmäßig Taschengeld, damit ich mir das, was ich brauchte, kaufen konnte.

Eines Abends jedoch passierte etwas Unvorhergesehenes. Es war ein Mittwochabend, der Abend, an dem sich regelmäßig Großvaters ehemalige Kameraden trafen.

Onkel Hans erzählte gerade, dass 1930/31 die Menschen hier in Deutschland gehungert haben. Es gab sechs Millionen Arbeitslose.

»Meine Geschwister und ich, wir haben regelmäßig in den Abfällen nach Resten gesucht, die Mutter dann noch auf den Tisch bringen konnte. Meine Hosen bestanden aus mehr Flicken als Stoff. Und dann kam der Führer. Er hat meinem Vater Arbeit gegeben, beim Bau der neuen Autobahn. Wir wurden alle wieder satt.«

In diesem Moment kam Mutter herein, um mich zu holen. Großvater brachte sie ins Wohnzimmer. Sie war abgehetzt, weil sie sich so sehr beeilt hatte.

»Entschuldigen Sie vielmals«, sagte sie zu Onkel Hans und den anderen. »Ich bin im Verlag aufgehalten worden. Hoffentlich hat der Junge Sie nicht gestört.«

»Aber nein, gnädige Frau!« Onkel Hans stand auf und schüttelte ihr die Hand. »Im Gegenteil. Ein so aufgeweckter Junge. Sie können stolz auf ihn sein.«

Mutter nahm meinen Arm. »Nun komm schon, Daniel. Es ist spät. Sag den Herren ›Auf Wiedersehen‹«.

Auf Wiedersehen! So konnte ich mich doch hier nicht verabschieden. Ich stand stramm, schlug die Hacken zusammen und streckte meinen rechten Arm vor. »Sieg Heil!« Und dann wollte ich gehen.

Nun war es Mutter, die sich nicht von der Stelle rührte. Sie starrte mich fassungslos an. Ganz blass wurde sie, als Onkel Hans mich lächelnd mit »Sieg Heil, mein Junge!« wiedergrüßte.

Großvater schubste uns schließlich aus der Wohnzimmertür. Und ehe Mutter sich gefasst hatte, standen wir auch schon im Hausflur. Großvater zwinkerte mir noch zu und legte einen Finger auf den Mund.

Ich verstand. Das mit dem »Sieg Heil!« war auch so eine »Männersache«, von der Mutter besser nichts erfahren hätte.

Als wir dann durch die Straßen gingen, fragte Mutter auf einmal: »Warum hast du das gemacht? Was hat Großvater dir erzählt?«

Ich dachte an seinen Finger auf dem Mund. »Ooch, also ... eigentlich hat er nicht viel erzählt. Mal so von früher, wenn er mir alte Fotos gezeigt hat, und so ...«

»Wieso sagst du ›Sieg Heil‹? Das erinnert mich an eine ganz schlimme Zeit. Das haben die Menschen damals gesagt, unter Hitler. Und sie haben mit dem vorgestreckten rechten Arm gegrüßt, so wie du gerade.«

»Weiß ich doch! Onkel Hans und die anderen haben oft von ihm erzählt. Von den Millionen Arbeitslosen, denen der Führer Arbeit verschafft hat, damit sie nicht verhungern.«

»Und von den Millionen, die er in den Lagern von

Auschwitz, Dachau und so weiter vergast hat, davon haben sie dir wohl nichts berichtet?«

Ich sah sie verwundert an.

»Nein, und das glaube ich auch nicht. Großvater hätte mir bestimmt davon erzählt.«

»So, meinst du? Hätte er das?«

Mutter war so böse, wie ich sie noch nie gesehen hatte.

»Dein Großvater hat doch selber vor einem dieser KZs Wache geschoben. Frag ihn mal, woher er seine Orden hat. Er hat aufgepasst, dass dein Hitler und seine Komplizen in aller Ruhe hinter den Mauern Millionen Juden umbringen konnten.«

Es stimmte einfach nicht! So etwas würde Großvater nie tun. Mein Großvater, der mich ausgeschimpft hatte, als ich einem Schmetterling die Flügel ausreißen wollte, weil das Tierquälerei war.

So etwas würde er nie tun. Und der Führer auch nicht.

»Du lügst!«, schrie ich. »Warum sagst du so was? Warum musst du alles kaputtmachen?«

»Frag ihn selber. Frag ihn, ob es stimmt. Warum, meinst du, bin ich von zu Hause weggegangen? Weil ich es nicht ertragen konnte, dass mein Vater, mein eigener Vater ... Und meine Mutter war ...«

Ich hielt mir die Ohren zu. Warum erzählte sie mir das erst jetzt? Und außerdem: »Wenn es Juden waren, dann hatten der Führer und Großvater vielleicht einen Grund, sie zu töten. Schließlich haben sie ja auch den Reichstag angezündet und wollten sogar den Führer ermorden!«

Mutter blieb stehen und sah mich entsetzt an.

»Oh mein Gott! Wie lange geht das schon so? Hat er dich mit solchen Lügen voll gestopft? Und ich habe es nicht mal bemerkt. Was habt ihr nachmittags gemacht, Großvater und du?«

Sie hätte wissen müssen, dass ich darauf keine Antwort mehr geben würde. Was interessierte sie sich auf einmal so für unsere Nachmittage? Ich war zehn, und Mutter entschied von einem Tag zum anderen, dass ich alt genug sei, alleine zu Hause zu bleiben. Eine Nachbarin sollte am Nachmittag ab und zu vorbeischauen. Sie verbot mir, Großvaters Wohnung jemals wieder zu betreten.

»Wir brauchen deinen Großvater nicht mehr!«

Aber da irrte sie gewaltig. Ich brauchte ihn sogar sehr. Die ersten Tage blieb ich alleine in der Wohnung. Das Mittagessen schmeckte scheußlich so alleine. Bei Großvater hatten wir immer so viel Spaß, und er hörte zu, wenn ich ihm aus der Schule erzählte. Jetzt war keiner mehr da, der mir zuhörte und mit mir lachte.

Im Fernsehen war nichts Gescheites, Freunde einladen durfte ich auch nicht, weil Mutter Angst um ihre neue Wohnzimmereinrichtung hatte.

Nach einer Woche erschien Großvater vor der Schule. »Na, Manfred«, sagte er.

»Na, Großvater.«

»Kommst du mit?«

»Sie hat es verboten. Sie meint ...«

»Danke, ich weiß, was sie meint. Sie hat es mir deutlich genug am Telefon gesagt. Da kann man nichts machen. Schade, wir hatten uns so gut verstanden.«

Er drehte sich um und wollte gehen.

»Wie war das mit den KZs? Und den Juden? Hat Hitler sie getötet? Und du hast Wache gestanden? Hast du das gewusst?«

Großvater drehte sich langsam um.

»Weißt du, mein Junge«, sagte er langsam. »Man muss das alles im richtigen Zusammenhang sehen. Sicher hat es solche Lager gegeben. Aber die gibt es unter anderem Namen überall auf der Welt.

Und es sind auch sicher Menschen getötet worden. Selbst in Amerika haben sie noch die Todesstrafe. Aber sechs Millionen? Überleg doch mal, die Zahl ist doch viel zu hoch. Sicher ein paar Juden. Aber die hatten es auch verdient. Denk doch mal, was ich dir über den Reichstagsbrand erzählt habe. Solche darf man doch nicht rumlaufen lassen.«

»Aber Mutter ...«

»Wenn ich deine Mutter so reden höre, denke ich mir, sie ist sicher eine von diesen Roten. Sie und ich, wir hatten schon immer verschiedene Ansichten über den Führer und sein Reich.«

»Sie ist bei den Roten?« Nun war ich aber entsetzt. Dass Mutter zu denen gehörte! Die Juden, die Kommunisten und die Ausländer, das waren die Hauptfeinde für unser deutsches Vaterland. So hatte ich das jedenfalls von Großvater und seinen Freunden gelernt. Sie waren schuld daran, dass Onkel Hans' Sohn arbeitslos war und eben überhaupt an allem.

»Also, was ist? Kommst du mit?«

Ob Mutter nun bei den Roten war oder nicht, so ganz traute ich mich doch noch nicht, ihre Befehle zu missachten.

»Ich soll nicht in deine Wohnung gehen.«

»Gehn wir auch gar nicht«, sagte Großvater da zu meiner Erleichterung. »Wir gehn 'ne Bratwurst essen, und dann zeig ich dir meine neueste Errungenschaft. Du wirst staunen.« Ich ging also mit und ich war froh darüber. Zu Hause wartete niemand auf mich. Mutter würde frühestens in fünf Stunden zurück sein.

3

Großvaters neue Errungenschaft lag in einer Seitenstraße etwas abseits der großen Geschäfte, zwei Bushaltestellen von unserer Wohnung entfernt. Graue Häuserblocks, dazwischen der Eingang zu einem Hinterhof.

Großvater ging über den Hof in das hintere Gebäude. Es war dunkel im Flur, und es roch ziemlich muffig. Im Erdgeschoss links neben der Tür Großvaters Name.

Eine neue Wohnung, dachte ich zuerst. Aber es war eine besondere Wohnung: ein Buchladen. Großvater hatte ihn von Onkel Hans übernommen, der seit einiger Zeit nicht mehr so gut zu Fuß war und den Laden daher nicht weiterführen konnte.

»Unser Laden«, sagte Großvater und zeigte auf die Regale, die ringsherum an den Wänden standen. »Jetzt sind wir

Geschäftspartner, du und ich. Wir werden den Laden schon schmeißen, was meinst du?«

Ich war so stolz. Mutter behandelte mich oft noch wie ein Kind: Pass auf, wenn du mit dem Fahrrad fährst! Setz die Mütze auf, es ist kalt! Für Großvater war ich schon ein Mann. Geschäftspartner! Ich hatte das Gefühl, ich sei um mindestens zwanzig Zentimeter gewachsen.

Unser Geschäft bestand aus einem großen Verkaufsraum und einem kleineren Zimmer, in dem ein Tisch und mehrere Stühle standen.

»Hier treffen wir uns jetzt immer. Du wirst schon sehen, wie gemütlich es wird. Und meine Jungs haben dann auch endlich einen Versammlungsraum.«

Von seinen »Jungs« erzählte Großvater oft. Ich hatte zwar noch keinen von ihnen gesehen, aber ich kannte sie alle aus Großvaters Erzählungen. Es waren zehn Jugendliche so zwischen sechzehn und vierundzwanzig. Sie trafen sich einmal in der Woche bei Großvater, besprachen alles Mögliche und planten Kundgebungen und Wochenendveranstaltungen, von denen ich bislang nur wusste, dass ich noch zu jung war, um daran teilzunehmen. Jetzt würde ich sie also endlich alle kennen lernen.

Dann gab es noch eine kleine Küche, in der neben Herd und Kühlschrank ein großer Holztisch und eine Bank standen. Hier kochten wir von da an unser Mittagessen.

»Meinst du, die Leute finden diesen Laden überhaupt? Es ist nicht mal ein Ladenschild draußen an der Tür.«

Großvater grinste nur.

»Die Eingeweihten wissen genau, wo wir zu finden sind.

Ein Buchladen mit großen Schaufenstern zur Straßenseite macht nur Wirbel. Und das können wir uns zurzeit noch nicht leisten.

Aber es wird die Zeit kommen, da werden wir wieder mit unseren Fahnen auf die Straßen gehen, und die Menschen werden uns zujubeln, so wie vor fünfzig Jahren.«

Mir war alles recht. Hauptsache, ich konnte wieder mit Großvater zusammen sein.

An diesem ersten Nachmittag war ich voll damit beschäftigt, die Regale und Schränke zu durchforsten. Wir hatten jede Menge Landserhefte, Zeitungen und Monatsschriften und sogar zwei Originalausgaben von Hitlers »Mein Kampf«, für die man einen Liebhaberpreis bis zu 100 DM verlangen konnte.

Dann besaßen wir Ärmelstreifen fast sämtlicher SS-Divisionen, Koppelschlösser der SA, Panzerspangen mit und ohne Eichenlaub und Dolche. Das Eiserne Kreuz Erster Klasse aus Aluminium kostete 13 DM. Wollte man es vergoldet, musste man schon 16 DM springen lassen.

Wir hatten Uniformen in verschiedenen Größen, vom Leutnant bis zum Hauptmann. Manchmal probierte ich eine von ihnen an. Sie waren mir natürlich viel zu weit, obwohl ich für mein Alter sehr groß war.

»Ein richtiger Arier!«, sagte Großvater einmal, als ich in einer der Leutnantsuniformen umherspazierte.

»So wollte der Führer seine Jungs. Aufrecht und stolz. Man sieht dir gar nicht an, dass ...«

»Dass was ..., Großvater?«

»Ach nichts, unwichtig.«

Ich stolzierte vor dem Spiegel auf und ab, salutierte, hob das Gewehr und zielte auf die Deckenlampe. Dabei kam ich mir unheimlich stark vor.

»Woher bekommst du das alles?«, staunte ich, als Großvater mir die Kiste mit den Hakenkreuzaufklebern und den Anstecknadeln mit den Aufschriften »Jude, verrecke!«, »Ausländer raus!« und »Kauft nicht bei Juden und Ausländern!« zeigte.

»Hast du das noch von früher?«

»Nee, nee, das ist frisch gedruckt. In den USA und in Kanada. Das kannst du per Katalog bestellen.«

»Einfach so bestellen? Und du kriegst keinen Ärger? Du hast doch neulich selbst gesagt, es gibt da so ein Gesetz.«

»Der Paragraph 86, ich weiß. Das Verbreiten von Material aus der nationalsozialistischen Zeit ist verboten! Man muss sich aber nur in den Gesetzen auskennen, dann passiert nichts. Du kannst alles frei kaufen. Nur der Weiterverkauf ist strafbar. Deshalb haben die Sachen auch keine ausgeschilderten Preise. Und darum das Schild dort. Das sticht jedem Kontrolleur sofort ins Auge.«

Er zeigte auf ein riesiges Pappschild, das unübersehbar direkt über der Kasse angebracht war: »Nur an Sammler zu Forschungszwecken abzugeben!«

Einmal, als wir unseren Laden so etwa ein halbes Jahr hatten, gründeten die Hausbewohner eine Bürgerinitiative gegen uns. Sie beschwerten sich in Flugblättern und beim Hausbesitzer über diese »Halbstarken mit ihren Lederjacken«, die zu uns kamen. Es sei auch öfter der Gruß »Heil Hitler!« zu hören gewesen. Und aus der Wohnung ertöne ständig Marschmusik, und es klänge, als würden Exerzierübungen gemacht. In der Sache hatten sie Recht, aber Großvater meinte, in seiner Wohnung sei er der Herr.

Sie veranstalteten sogar auf dem Hof eine Demonstration gegen uns. Mit Plakaten »Nazis raus!« und Sprechchören.

»Alles linke Typen!«, schimpfte Großvater, der das Ganze hinter der Gardine vom Küchenfenster aus beobachtete. »Verstehst du jetzt, warum es besser ist, kein Schaufenster zu haben? Wir hätten einen schönen Scherbenhaufen.«

Ich stellte mich neben ihn und sah auf den Hof hinunter. Er war voller Menschen.

»Sieh mal, dort drüben!«, rief Großvater auf einmal. »Da stehn sogar 'n paar von den Türken aus dem 3. Stock. Was steht denn da auf dem Schild? ›Nazi, verrecke!‹«

Großvater holte tief Luft. Dann polterte er los.

»So eine Frechheit. Und das muss man sich als Deutscher im eigenen Land gefallen lassen. Kommen hierher, nehmen unseren Volksgenossen die Arbeit weg, kassieren Kindergeld und Sozialhilfe. Und dann stellen sie sich da hin und demonstrieren gegen mich. Alles durch das Grundgesetz erlaubt. So geht unser Staat mit deutschen Kriegshelden um. Demonstrieren gegen mich!«

So erbost hatte ich Großvater noch nie erlebt. Es war nicht so sehr die Demonstration, sondern mehr die Tatsache, dass sich die Türken daran beteiligten.

Ich fand auch, dass es nun wirklich zu weit ging, wenn jeder dahergelaufene Ausländer gegen deutsche Bürger demonstrieren konnte. Wenn es ihnen nicht passte, was wir hier machten, dann sollten sie doch dahin zurückgehen, wo sie herkamen. Niemand hielt sie auf.

Schließlich forderte der Hausbesitzer die Demonstranten auf, seinen Hof zu verlassen. Als das nichts nützte, alarmierte er die Polizei, die dann auch mit Wasserwerfern anrückte und die Menge vertrieb.

Großvater rächte sich auf seine Weise. Er schickte noch am selben Abend einige von seinen Jungs los. Am nächsten Morgen lasen wir dann in der Zeitung, dass »rechte Schlägertrupps« die Kneipe »Zum Roten Engel«, einen bekannten Treffpunkt der Linken, demoliert hätten. Die Polizei konnte die Täter leider nicht fassen.

Die türkische Familie aus dem 3. Stock zog vier Wochen später aus. Ich habe immer vermutet, dass Großvater auch da seine Finger im Spiel hatte, aber zu diesem Punkt schwieg er sich aus.

Noch am selben Tag machten wir uns daran, den Laden für einen eventuellen Besuch der Polizei vorzubereiten. Wir schafften die Aufkleber und einige Zeitschriften neueren Datums zu Großvater in die Wohnung. Auch verschiedene Bücher entfernten wir vorsichtshalber.

Eine Woche nach der Demo erschienen auch tatsächlich zwei höfliche Beamte, die Großvater freundlich grüßten und einen Rundgang durch den Laden machten. Sie konnten nichts Wesentliches finden, schließlich hatten wir ja mit ihnen gerechnet.

Mutter erzählte ich von all diesen Dingen nichts. Auch wenn Großvater längst nicht mehr von »Männersachen« redete, wusste ich inzwischen, dass sie besser nichts davon erfuhr, zumal sie ja nicht einmal ahnte, dass ich weiterhin mit Großvater zusammen war.

Mutter und ich, wir entwickelten uns sowieso total auseinander. Sie hatte ihren Verlag, ihre Fortbildungskurse und ihren Kegelabend. Ich hatte Großvater und den Buchladen.

Oh, wir waren sehr höflich zueinander. Selten hatten wir Streit, worüber auch? Wir waren wie zwei gute Bekannte, die sich ab und zu beim Essen trafen, die miteinander über das Wetter plauderten, ansonsten aber nichts voneinander wussten.

Es interessierte mich auch nicht mehr, was Mutter tat. Es gab eine Zeit, da fragte ich sie oft, was für eine Arbeit sie im Verlag machte oder warum eine Sache so und nicht anders war. Aber auf jede zweite Frage bekam ich zur Antwort: »Später, Daniel. Du siehst doch, ich bin beschäftigt.«

Sie war immer mit allem Möglichen beschäftigt, selten aber mit mir. Vielleicht ist es unfair, so etwas zu schreiben. Sie hatte es sicher nicht leicht, all die Jahre das Geld für uns beide zu verdienen.

Aber manchmal habe ich mir gewünscht, sie würde meine Hose ungebügelt lassen und dafür meine Fragen beantworten. Sie war immer so stolz auf mich, wenn ich mich morgens mit sauberer Hose, exakter Bügelfalte und frisch gewaschenem Haar von ihr verabschiedete, aber eigentlich hatte sie gar keine Ahnung von mir. Für mein Inneres war Großvater zuständig.

4

Einige Wochen nach der Demonstration erhielten wir einen anonymen Brief, in dem stand: »Auch wenn das Ordnungsamt in Ihrem Buchladen ›keine Gefährdung der öffentlichen Ordnung‹ sieht und Sie von Amts wegen weitermachen können wie bisher, wir werden nicht ruhen, bis Ihr Laden geschlossen wird!«

Über den Brief lachte Großvater nur, und doch hatte sich seit der Demonstration etwas in ihm verändert. Oder wahrscheinlich ist nur das wieder zum Vorschein gekommen, was die ganze Zeit tief in ihm versteckt gewesen ist.

Er war nie ein Freund der vielen Ausländer in der Stadt gewesen. Im Gegenteil, er ärgerte sich jedes Mal aufs Neue, wenn in seinem Wohnviertel wieder ein deutscher Ladenbesitzer aufgab und an seiner Stelle ein türkischer Gemüseladen oder ein italienisches Pizzarestaurant aufmachte. »Wieder ein deutscher Arbeitsplatz zum Teufel«, schimpfte er dann. »Als ob wir nicht genug deutsche Gerichte haben.«

Als die erste türkische Familie in den Wohnblock, in dem auch Großvater lebte, einzog, hatte er immerhin noch beim Tragen geholfen, weil er nicht mit ansehen konnte, wie die türkische Frau, die schwanger war, die Blumentöpfe nach oben schleppte. Er hatte ihr eine Tasse Tee angeboten und dann selber mit angefasst.

Auch als die Negerfamilie aus dem Kongo mit ihren zwei kleinen Töchtern einzog, war er noch ganz freundlich gewesen. Er hatte ihnen sein Werkzeug geborgt, und den beiden schokoladenbraunen Mädchen mit den Zöpfen, die so fest geflochten waren, dass sie wie die Stacheln bei einem Igel nach allen Seiten abstanden, schenkte er oft Bonbons.

Erst als eine deutsche Familie nach der anderen auszog und an ihre Stelle Italiener, Polen und vor allem Türken traten, änderte sich seine Haltung.

Wenn wir mittags in den Flur kamen, schnupperte er: »Knoblauch! Pfui Teufel! Schlimmer kann es in der Türkei auch nicht stinken.«

Er beschwerte sich über die laute »Negermusik« im Stockwerk über seiner Wohnung und stieß oft erbost mit dem Besenstiel gegen die Zimmerdecke. An den Wochenenden beklagte er sich über das Türenschlagen und das wilde Stimmengewirr im Flur. »Sie kommen und gehen. Ein Leben wie im Hotel«, beschwerte er sich bei mir. »Die ganze Verwandtschaft kommt angereist. Im Flur hörst du nur noch Polnisch, Türkisch oder was weiß ich.« Bis zu dieser Demo gegen unseren Buchladen hatte Großvater sich aber mehr oder weniger aufs Schimpfen beschränkt – jedenfalls, soweit mir bekannt ist. Er brummelte, wenn sie ihn freundlich grüßten, aber das war es dann auch schon.

Aber jetzt, als sogar Türken gegen ihn demonstrierten und mit ihren Schildern praktisch seine »Ausweisung aus dem Vaterland« forderten, fühlte er sich persönlich angegriffen.

Für Großvater war es so eine Art Alarmsignal.

»So geht's nicht weiter«, sagte er an jenem Abend, als wir nach der Auflösung der Demo durch die Polizei noch zusammensaßen und die Ereignisse besprachen.

»Ich hab ja nicht viel gesagt, als sie alle herkamen, um zu arbeiten, weil wir angeblich nicht genug deutsche Arbeiter hatten. Und ihre Knoblauchküche! Na gut, gefallen hat sie mir nie, aber bitte, jeder nach seinem Geschmack. Hab ich gedacht.

Aber wenn man ihnen den kleinen Finger reicht, brechen sie dir gleich die ganze Hand ab. Sieh dir nur die Zeitungen von heute an: Es werden immer weniger Deutsche geboren, aber die Ausländer vermehren sich wie die Karnickel. Und wenn wir erst eine Minderheit im eigenen Land werden, dann ist es zu spät. Du siehst ja, wie sie sich schon aufführen, wo wir noch in der Überzahl sind.«

Ganz rot war er im Gesicht vor Zorn. So hatte er noch nie geredet.

»Jetzt übertreibst du aber, Großvater«, versuchte ich ihn zu beruhigen. Aber er ließ mich nicht einmal ausreden.

»So, meinst du, ich übertreibe?«, unterbrach er mich ziemlich grob. »Man kann das gar nicht ernst genug nehmen. Woanders haben sie das längst erkannt und gehandelt.«

Er ging zu seinem Schreibtisch und suchte eine Weile in seinen Papieren herum. Schließlich kam er mit einem Brief in der Hand zurück.

»Mein Freund Piet hat mir mal wieder geschrieben. Ich soll mich endlich aufraffen und ihrer Bewegung beitreten.«

»Welcher Bewegung? Und wer ist Piet? Du hast mir nie von ihm erzählt.«

»Das ist eine lange Geschichte, Manfred. Ich hab ihn während des Krieges kennen gelernt. Er war mit ein paar

Freunden aus Südafrika gekommen, um an unserer Seite für die deutsche Sache zu kämpfen.

Piet hat den Führer ungeheuer bewundert. Er hat seine Rede über die weiße Herrenrasse und die minderwertigen Andersrassigen verschlungen. Er wäre vielleicht sogar in Deutschland geblieben, wenn wir gewonnen hätten. Aber so ist er 1945 enttäuscht nach Südafrika auf seine Farm zurückgegangen. Er nahm des Führers Ideen und einige meiner Kameraden aus der SS mit. Sie sind inzwischen reiche Farmer dort unten geworden.

Das Wichtigste aber ist, sie sind unserer Sache treu geblieben. Sie versuchen von Südafrika aus, unsere Bewegung neu aufzubauen. Braune Zellen, als Geheimbund getarnt, sollen wie ein Spinnennetz die ganze Bundesrepublik überziehen. Und dann ...« Er stockte.

»Was dann, Großvater?«, fragte ich gespannt. In meinem Bauch kribbelte es, so wie bei den Abenteuergeschichten, die Großvater immer erzählte.

»Wir werden sehen, was dann wird. Zuerst muss das Netz gesponnen werden. Bis jetzt hab ich mich nicht aktiv beteiligt. Ich war müde und fühlte mich zu alt, um das Tausendjährige Reich neu aufzubauen. Aber nun glaube ich auch, dass jeder gebraucht wird, um unsere Sache zu beschleunigen.«

»Und ich, Großvater? Kann ich nicht auch mitmachen?«

Er sah mich lange an. Dann stand er auf und fing an, im Zimmer auf und ab zu gehen.

»Großvater, bitte!«

Er sagte immer noch nichts. Dann endlich schien er zu einer Entscheidung gekommen zu sein.

»In Ordnung, du bist zwar noch sehr jung, aber ich werde dich langsam einweihen. Nur eins musst du dir für alle Zeit merken: Wenn dich jemand nach deiner Großmutter fragt, dann sagst du, sie hieß ›Luise‹, hörst du! ›Luise‹ und nicht anders.«

»Ja, aber wieso? Mutter sagt, sie hieß ›Ruth‹.«

Großvater presste die Lippen fest aufeinander und schüttelte den Kopf. »Das ist ein Befehl. Und du kannst es dir gleich für die Zukunft merken: Einem Befehl gehorcht man, ohne nach dem ›Warum?‹ zu fragen. Also wenn du mitmachen willst, halte dich daran.«

Natürlich wollte ich mitmachen. Das alles kam mir spannender vor als jedes Abenteuerbuch, das ich gelesen hatte, denn ich konnte mitspielen. Und da ich meine Großmutter nie kennen gelernt hatte, war es mir egal, welchen Namen sie gehabt hatte. Warum nicht Luise? Mutter hat selber gesagt, sie habe diese Luise gemocht, wenn sie auch die zweite Frau von Großvater gewesen war.

An den nächsten Wochenenden war Großvater oft unterwegs. Er besuchte Treffen von ehemaligen Kameraden im ganzen Land und warb für die Bewegung. An vielen Orten entstanden »Arbeitskreise«, wie sie sich zwecks Tarnung nannten: »Arbeitskreis zur Förderung der deutschen Kultur« hieß einer, »Verein zur Reinhaltung der deutschen Art« ein anderer.

Auch an Schulungstreffen der verschiedenen Gauleiter – das Spinnennetz war nach Gauen aufgeteilt worden – nahm

Großvater als Vertreter Berlins teil. Er kam dann immer mit neuen Plänen und Mappen voller Material zurück.

Als einen ersten Schritt gründete er selber auch einen »Arbeitskreis gegen die Überfremdung des deutschen Vaterlandes«. Ich fragte ihn damals, ob die braunen Zellen kein anderes Thema als nur dies eine kannten. Er sagte nur: »Wir werden uns später mit allem anderen auch beschäftigen müssen. Zuerst aber haben wir die Menschen beobachtet und ihnen genau zugehört. Es gibt eine Menge, denen die vielen Ausländer im Land suspekt sind, die sich Sorgen machen. Verstehst du, das ist ein Thema, mit dem wir die Leute gewinnen können. ›Stopp der Asylantenflut!‹ Was meinst du, wie das zieht.

Und dann vorsichtig das Thema ›Arbeitslosigkeit‹, die neue Armut in diesem Land und die steigende Zahl der Ausländer zueinander rücken. Ganz unbeabsichtigt. Na, und dann kann jeder selbst seine Schlüsse ziehen.

›Deutschland muss deutsch bleiben!‹ Um so einen zugkräftigen Slogan wird uns so manche Partei beneiden, nur können sie es nicht wagen, ihn offen anzusprechen. Dies Thema nimmt uns keiner! Da sind wir einmalig. Du wirst sehen.«

Zu meinem Erstaunen erschienen am ersten Abend von Großvaters Arbeitskreis tatsächlich dreißig Menschen, fast mehr, als unser Versammlungsraum fassen konnte. Sie belegten sämtliche Stühle, die Fensterbank, und die Letzten saßen auf dem Fußboden.

Dann hielt Großvater seine Begrüßungsrede. Von der Ausländerschwemme sprach er und von den Deutschen, die bald zur Minderheit im eigenen Land werden würden. Er redete und redete. Am Schluss standen alle auf und klatschten begeistert. Ich schenkte Bier aus. Die Stimmung war umwerfend, so als hätten alle nur darauf gewartet, dass endlich einer den Mut fand, die Dinge beim Namen zu nennen.

Als Großvater mich spät abends nach Hause brachte, war ich glücklich, dass ich dazugehörte. Mutter war noch nicht da. Sie weihte irgendwo die neue Wohnung einer Freundin ein.

5

In den Wochen und Monaten, die auf dies erste Treffen des Arbeitskreises folgten, hatten Großvater und ich alle Hände voll zu tun. Neben der Arbeit in unserem Laden mussten auch die nächsten Treffen geplant und organisiert werden. Ich durfte zwar nicht daran teilnehmen, weil Großvater einen Zehnjährigen noch nicht als vollwertiges Mitglied aufnehmen konnte, aber er erzählte mir wenigstens ausführlich, was sich an diesen Abenden abspielte.

Zum Ausgleich ließ er mich ab und zu an den Treffen seiner Jungs teilnehmen, wo er Videofilme aus dem Zweiten Weltkrieg und NS-Propagandafilme zeigte, die Teilnahme an Demos diskutiert wurde, aber auch politische Schulung stattfand. Großvater erklärte uns zum Beispiel die Bedeutung der schwarz-weiß-roten Flagge mit dem Hakenkreuz.

Es ist das Heilssymbol der indogermanischen Herrenvölker, der »Arier«, die als die besten Vertreter der Germanen gelten. Es zeigt das Sonnenrad, dessen ursprünglich gerundete Flügel zu Winkeln stilisiert worden sind.

Überhaupt redete Großvater in dieser Zeit verstärkt von Rasse, Ariern und Herrenvölkern.

Anfangs waren das für mich alles fremde Begriffe, aber wenn du sie täglich hörst, werden sie dir vertraut, und dann schließlich benutzt du sie, ohne weiter darüber nachzudenken.

Ich lernte von Großvater, dass ein Zoologe namens Darwin im letzten Jahrhundert gesagt hatte, das wichtigste Prinzip des Lebens sei der »Kampf ums Dasein«. Nur die lebenstüchtigsten Lebewesen könnten überleben. Was minderwertig sei, werde aussterben.

Zusammen mit Großvaters Jungs las ich den Aufsatz eines gewissen Grafen Gobineau, der bereits vor hundert Jahren die Meinung vertrat, die weiße Rasse habe alle Kultur geschaffen. »Alle Zivilisationen der Welt sind durch sie hervorgebracht. Und der Arier ist der Wertvollste aus der weißen Rasse. Unter den Ariern wiederum ragt der Germane, dessen Blut am wenigsten vermischt ist, als der Edelste hervor.«*

Es war alles einfach, logisch und wissenschaftlich abgesichert. Ich hatte keinen Grund, es anzuzweifeln, wenn ich auch manchmal in der Schule Dinge lernte, die Großvaters

* Essay sur l'inégalité des races humaines. 1853-1855. zit. nach Grebing. Der Nationalsozialismus. Ursprung und Wesen. Wien 1959, S. 10 f.

Ideen völlig widersprachen. Aber wie schon gesagt, es war Großvater, der zählte.

Inzwischen weiß ich, dass Darwin seine Theorie nur auf das Tierreich angewendet wissen wollte. Erst spätere Gelehrte, die Sozialdarwinisten, haben seine Theorie auch auf den Menschen bezogen und gesagt, dass sich auch im Menschenleben alles durch den »Kampf ums Dasein« regelt: Der Bessere, der Stärkere gewinnt. Und von da an war es dann nur noch ein kurzer Schritt zu der These, man könne ein wenig nachhelfen, damit der siegt, den man für den Besseren hält.

Großvater antwortete geduldig auf alle unsere Fragen. Er hatte für alles eine Antwort, eine feste Antwort ohne Wenn und Aber und Vielleicht. Meist bewies er seine Worte durch Zitate berühmter Männer aus der Zeit des Führers.

In dieser Zeit war ich einfach nur froh, dass ich dabei sein durfte. Und so machte ich alles begeistert mit, so wie alle anderen auch, vor allem Rudi, der über die arische Rasse nicht genug hören konnte. Er war oft sehr deprimiert, weil er immer noch keine Lehrstelle gefunden hatte.

Seit drei Jahren bewarb er sich und bekam nur Absagen. »Da schreibste dir die Finger wund und düst von einer Firma zur nächsten. Dann guckt der Boss dich an, sagt: ›Sie hören von uns‹, und dann erhältste wieder einen Brief, in dem höflich steht, dass sie dich nicht brauchen«, beklagte er sich bei Großvater. »Da biste achtzehn, willst arbeiten, und dann braucht dich keiner. Da kommste dir schon beschissen vor. So ganz ohne Bedeutung. Du zählst einfach nicht.«

Durch Großvater lernte er, dass er doch zählte, dass er zum auserwählten Volk gehörte. Er war wer, ganz einfach, weil er Arier war. Rudi war der Eifrigste von uns allen.

»Ich hab schon immer geahnt, dass wir was Bessres sind als so 'n alter Kümmeltürke. Aber wenn das sogar wissenschaftlich bewiesen ist?« Zufrieden pinselte er Großvaters Merksätze in ein kleines Heft, das er immer bei sich trug. Es war nicht so, dass ich alles gleich verstand. Großvater sprach für seine Jungs, die alle mindestens sechs Jahre älter als ich waren. Aber ich behielt von jedem Treffen etwas. Mal die Definition des Ariers, dann die verschiedenen Abstufungen der Rassen.

Ich lernte so mit der Zeit, die Menschen in erster Linie nach ihrer Rasse einzuordnen. Ich als Arier stand ganz oben, war dazu bestimmt, die anderen zu führen. Ich war Teil des deutschen Volkes, das so viele Genies hervorgebracht hatte: Dichter wie Goethe, Schiller und von Eichendorff, Musiker wie Wagner und so weiter.

Ganz unten auf der Leiter standen die Juden. Wenn Großvater auf sie zu sprechen kam, war er immer besonders zornig. »Sie sind intelligent«, erklärte er uns. »Sie mischen sich unter die arische Rasse, von der sie oft auf den ersten Blick nicht zu unterscheiden sind. Und dann versuchen sie, uns von innen her zu zerstören.«

Es war manchmal etwas verschwommen, was Großvater von den Juden erzählte. Mutter hatte Kontakt zu einigen jüdischen Familien, und wir waren öfter bei ihnen eingeladen. Sie feierten ihre besonderen Feste, aßen nur koscheres Fleisch, aber sie alle fühlten sich zuerst als Deutsche, dann als Juden.

»Na, siehst du«, sagte Großvater, als ich ihm davon erzählte. »Siehst du, wie geschickt sie sind? Wölfe in Schafspelzen! Sie tun zuerst ganz harmlos, und dann beißen sie zu.«

Es war nicht gut, mit Großvater über dies Thema zu diskutieren. Er wurde sehr ärgerlich, als ich einmal erwähnte, dass es so viele Juden in Deutschland gar nicht gäbe, als dass sie die arische Rasse bedrohen könnten.

»Genau das will er uns ja vorspiegeln!«, rief er. »Wer, meinst du, schickt uns die vielen Ausländer? Und wer steckt hinter der Forderung nach einem Wahlrecht für Ausländer? Wer findet es gut, wenn es immer mehr gemischtrassige Kinder gibt? Der internationale Jude! Er hat die Taktik gewechselt und bedient sich der Ausländer, um unser Volk zu unterwandern.«

Ein anderes Mal warf ich die Bemerkung in die Diskussion, dass viele große deutsche Wissenschaftler Juden gewesen sind, so zum Beispiel Einstein. Aber das hätte ich lieber nicht tun sollen. Großvater bekam einen Wutanfall und schrie mich an, dass ich ihm mit dieser jüdischen Mathematik und Physik vom Leibe bleiben sollte.

Es war das erste Mal, dass ich meinen Großvater nicht verstehen konnte. Mathematik und Physik hatten doch nichts mit Rasse zu tun. Es gab ja schließlich auch keine japanische oder amerikanische Mathematik.

Aber das war etwas, was ich noch lernen sollte. Wenn man sich erst einmal mit Großvaters Rasseplänen einließ, dann konnte man alles nur noch aus diesem Winkel betrachten.

Einmal versuchte ich mit Mutter zu sprechen. Aber ich hatte kaum angefangen, da fuhr sie mich auch schon ärgerlich an: »Woher hast du dies ganze Zeug von Ariern und Juden? Rasse! Wenn ich so was schon höre. Sag mal, du gehst doch nicht mehr zu Großvater in die Wohnung?«

Das konnte ich mit gutem Gewissen verneinen. Schließlich trafen wir uns ja in unserem Laden. Von da an war ich aber bei Gesprächen mit Mutter noch vorsichtiger.

6

Als sie anfing, ihre Fortbildungswochenendseminare zu besuchen, war ich dreizehn Jahre alt. Mutter hatte sich einer Frauengruppe angeschlossen, um sich selbst zu verwirklichen, was sie bislang nicht konnte, da ich sie noch zu sehr in Anspruch genommen hatte.

Nicht, dass ich mich über sie lustig machen will, es waren ihre eigenen Worte, als wir zusammensaßen, um zu überlegen, wo ich am besten das Wochenende verbringen sollte.

»Ich könnte zu Ralf gehen«, schlug ich vor.

»Wer ist Ralf?«

Da war er wieder, dieser misstrauische Unterton in Mutters Stimme. Sie wollte immer alles von mir wissen, aber ich bin nicht sicher, ob das nur ihr mütterlicher Instinkt war oder ob es sie wirklich interessierte.

»Ralf ist mein bester Freund. Seine Eltern kenne ich auch schon. Sie haben bestimmt nichts dagegen, wenn ich am Wochenende bei ihnen bleibe.«

Mutter überlegte. »Bring ihn am nächsten Samstag einmal mit. Dann sehen wir weiter.«

Ralf kam also zu uns und wurde von Mutter begutachtet. Ich hatte ihn vorher gewarnt, sodass er seine schwarze Lederjacke und die Schaftstiefel zu Hause ließ. Richtig in Schale hatte er sich geworfen: dunkelblaue Hose, weißes Hemd. Fehlte nur noch die Krawatte. Aber so weit konnte er sich nicht einmal für mich durchringen.

Er gefiel Mutter. »So sauber und höflich!«, wie sie hinterher sagte. »Nicht dass es das Wichtigste ist, aber es beruhigt doch ungemein«, fügte sie schnell hinzu, als sie mein Grinsen sah.

Ich glaube, das Wichtigste war, dass Mutter sich fest vorgenommen hatte, Ralf nett zu finden. Schließlich hing es davon ab, ob sie am Wochenende zu ihrem Seminar fahren konnte oder nicht.

Jedenfalls telefonierte Mutter noch am selben Abend mit Ralfs Eltern, die auch sofort einverstanden waren, dass ich kam.

Ich erzählte Mutter nicht, dass Ralf mehr war als mein bester Freund. Er war auch mein einziger.

Mit den anderen aus meiner Klasse war ich eigentlich immer ganz gut klargekommen, aber seit jener Geschichtsstunde, in der wir über das »Dritte Reich« gesprochen haben, war auch das vorbei.

Ich wusste von Großvater eine ganze Menge über das

Thema, und der Zielke, unser Geschichtslehrer, freute sich anfangs auch über meine rege Beteiligung. Aber schon bald unterbrach er mich empört:

»Wer hat dir denn diesen Schwachsinn beigebracht?«

»Wieso Schwachsinn? Mein Großvater hat Hitler persönlich gekannt.«

»Alter Nazi!«, zischte Matthias, der mich noch nie leiden konnte, und rückte ein Stück von mir ab. Für den Rest der Stunde erzählte der Zielke uns von den Konzentrationslagern. Er ließ auch Bilder herumgehen.

Ich wollte mir die Leichen nicht ansehen. Aber Matthias hielt meinen Kopf fest und stieß mich mit der Nase auf die Berge übereinander gestapelter Leichen.

»Sieh sie dir gut an«, sagte er, und seine Stimme zitterte ein wenig. »Mein Großvater ist auch dabei. Und dann erzähl deinem Großvater davon.«

Es waren schreckliche Bilder! Noch im Tod waren die Gesichter verzerrt. Vor Angst? Vor Entsetzen? Das Schlimmste waren die kleinen Leichen. Kinder, viel jünger als ich.

Ich ging an diesem Nachmittag nicht in den Buchladen. Ich saß im Haus herum und wusste nicht, was ich denken sollte. Ich wartete auf Mutter.

Beim Abendessen fragte ich sie dann, ob sie schon einmal Bilder von den Leichen gesehen hatte.

»Daniel!«, rief sie ganz entsetzt. »Doch nicht beim Abendessen! Hast du kein appetitlicheres Thema? Nachher reden wir darüber.«

Nachher rief erst ihre beste Freundin an, dann war es Zeit für ihren Englischkurs bei der Volkshochschule.

»Ich dachte, wir wollten reden.«

»Morgen, Daniel. Morgen reden wir. Hier, lies schon mal dies Buch.« Sie nahm einen ihrer dicken Wälzer aus dem Regal.

»Da steht für den Anfang schon mal was drin.« Weg war sie.

Ich setzte mich in den Sessel und begann zu lesen. Eine theoretische Abhandlung über Hitlers Ideologie, in der es von Fremdwörtern nur so wimmelte. Ich verstand nicht viel, und nachdem ich die erste Seite dreimal gelesen hatte, ohne dass mir der Sinn klarer wurde, gab ich auf.

Es war Mittwochabend. Ich hatte zwei Stunden, bis Mutter wiederkam. Wenn sie mit ihren Mitlernern noch auf ein Bier ging, konnte ich sogar mit vier Stunden rechnen. Bei Großvater war heute Treffpunkt seiner Jungs.

Ohne weiter zu überlegen legte ich das Buch zur Seite und lief hin.

»Heil Hitler!, mein Junge. Komm herein«, begrüßte Großvater mich. »Du bist spät dran.«

Ich setzte mich zu den anderen um den Tisch. Ich bekam auch ein Bier.

»Dein Großvater ist echt super«, flüsterte mir Bernd zu. »So einen hätt ich auch gern!«

In dieser Runde war ich jemand, obwohl sie alle älter waren. Ich gehörte dazu, weil ich zu Großvater gehörte.

Am Wochenende war eine große Demo angesagt. Ich wäre zu gerne mitgefahren. Aber Mutter hätte nie zugestimmt. So hörte ich ihren Plänen zu und wünschte mir nichts mehr, als dabei zu sein. Noch mehr dazuzugehören.

Bevor ich nach Hause ging, erzählte ich Großvater von der Geschichtsstunde am Morgen. Er sah mich an, überlegte kurz und verschwand im Laden. Nach einer Weile kam er mit einem dünnen Heftchen zurück.

»Lies das! Du weißt doch, was wir über die arische Rasse besprochen haben. Glaubst du, ein Arier ist zu so was fähig? Willst du dich von ein paar unwissenden Knalltüten so verunsichern lassen?«

Natürlich wollte ich das nicht. Ich habe vergessen, wer das Buch geschrieben hat. Es ist auch unwichtig. Ich habe es zu Hause verschlungen. Die Worte waren einfach, die Sätze kurz, ich verstand sofort, was der Autor sagen wollte: Das mit den KZs war eine große Lüge der alliierten Feindmächte, die Deutschland nach der militärischen Niederlage auch moralisch fertig machen wollten. Die Deutschen sollten vor aller Welt als Verbrecher hingestellt werden.

Ich glaube, ich wollte es auch so verstehen. Ich suchte nicht nach der Wahrheit, sondern wollte nur hören, dass es nicht stimmte. Genau so wie das Buch es beschrieb, musste es gewesen sein. Großvater hatte mich noch nie belogen.

Und wenn es mir damals auch gelang, meinen Verstand zu benebeln, in meine Träume mogelten sie sich immer wieder hinein: die Toten von den Bildern aus der Schule und Matthias Worte, dass sein Großvater unter ihnen war.

Als Mutter am nächsten Tag nachfragte, habe ich ihr

gesagt, die Sache mit den KZs hätte ich verstanden. Wir haben es dann nicht mehr erwähnt. Und einen Tag später kam Ralf in der Pause zu mir.

»Ich find das echt stark, wie du beim Zielke deine Meinung gesagt hast. Hat sich inzwischen rumgesprochen. Die stell'n sich hier alle ziemlich an. Warum kommst du nicht einfach mal bei uns vorbei? Wir brauchen solche wie dich.«

Großvater war in ein Schulungslager gefahren, den Laden hatten wir für diese Zeit geschlossen. Zwei lange Wochen würde er wegbleiben.

Ich langweilte mich schrecklich. Also ging ich am Nachmittag zu Ralf. Gemeinsam fuhren wir dann mit dem Bus an den Stadtrand, wo wir von einer ganzen Gruppe Jungen begrüßt wurden.

Alle hatten kurz geschorene Haare, blassgrüne Hemden, schwarze Hosen und Springerstiefel an. Das kam mir ziemlich vertraut vor, denn auch Großvaters Jungs trugen diese Kleidung.

Ich fiel ein wenig aus dem Rahmen mit meinen Jeans. Zum Glück hatte ich wenigstens die schwarze Lederjacke übergezogen, die Großvater mir zum letzten Geburtstag geschenkt hatte.

Wir warteten. Dann fuhr ein weißer Mercedes auf den Parkplatz, ein schätzungsweise vierzigjähriger Mann, Kampfanzug, Springerstiefel, kurze Haare, stieg aus.

Nach einer kurzen Begrüßung ging es ab ins Gelände. Erst quer durch den Wald bergauf, bergab. Ich kam ganz schön ins Schwitzen. Den anderen schien es nicht so viel auszumachen, die waren daran gewöhnt.

Dann verteilte Major Franke Karten und Kompasse. Der rote Punkt auf der Karte war unser Standort, der braune die Grillhütte, zu der wir mithilfe von Kompass und Karte möglichst rasch hinfinden sollten.

Zu zweit im Abstand von 15 Minuten liefen wir los. Ich hatte so etwas noch nie mitgemacht, aber Ralf erklärte mir alles geduldig. Wir kamen auf diese Weise so ziemlich als Letzte an, aber Major Franke zeigte dafür Verständnis.

»Klar, das erste Mal muss man noch viel lernen. Halt dich nur an den Ralf. Der gehört zu unseren Besten.«

Danach am Lagerfeuer grillten wir Würstchen. Es wurde gesungen und erzählt. Major Franke berichtete von der Feier zum Geburtstag des Führers in drei Wochen. Er lud mich ein, mitzufahren.

Sie nahmen mich in ihre Gemeinschaft auf. Hier stand ich nicht daneben. An diesem Abend rief ich Großvater in seinem Hotel an. Er freute sich mit mir und versprach, mir zu helfen, damit ich in der Gruppe bleiben konnte, was Mutter so ohne weiteres niemals erlauben würde. Aber ich war sicher, dass Großvater schon etwas einfiel.

7

Beim nächsten Gruppentreffen gab Major Frank mir dann ein Schreiben mit, das er extra für besorgte Eltern aufgesetzt hatte. Ich studierte es einigermaßen skeptisch. Einige Formulierungen würden Mutter sicher auffallen, wenn es mir nicht gelang, einen günstigen Zeitpunkt für die Unterschrift zu erwischen.

Zehn Minuten bevor Mutter zu ihrem Sprachkurs musste, legte ich ihr das Blatt vor. Während sie las, erzählte ich ihr lautstark von Lagerfeuern und Waldläufen mit Kompass und Karte. Halb las sie, halb hörte sie mir zu. Es gelang mir jedenfalls, sie an ihre eigene Pfadfinderzeit mit den täglichen guten Taten zu erinnern. Wahrscheinlich sah sie mich schon, wie ich angeleitet wurde, einer alten Oma über die Straße zu helfen.

»Ralf macht auch mit«, sagte ich schnell, als ich sah, wie sie noch zögerte. Sie unterschrieb und zog sich den Mantel an.

»Na, ich bin froh, wenn du in so einer Gruppe Anschluss findest. Ich hab mir in letzter Zeit schon Sorgen gemacht, dass du anfängst, auf der Straße rumzuhängen. Was man da so alles liest! Alkohol und dann Drogen, nur weil alle in der Clique es machen. Hast du in der Zeitung gelesen, dass die Zahl der Drogentoten ständig steigt? Alles junge Leute.«

Die Tür schlug zu. Ich hatte es geschafft.

Manchmal hatte ich schon ein schlechtes Gewissen Mutter gegenüber. Aber ich sah keinen anderen Weg. Reden konnte ich nicht mit ihr. Ich habe es ja versucht, aber sie ging allem, was mit Hitler und dem Dritten Reich zu tun hatte, aus dem Weg. Sie wollte einfach nicht daran erinnert werden.

Heute weiß ich, warum, aber mir zuliebe hätte sie sich erinnern müssen. Wenn mir ab und zu doch einmal eine Formulierung über den Führer herausrutschte, bekam sie ganz zornige Augen.

»Du und dein Führer!«, schnaubte sie dann. »Später werde ich dir mal erzählen, was sie mit deiner ...«

Hier brach sie wie immer ab. Wie ich diese unvollständigen Sätze hasste! Auch Großvater, der auf alles eine Antwort hatte, sah mich manchmal an, schüttelte den Kopf und murmelte: »So blond und groß! Blaue Augen. Wie ein richtiger Arier. Keiner würde ahnen, dass ...«

»Dass was, Großvater?«

»Vergiss es, Manfred. Es ist unwichtig und außerdem nicht mehr zu ändern.«

Es gab da etwas, das hing mit dem »Dritten Reich« zusammen, mit Großvater und Mutter und irgendwie mit mir. Vielleicht sprachen sie deshalb nicht mehr miteinander.

Mir sagte keiner was; erst als es zu spät war. Dass Großvater Angst hatte, mir davon zu erzählen, kann ich ja noch verstehen. Aber Mutter. Sie hätte mir die Wahrheit sagen müssen! Zwei Wochen später fuhr ich dann mit Mutters Segen in ein Zeltlager in die Heide. In die Heide ging es tatsächlich, nur sollte dort der Geburtstag des Führers gefeiert werden. Ich traf mich mit Großvater und Ralf am Bahnhof.

Unterwegs stiegen weitere Kameraden dazu. »Heil Hitler!«, grüßten sie, und wir grüßten zurück.

Ein Platz war noch frei, als ein junger Mann das Abteil betrat. Er setzte sich hin und zog »Die deutsche Volkszeitung« aus der Tasche. Sofort wurde er angestoßen.

»Hey, ein Roter! Verpiss dich!«

»Es riecht nach Kommunistenschwein!«

Erst dachte ich, der Mann hole den Schaffner, aber er spuckte uns nur vor die Füße und verschwand, ohne ein Wort zu sagen. Ralf wollte hinterher, um ihm eins in die Schnauze zu geben, aber Großvater hielt ihn zurück.

»Übertreibt es nicht, Kinder. Obwohl ihr natürlich Recht habt. Dies rote Kroppzeug muss man vernichten, wo man es antrifft. Kommunisten, Juden und Ausländer, das ist das Unkraut im guten deutschen Mutterboden. Übersiehst du sie, haben sie in null Komma nichts die deutschen Pflänzchen überwuchert und erstickt.«

Erwin fügte noch hinzu:

»Die werden was erleben, wenn wir erst an der Macht sind. Es ist gut, dass KZs so gut gepflegt sind. Wenn wir erst das Sagen haben, können wir sie gleich in Betrieb nehmen.«

Alle lachten, nur ich verzog mein Gesicht lediglich zu einem Grinsen. Mehr war nicht drin, denn bei dem Wort KZ hatte ich immer ein Grummeln im Bauch. Alles Lügen, sagte Großvater, und ich hatte eigentlich keinen Grund, daran zu zweifeln. Aber da waren diese Bilder. Und Matthias' Worte: »Mein Großvater war auch dabei!«

Am Zielbahnhof angekommen, übernahm Erwin die Führung. Er wusste, wo's langging, denn schließlich war er das vierte Mal dabei, was wir anderen bewundernd registrierten. Wir marschierten im Gleichschritt durchs Dorf, wo die Leute uns erschreckt nachblickten. Sie hatten Angst. Und wir fühlten uns unheimlich stark.

Wir erreichten den Hof, als gerade das Essen aus der Gulaschkanone verteilt wurde. Ich kannte die meisten zwar nicht, aber wir kämpften für die gleiche Sache, und darum hatte ich das Gefühl, unter Freunden zu sein. Überall wurde »Heil Hitler!« zur Begrüßung gerufen, so als sei es das Selbstverständlichste auf der Welt.

Wenn ich heute an die Feier am Abend zurückdenke, dann sehe ich die Fahnen und die Fackeln wieder vor mir. Ich höre die Marschmusik und Großvaters Stimme, wie er uns beschwörend zuruft: »Wir geloben unserem verstorbenen Führer Adolf Hitler, noch stärker als bisher daran zu arbeiten, dass die Wiederherstellung seines Reiches Wirklichkeit werde.

Wollt ihr diesen Kampf führen, wenn es sein muss bis zum letzten Atemzug?«

»Ja, wir wollen!«, schrien alle begeistert.

Und ich schrie mit. Ich kann es nicht beschreiben, die Stimmung, dies Gefühl, in der Masse zu stehen. Du fühlst, alle fühlen wie du.

In so einem Moment kannst du nicht klar denken, aber das ist auch gar nicht gefragt. Stimmung, Gefühle, Ekstase!

Du bist nicht du. Du bist Teil der Masse, und die Masse ist Begeisterung. Ein Strudel, der alles mitreißt.

Du kannst nur schreien wie sie, trampeln wie sie. Erst nachher fängst du vielleicht an zu denken, aber dann ist es zu spät, und es gibt kein Zurück.

»... SA marschiert«, sangen sie, und an jenem Abend sang ich begeistert mit.

8

Die Feier zum Geburtstag des Führers, bei der ich zusammen mit den anderen dem Führer und der Bewegung Treue geschworen hatte, war so eine Art Feuerprobe für mich gewesen. Ganz langsam begann Großvater von jetzt an, mich als vollwertiges Mitglied in seine Aktivitäten einzuweihen.

Ich nahm regelmäßig mittwochabends an den Treffen seiner Jungs teil. Und täglich zwischen 14.00 und 15.00 Uhr hatte ich im Laden Telefondienst.

Großvater gab nämlich seit neuestem mit einigen seiner alten Kameraden zusammen eine Zeitung heraus, die alle zwei Wochen erschien: »Der Vaterländische Kurier«. Großvater war für den Leitartikel und den Anzeigenteil zuständig. Täglich zwischen 14.00 und 15.00 Uhr konnten die Leser anrufen, um Anzeigen aufzugeben. Sie waren wichtig für uns, da die Zeitung neben Spenden hierdurch finanziert wurde.

Es kamen jeden Tag die verschiedensten Anrufe. Es ging um den Verkauf von Videofilmen: »Fallschirmjäger im Einsatz«, ca. 45 Minuten, 59 DM oder »Der Panzervernichtungstrupp greift an«, ca. 28 Minuten, 49 DM. Die meisten dieser Filme waren alte Bekannte für mich, aber ab und zu wurde doch einer angeboten, den weder Großvater noch ich kannten, sodass wir auf diese Weise unsere Sammlung erheblich ergänzen konnten.

Dann wieder suchte eine national gesinnte Familie ein Wohnhaus in ruhiger Lage. Ein Rentner benötigte für seine Sammlung Orden aus dem Zweiten Weltkrieg, vor allem EK 1 und EK 2. Ein anderer wollte Urkunden, Dolche, Pistolen, alles »Drittes Reich«, gegen einen original Stahlhelm aus dem Ersten Weltkrieg tauschen.

Als neuesten Schlager hatten wir Computerspiele auf Lager, in denen man zum Beispiel Jagd auf Ausländer machen konnte. Jeder eingefangene Ausländer musste in einer bestimmten Zeit in die dafür vorgesehenen Lager gebracht werden. Die Nachfrage nach diesen Spielen übertraf all unsere Erwartungen, sodass Großvater einige seiner Jungs damit beauftragte, selber ähnliche Spiele aufzubauen.

Manch einer der Anrufer erschien beim zweiten Mal persönlich im Laden und nutzte die Gelegenheit zu einem Plausch mit Großvater. Und Großvater warb dabei so manches Mitglied für die Bewegung an.

Nebenbei packte ich einen weiteren Verkaufsschlager ein: einen roten Ansteckknopf, Durchmesser 15 Zentimeter, mit der Aufschrift: »Ich bin ein Deutscher!«

Bestellungen gingen aus der ganzen Republik ein. Großvater rieb sich zufrieden die Hände.

Mittags nach dem Essen spielte sich immer das Gleiche ab. Wir saßen in der Küche am Tisch, Großvater an dem einen Ende, ich am anderen. Während ich Schularbeiten machte, blätterte er in der Zeitung. Zuerst im »Tagesblatt«, was ihn jedes Mal furchtbar aufregte, und dann zur Beruhigung im »Vaterländischen Kurier«.

Die Politik in Bonn, die Jugend, die steigende Kriminalität, Drogen, Alkohol und Sex. Die ganze Gesellschaft ein einziger Lotterhaufen!

Er redete, ich rechnete und schrieb und hörte ihm nur mit halbem Ohr zu. Diskussionen über diese Themen fing ich erst gar nicht an, denn sie führten nur zu einem seiner endlosen Klagelieder über die verweichlichte und verwahrloste Jugend der heutigen Zeit, als dessen typisches Produkt er auch mich ansah.

Ich mochte Großvater viel zu gerne, als dass ich ihm deswegen böse gewesen wäre. Und wie gesagt, in vielem stimmte ich ihm ja damals zu.

Wenn er dann zu seinem »Vaterländischen Kurier« griff, wusste ich, dass der gemütliche Teil des Tages begann. Er kochte Kaffee, packte Kekse aus und stopfte seine Pfeife.

Meist nickte er zufrieden, las mir ganze Passagen vor oder kicherte vergnügt vor sich hin.

Großvater kannte die Autoren. Oft waren es noch alte Kriegskameraden, aber es waren auch viele Jüngere dabei, die sich aus Überzeugung der Bewegung angeschlossen hatten.

Nicht dass er in allen Punkten mit ihnen übereinstimmte. »Hauptsache, die Grundfarbe stimmt«, pflegte er zu sagen. »Hellbraun oder dunkelbraun, alles braun. Es gibt sogar welche, die sind hochaktuell auf dem Ökotrip. Der Friedrich zum Beispiel hat schon 'ne Demo bei den Grünen mitgemacht. ›Schutz des deutschen Waldes‹, das ist ein nationales Thema. Die hatten natürlich keine Ahnung, dass der Friedrich mehr braungrün war.«

Großvater lachte. »Das dickste Ei aber hat der Kurt gelegt. Da hat er doch glatt versucht, auf 'ner Demo gegen die Atomkraftwerke auf die nationale Bewegung hinzuweisen. Na ja, das wäre beinahe schief gegangen. So 'n linker Typ hat ihn erkannt und rausgeschmissen.

Aber den Versuch war es wert. Schließlich sind wir eine Volksbewegung. Und der Schutz des deutschen Vaterlandes vor Verschmutzung jeglicher Art ist eines unserer wichtigsten Themen.«

»Und du, Großvater? Wofür engagierst du dich?«, fragte ich ihn einmal.

»Ich bin so eine Art Sammelbecken. Ich soll die nationalen Kräfte für den gemeinsamen Kampf zusammenführen. Du wirst schon sehen.«

Mehr wollte er zu diesem Thema nicht sagen.

Nach all diesen Wochen und Monaten, deren Nachmittage ähnlich verliefen, war ich dann auch nur mäßig verwundert, als Großvater eines Tages verkündete, dass er gemeinsam mit den Basisgruppen in den anderen Städten eine Partei gründen wolle.

»Du, Großvater? Warum? Wir haben doch so viele.«

»Sicher, aber was für welche! Diese hier wird die einzige hierzulande sein, die wahrhaft deutsche Interessen vertritt. PDNG - PARTEI DES NATIONALEN GEDANKENS. Wie gefällt dir der Name?«

»Aber warum denn eine Partei gründen? Das könnt ihr doch viel einfacher haben. Mit einem Putsch zum Beispiel, wie sie es in anderen Ländern auch machen.«

Großvater lachte mich aus.

»Damit sie uns nachher vorwerfen, wir seien illegal an die Macht gekommen? Oh nein, mein Junge. Das haben wir gar nicht nötig. Unser Führer hat selbst mal gesagt, es sei besser, den Gegner zu überstimmen, statt ihn zu erschießen.

Unsere Lage ist doch ähnlich wie damals. Wir gehen den Weg durch die Institutionen. Langsam, aber stetig werden wir überall unsere Leute einschleusen: in Schulen, Polizeistellen, beim Heer und in den Verwaltungsapparat. Dann die Arbeitslosigkeit, vor allem bei der Jugend, die Unzufriedenheit der Menschen mit den alten Parteien, steigende Kriminalität, Ausländer, die unser Land überschwemmen.

Das sind die Themen, die unsere Partei auf ihre Fahnen schreiben wird. Wir benutzen das parlamentarische System, bis wir es geschafft haben.«

»Und dann, Großvater?«

Er lächelte.

»Hörst du nicht auch manchmal ganz leise den Ruf nach dem starken Mann?«

9

Ich war dabei, als ein paar Tage später eine erste Versammlung bei Großvater stattfand. Es wurde mir da auch klar, dass die Partei nicht etwa Großvaters spontane Idee, sondern seit langem vorbereitet worden war. Die Bewegung, die Zeitung, all das war auf ein Ziel hin ausgerichtet: Sie wollten die Macht.

Die Formulierung des Parteiprogramms entpuppte sich als etwas schwierig. Einerseits sollten die Wähler ja informiert werden, was die Partei wollte, andererseits gab es einige Punkte in der Zielsetzung, die mit den geltenden Gesetzen nicht so ganz in Einklang standen.

»Alles eine Formulierungsfrage«, sagte Großvater, der sich als ehemaliger Polizeibeamter mit den Paragraphen gut auskannte. »Eine Hintertür gibt es immer. Man muss sie nur zu finden wissen.«

Im Zentrum des Programms stand der Rassengedanke. Das deutsche Volk sollte als das Wertvollste der arischen Rasse, als Herrenvolk, zur führenden Nation Europas, später der ganzen Welt werden. Daher sollte es eine Hauptaufgabe der neuen Regierung sein, die deutsche Rasse vor dem Zustrom minderrassiger Ausländer zu schützen.

Hier gab es bereits erste Diskussionen, denn Großvater war der Meinung, dass es unklug wäre, solche Passagen in das offizielle Parteiprogramm zu übernehmen.

»Ihr wisst doch selber«, sagte er, »wie hellhörig die

meisten Deutschen sind, wenn das Wort ›Rasse‹ fällt. Da hat doch jeder gleich die Gaskammer vor Augen. Ihr müsst euch nur mal anhören, was die Kinder heutzutage in der Schule lernen!«

Dabei sah er mich vorwurfsvoll an, als ob ich Schuld an dem in seinen Augen »deutschfeindlichen« Unterricht hatte.

»Unser Lehrer hat gesagt, so was wie mit Hitler kann in Deutschland nicht noch mal passieren. Die Deutschen haben ihre Lektion gelernt. Sie würden ihn nicht noch mal wählen.«

Großvater lachte. »Bestell ihm einen schönen Gruß, deinem Geschichtslehrer. Er soll mir mal ein Beispiel nennen, wo Menschen aus den vermeintlichen Fehlern der Vergangenheit gelernt haben. ›Nie wieder Krieg!‹ Was glaubst du, wie oft das schon Menschen zueinander gesagt haben? Seit Jahrhunderten sagen sie es, meinen es sogar ganz ehrlich. Aber dann sterben die Alten und mit ihnen die Erinnerung an den Krieg. Und es gibt niemanden mehr, der noch erzählen könnte, falls ihm jemand zuhört. Und die Jungen machen lieber ihre eigenen Erfahrungen.«

»Genau so ist es!«, unterbrach der Gauleiter von München. »Die Leute vergessen so manches mit der Zeit. Selbst die Geschichten von den KZs verblassen. Rudolf hat Recht. Unsere Zeit ist noch nicht gekommen.«

Der Passus über die Rasse wurde dann einstimmig zum parteiinternen Konzept erklärt.

Die Partei wandte sich an alle national denkenden Bürger, hierbei vor allem an die »Opfer« des bisherigen

Systems: Arbeitslose, Sozialhilfeempfänger, Kriegsopfer, Jugendliche, also an alle, die mit dem Bestehenden unzufrieden waren.

Es war Onkel Hans zu verdanken, dass wir noch eine weitere Zielgruppe erkannten, von der wir uns große Unterstützung versprachen: die Aussiedler aus Polen, Russland und den anderen osteuropäischen Staaten. Laut Onkel Hans gab es hier überdurchschnittlich viele national denkende Menschen, die aufgrund ihrer besonderen Situation als deutsche Minderheit in der Fremde deutsche Traditionen und Werte besonders hochgehalten hatten. Gerade unter ihnen war zudem die Zahl der arbeitslosen Jugendlichen besonders hoch, was für uns einen weiteren Vorteil bedeutete.

Da die meisten von ihnen aus ehemals deutschen Ostgebieten kamen, hofften wir von ihnen eine bedingungslose Unterstützung bei der Verfolgung unseres Hauptzieles, der Errichtung eines deutschen Großreiches.

Mit dem Slogan »Weg mit Kiwis und Mangos. Deutsche essen wieder deutsche Äpfel und deutsche Möhren!« wollte man Bauernstimmen gewinnen.

Die Diskussion über die Familienpolitik eröffnete Großvater mit den Worten: »Geh durch einen deutschen Park, und du siehst mehr Hunde als Kinder.« Die Partei wollte der Familie wieder den ihr zustehenden Platz als Keimzelle des Staates zukommen lassen. Das Ein- bzw. Zwei-Kinder-System sollte durch die vielköpfige Familie ersetzt werden. Mit Geburtsprämien und erhöhtem Kindergeld wollte man die Gebärfreudigkeit der deutschen Frau anregen. Und Voraussetzung dafür war, dass sie aus dem Berufsleben ausscheidet und zurückkehrt ins Haus.

»Denn dort liegt ihre wahre Aufgabe«, meinte Großvater abschließend. »Als Nebeneffekt gewinnen wir auch noch Arbeitsplätze.«

Ich muss wohl etwas ungläubig geguckt haben, denn Großvater sah mich fragend an.

»Na, also, wenn ich da an Mutter denke. Ihren Beruf aufgeben und zu Hause nur putzen und waschen. Nee, da wird sie bestimmt nicht mitmachen.«

»Erstens«, sagte Großvater etwas unwirsch, »glaube ich nicht, dass deine Mutter typisch für die deutsche Frau ist. Und dann hat ja niemand etwas davon gesagt, dass es der Frau gefallen muss, zu Hause zu bleiben. Sie werden es eben wieder lernen müssen. Das deutsche Volk erwartet von ihnen, dass sie gesunde Kinder heranziehen und so die Substanz der germanischen Rasse verstärken.«

Ich schwieg, aber ich wusste, mit Mutter hätten sie da so ihre Schwierigkeiten. Andererseits, wenn Mutter zu Hause geblieben wäre, wo hätte ich dann meine Nachmittage verbracht? Sicher nicht bei Großvater.

Den meisten Zulauf an Wählern versprach sich Großvater von seinem Motto: »Mehr Ordnung und Sicherheit für den deutschen Staatsbürger!«

»Straftaten werden begangen«, erregte sich Onkel Bert. »Polizisten werden ermordet. Und was passiert? Statt durchzugreifen und die gesetzestreuen Bürger zu schützen, setzen sich Vertreter dieses Staates mit Terroristen an einen

Tisch und verhandeln. Da verliert doch selbst der liberalste Mensch den Glauben an Gesetz und Ordnung.«

Der zweite Bereich, der Wählerstimmen bringen sollte, waren die beabsichtigten Aussagen zur Ausländerfrage. Großvater betonte, dass die Partei nicht eigentlich ausländerfeindlich sei. Im Gegenteil, auch nach einer Machtübernahme wolle man freundschaftliche Beziehungen zu fremden Völkern pflegen.

Nur in Deutschland sollte künftig wieder deutsche Politik für die Deutschen gemacht werden. Und in diesem Sinne müsste zunächst die zunehmende Überfremdung Deutschlands durch Ausländer gestoppt werden.

Die Einzelheiten zu diesem Punkt habe ich vergessen, sie interessierten mich damals auch nicht so sehr wie Großvaters Medienpläne, die zum Abschluss durchgesprochen wurden.

Unter lautem Beifall der Übrigen kündigte er an, die ganze »antideutsche Medienindustrie« einsperren zu wollen.

Er machte die Journalisten für die No-future-Mentalität der Jugendlichen verantwortlich, da in Presse und Fernsehen tagtäglich das eigene Volk und die eigene Geschichte schlecht gemacht wurde.

»Kein Tag ohne einen Judenfilm im Fernsehen. Und immer ist der Deutsche der Buhmann. Kein Wunder, dass die Jugendlichen so frustriert sind und sich ihre Vorbilder im Ausland suchen. Ausgeflippte Popstars und ihre Negermusik

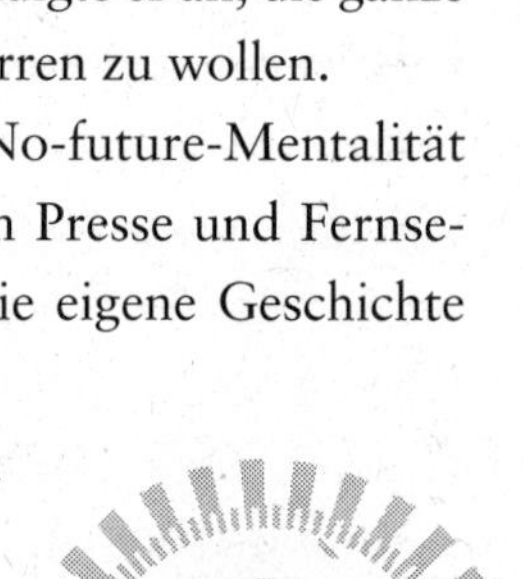

als Vorbild für die deutsche Jugend!« Großvater schüttelte sich.

Es sollte keine fremdsprachige Musik mehr geben – weder im Fernsehen noch im Rundfunk. Stattdessen Heimat- und Volkslieder, Choräle und alte deutsche Schlagermusik à la Zarah Leander. Mehr Soldatenlieder und eine Hitparade für Märsche. Und wenn schon moderne Pop Rhythmen, so sollte dann wenigstens aus den Texten die patriotische Gesinnung deutlich werden.

Großvater und die Musik! In dem Punkt war ich auch damals schon so gar nicht seiner Meinung.

Während sie noch an letzten Formulierungen arbeiteten, kochte ich in der Küche Kaffee und dachte darüber nach, dass so ziemlich viel verboten war in dem Staat, den sie errichten wollten. Nicht nur die Musik, auch das Ansehen bestimmter Bilder würde strafbar sein.

Kandinsky, Chagall, Käthe Kollwitz, zum Teil benutzten sie die alten Listen, brachten sie nur auf den neuesten Stand.

Mutter hatte mir zu meinem letzten Geburtstag, aus welchem Grund auch immer, eine Plastik von Barlach geschenkt: »Der lesende Klosterschüler«. Es war das einzige Geschenk von Mutter in den ganzen Jahren, das mir sehr viel bedeutet hat. Ich habe oft davor gesessen und überlegt, worüber er wohl nachdenkt. Und warum der Führer die Figur eines denkenden Menschen für so gefährlich gehalten hat. Auch sie fand ich auf Großvaters schwarzer Liste wieder.

An dem Abend hatte er wohl so einen siebten Sinn, der

ihm verriet, worüber ich nachgrübelte. Jedenfalls stand er auf einmal neben mir in der Küche und sagte ganz ohne Einleitung: »Wenn du eine gute Sache durchziehen willst, musst du erst mal die alten Missstände beseitigen. Und das geht nicht ohne Druck.«

»Wer bestimmt, was gut ist?«

»Der Führer, und durch den Führer das Volk.«

»Und wenn ich anders denke als das Volk?«

»Wer bist denn du? Du bist nichts. Dein Volk ist alles. Ich dachte, darüber wären wir uns einig?«

Waren wir ja auch, jedenfalls meistens. Nur gab es immer wieder Gespräche und Situationen, wo ich anfing, die ganze Bewegung kritisch zu betrachten.

Nein, das ist falsch gesagt. Manches hat mich geärgert oder verwundert, aber es hat nie ausgereicht, weil es niemanden außerhalb der Bewegung gab, mit dem ich hätte reden können.

War ich der Einzige, oder ging es anderen genauso? Jedenfalls wusste ich von ihnen nichts, genauso wenig wie sie von mir. Und irgendwann denkst du dann, die anderen haben sicher Recht. Können sich so viele irren? Ist es nicht wahrscheinlicher, dass du dich irrst?

10

In den nächsten Wochen hatte ich viel zu tun. Mit anderen freiwilligen Helfern sammelten wir Unterschriften für die Zulassung der neuen Partei zu den Senatswahlen. Wir bekamen mehr als nötig. Großvater hatte Recht behalten. Die nationale Sache zog. Und auf die Ausländer im Land waren viele nicht gut zu sprechen.

Den einen kochten sie zu viel mit Knoblauch, sodass das ganze Treppenhaus stank, andere störten die »bekopftuchten« Frauen der Türken und ihre Geschäfte.

»Jeder zweite Laden hier im Viertel ist türkisch!«, schimpfte einer.

»Und bei meiner Tochter in der Klasse sprechen über die Hälfte nicht richtig deutsch. Wie soll'n die Kinder denn da was lernen?«, beschwerte sich eine Mutter bei mir. »Ihre Partei sollte sich mal darum kümmern. Sonderklassen für die Ausländer. Ich hab ja im Grunde nichts gegen sie, aber man muss schließlich auch an die eigenen Kinder denken.«

Dann mussten Plakate entworfen und gedruckt werden. Im Gegensatz zu den anderen Parteien hatten wir nur eine verschwindend kleine Summe für Wahlzwecke zur Verfügung. Das meiste wurde von den Mitgliedern der Bewegung in freiwilligem Einsatz geleistet.

Im »Vaterländischen Kurier« ließen wir Spendenaufrufe drucken. Und die Leute spendeten. Zu einer Wahlveranstaltung kamen nahezu fünfhundert Menschen. Großvater war wie im Rausch. Das alles übertraf seine kühnsten Erwartungen.

Für die Schule hatte ich in diesen Wochen wenig Zeit. Denn das übrige Programm mit Gruppenstunden und den Aktionen mit Großvaters Jungs, an denen ich seit einiger Zeit teilnahm, lief ja weiter.

Angefangen hatte es an meinem Geburtstag, ich wurde vierzehn, als Großvater mir einen Fotoapparat und fünf Filme schenkte. Tagelang zogen wir durch die Straßen, den Wald, sogar in den Zoo schleppte er mich wegen der Tiere als lebendige Objekte.

Schon mit dem zweiten Film war Großvater sehr zufrieden. Er meinte, ich sei offensichtlich ein fotografisches Naturtalent.

Und am darauf folgenden Sonnabend durften mein Fotoapparat und ich zum ersten Mal mit auf eine Wahlveranstaltung. Major Haff wurde erwartet. Er sollte auf dem Marktplatz eine Rede halten. Als wir dort ankamen, hatten sich bereits etwa zwanzig Zuhörer um das Rednerpult geschart. Ein wenig abseits stand eine Gruppe Jugendlicher, Jungen und Mädchen, die eindeutig nichts mit unserer Bewegung zu tun hatten. Sie blickten zu uns herüber, tuschelten miteinander und rollten schließlich ein großes Spruchband auseinander.

Mit großen roten Buchstaben stand darauf: »Nazis raus!«

Großvater gab mir das verabredete Zeichen, und ich verdrückte mich unauffällig. Ich lief durch ein paar Querstraßen und stieß dann von hinten zu der Gruppe der

Jugendlichen. So harmlos wie es mir möglich war, tastete ich mich an sie heran.

Ich tat, als würde ich den historischen Marktbrunnen fotografieren, in Wirklichkeit wollte ich möglichst scharfe Bilder ihrer Gesichter erhalten. Manche erwischte ich auch von vorne, einige leider nur von der Seite.

Als sie dann doch auf mich aufmerksam wurden und mir den Apparat entreißen wollten, lief ich quer über den Platz und mischte mich unter die Kameraden.

Die Fotos waren für Großvaters »Feindkartei«, in der er alle Informationen über politische Gegner sammelte. Fotos waren dabei natürlich am wertvollsten. Manchmal gelang es ihm sogar, Namen und Adresse des Fotografierten herauszubekommen. Dann schickte er seine Jungs vorbei. An diesen Aktionen habe ich nie teilgenommen, aber ich kann mir denken, wie sie aussahen. Ab und zu stand es in der Zeitung. Die Betroffenen stellten Anzeige gegen unbekannt, und soweit es Großvater und seine Jungs anging – von ihnen wurde nie einer erwischt.

An anderen Einsätzen nahm ich dagegen teil. So zum Beispiel bei der Demolierung des linksorientierten Buchladens, dessen Besitzer ausgerechnet direkt neben dem Eingang zu unserem Hof sein Schaufenster mit Werken von Marx und Lenin dekoriert hatte. Mit dem Motorrad sind wir so gegen 23.00 Uhr vorbeigefahren. Sven vorne am Steuer, ich hinten auf dem Sitz. Vor dem Laden bremste er kurz, ein gezielter Wurf von mir, und die Frontscheibe zersplitterte. Ein riesiges Spinnennetz. Und dann nichts wie ab.

Auch bei dem Überfall auf die türkische Teestube war

ich dabei. Wir marschierten zu sechst hinein. Alle mit schwarzer Lederjacke und Schaftstiefeln. So richtig mit militärischem Zack. Das Tageblatt schrieb am nächsten Tag, wir hätten das Lokal total demoliert, aber davon stimmte natürlich nichts. Wir haben eigentlich nicht viel gemacht. Wir haben die Stühle verrückt, und wenn einer noch draufsaß, machte der ganz schnell einen Abgang. An die Theke und auf jeden Tisch haben wir Hakenkreuze geklebt. Die Besucher haben kein Wort gesagt. Nur der Tee ist bei allen kalt geworden. Dann sind wir wieder raus.

Wenn ich es jetzt so aufschreibe, klingt es ein wenig albern, und man kann es eigentlich auch gar nicht beschreiben, aber ich mochte das Prickeln im Bauch, das ich bei solchen Aktionen hatte. Es war spannend und roch immer ein bisschen nach Abenteuer.

In dieser Zeit war ich auch zum ersten Mal mit Ralf und den anderen aus der Jugendgruppe bei einer Wehrsportübung dabei. Auf einem riesigen Waldstück, in der Nähe des Bauernhofes, wo wir Führers Geburtstag gefeiert hatten, lernten wir, im Gleichschritt zu marschieren.

Aber dann kamen die Schießübungen. Zuerst auf ganz normale Zielscheiben, wie es sie in jeder Schießbude auf dem Rummelplatz gibt. Da war ich noch bei den Besten, denn Großvater hatte mir längst das Schießen beigebracht, als er mit mir über die Schützenfestplätze zog.

Dann jedoch wechselte Major Haff die Zielscheiben aus. Nun waren es Köpfe, auf die ich schießen sollte. Es gab verschiedene Gesichter: schwarze, braune, eins mit der

Überschrift »Ich bin Jude«, kurz, alles »nichtarische Gesichter«, wie Major Haff uns erklärte.

Was sie alle gemeinsam hatten, war der fünfmarkstückgroße weiße Kreis in der Mitte der Stirn, auf den wir zielen sollten. Und da zeigte sich dann mal wieder die »verweichlichende« Erziehung von Mutter, so jedenfalls drückte Großvater sich später aus, nachdem er von Major Haff über den Vorfall unterrichtet worden war. Major Haff war das alles sehr peinlich, vor allem, als er mich bestrafen musste, denn schließlich war ich der Enkel eines der führenden Köpfe der Bewegung. Aber es konnte keine Ausnahmen geben.

Als sie alle bereits geschossen hatten, stand ich immer noch mit angelegtem Gewehr da. Ich sah nur die Augen, die mich aus den Gesichtern anstarrten. Es war, als sollte ich auf richtige Menschen zielen. Und es war ja wohl auch als Vorübung dafür gedacht.

Ich habe nicht geschossen, aber was dann kam, war ziemlich schrecklich. Major Haff hielt nichts von »Gehorsamsverweigerung«, wie er mein Verhalten nannte. Ich habe es nie wieder versucht.

Von da an habe ich nur noch den weißen Fleck auf der Stirn fixiert und mir eingeredet, es wäre doch nur Pappe. Als ich das erste Mal getroffen hatte und der Kopf nach hinten kippte, bin ich weggerannt. Irgendwo im Wald habe ich mich übergeben. Als ich zurückkam, ließ er mich 50 Schuss hintereinander machen zum Abgewöhnen. Ich traf 40 Köpfe. Die letzten 5 Schuss gingen daneben, weil es mir vor den Augen flimmerte und ich die weiße Stelle gar nicht mehr klar erkennen konnte, aber so sah ich wenigstens auch nicht mehr ihre Augen.

Warum ich da nicht Schluss gemacht habe? Weil ich dachte, es liegt an mir. Ich dachte, ich muss mich ändern. Und wo hätte ich hingehen sollen? Ich hatte nur die Bewegung. Hier gab es alles, was mir wichtig war. Die Abende mit den Kameraden am Lagerfeuer, auch die Waldübungen, das Überlebenstraining. Das war echt Abenteuer, und ich gehörte dazu. Hier war ich einer von ihnen, genoss sogar wegen Großvater besonderes Ansehen. Meine Meinung war gefragt.

In der Schule, da war ich der mit den Vierern im Zeugnis und dem Nazi-Großvater. Wenn ich etwas sagte, lachten sie oder unterbrachen mich bereits bei den ersten Worten. Hier dachten alle so wie ich.

Wenn nur das Schießen nicht gewesen wäre. Aber auch daran wollte ich mich gewöhnen. Ich zwang mich dazu, weil ich dazugehören wollte.

11

Es hat in all den Jahren nur ein Ereignis gegeben, das mich beinahe dazu gebracht hätte, alles hinzuschmeißen. Es passierte, als ich ungefähr ein Jahr aktiv dabei war. Großvater hatte mich mal wieder mit seinen Jungs losgeschickt, um den jüdischen Friedhof am Stadtrand ein wenig zu verwüsten. Solche Aktionen plante er alle paar Monate fest ein, denn »wir müssen die Leute immer wieder darauf stoßen, dass es uns gibt.« Propaganda um jeden Preis, selbst wenn es eine negative war.

Für mich waren dies die schlimmsten Aktionen, noch schlimmer als das Schießen auf schwarze Köpfe. Großvater wusste das genau, und seit meiner »Gehorsamsverweigerung« auf dem Schießplatz schickte er mich regelmäßig zum Abgewöhnen mit.

Wir malten Hakenkreuze auf die Grabsteine und stießen einige um. An jenem Abend bekam ich von Günther, unserem Anführer, die Aufgabe, mich im Westteil des Friedhofs an die Arbeit zu machen. Ich hatte schon eine ganze Reihe Hakenkreuze gemalt, als ich zu einem Grabstein kam, vor dem in einer Vase ein großer Strauß frischer Rosen stand.

Ich weiß nicht, warum ich stockte, als ich die Blumen sah. Bislang hatte ich meinen Ekel vor diesen Aktionen auf dem Friedhof immer verdrängt, indem ich mir einredete, es seien ja nur Tote. Sie merken ja doch nichts mehr davon. Es kann ihnen doch im Grunde egal sein, was ihrem Grabstein passiert.

Die Blumen aber machten mir auf einmal klar, dass es mehr als nur ein Stein war. Vorsichtig wischte ich mit einem Taschentuch die halb verwitterte Inschrift sauber.

Es standen nur wenige Worte darauf: »David« und dann »Im KZ Dachau gestorben«. Wer hatte diesen Stein aufgestellt? Die Mutter? Andere Verwandte? Wenn dieser David im KZ gestorben war, hatten sie ihn dann überhaupt hier beerdigen können? War es nur ein Gedenkstein ohne Grab darunter? Und wie war er gestorben?

Die Bilder von den Leichenbergen. Großvaters Worte: »Alles Lüge! Und wenn schon, es waren doch nur Juden!« Es waren Menschen, Großvater. Sieh die Rosen! Da gibt es jemanden, der bis heute um David trauert.

»Wenn de noch länger wartest, wirste selber zum Grabstein. Dann wirste das nächste Mal auch umgeschmissen!«

Es war Günther, der plötzlich hinter mir stand. »Na los! Worauf wartest du?«

»Die Blumen! Lass uns einen anderen nehmen.«

Günther stieß die Vase mit dem Fuß um. Sie rollte über

den Weg und zerbrach an einem Stein. Wasser und Blumen lagen im Scherbenhaufen.

»Jetzt mach dir mal nicht in die Hose! Das hier is nur 'n Stein. Und noch dazu 'n Stein überm Judenschwein. Ha, das reimt sich sogar.« Er wollte sich ausschütten vor Lachen. »Na, komm schon, was is'n los mit dir?«

Was los war? Für mich war es nicht mehr irgendein Grabstein auf irgendeinem Grab. Es war der Stein, den jemand für David dort hingestellt hatte. Und es gab noch jemanden, der nach über vierzig Jahren für David Blumen dort hinstellte, jemand, dem David viel bedeuten musste.

Inzwischen waren die anderen zu uns gestoßen. Günther wurde ungeduldig. »Wir können hier nicht den ganzen Abend verplempern. Sie machen manchmal Kontrollen. Also los jetzt!«

Ich konnte es einfach nicht, nicht diesen Stein. Dem Stein hat meine Weigerung nichts genutzt. Sie machten sich einen Spaß daraus, ihn nicht nur umzustoßen, sondern mit einem Stein auch noch die letzten Reste der Inschrift zu zerstören. Ich wusste, sie würden Großvater alles berichten. Sie waren ohnehin schon sauer auf mich, weil ich angeblich so oft eine Extrawurst gebraten bekam. Sie waren der Meinung, jemand wie ich, dem bei einer Schlägerei, wenn das erste Blut floss, schlecht wurde und der nicht einmal richtig mit dem Stock auf andere einschlagen konnte, passte nicht zu ihnen.

Bei Demos und Schlägereien hatte ich seit kurzem Anweisung von Großvater, im Hintergrund zu bleiben. »Wenn die bei der Polizei von uns allen Fotos und Aktennotizen haben«, erklärte er mir, »und dies hier fliegt doch mal auf, dann brauchen wir Leute, die nirgends registriert sind, damit alles neu anfangen kann. Es ist eine Art Selbstschutz, Überlebensgarantie für unsere Organisation.«

Mir war das nur recht. Ich konnte kein Blut sehen. Es fiel mir nicht nur schwer, auf Pappköpfe zu schießen, ich konnte auch nicht richtig auf einen Menschen einschlagen. Einmal habe ich einen von hinten erwischt, aber als er sich dann umdrehte und mich ansah, habe ich den Stock fallen lassen. Da nutzten auch die Schimpftiraden von Großvater und seinen Jungs nicht. Wie konnte ich auf einen einschlagen, der mich ansah?

»Wenn du zwanzigmal zugeschlagen hast, dann merkst du den Unterschied zwischen Pappe und Mensch nicht mehr«, versuchte Großvater mich vor der nächsten Demo zu stimulieren.

»Und außerdem, wenn du den Befehl bekommst: ›Schieß!‹ oder ›Schlag zu!‹, dann schlägst du zu. Junge, du musst aufhören zu denken. Warum hast du so wenig Vertrauen zu mir? Wenn es nötig ist zu schlagen, dann musst du mir schon vertrauen, dass ich die richtigen Befehle gebe. Oder meinst du, mir machen solche Gewaltaktionen Spaß? Manche begreifen aber nur, wenn sie eins in die Fresse bekommen.«

Wie gesagt, sie sahen mich schon misstrauisch an. Darum war ich froh, als Großvater beschloss, mich bei Schlägereien im Hintergrund zu halten. Für später. Und »später« war weit weg.

Nur bei solchen Aktionen wie an jenem Abend auf dem

Friedhof musste ich mit. Da blieb Großvater hart. Es war ja ohne Risiko.

Ich folgte ihnen, den Friedhofsweg bis zum Eingangstor entlang, wo wir über das Tor kletterten. Dann setzte ich mich ab. Sie merkten es nicht einmal. Aber ich konnte mir denken, dass sie Großvater alles haarklein erzählen würden. Es war mir egal.

Am nächsten Morgen ging ich zurück zum jüdischen Friedhof. Frag mich nicht, warum. Ich weiß es selber nicht. Überall standen Leute herum und diskutierten über den Anschlag der letzten Nacht. Ich machte einen großen Bogen um die Menschenmenge und ging dorthin, wo der Grabstein von David lag.

Dort traf ich eine alte Frau. Sie kniete auf der Erde und sammelte weinend die verstreuten Blumen wieder auf. Ich half ihr.

»Warum machen sie das?«, fragte sie auf einmal. »Warum können sie nicht wenigstens die Toten in Ruhe lassen? Was hat ihnen mein David getan?«

»Wer ist David?«

»Mein Sohn. Er ist im KZ Dachau gestorben. Wo er liegt, weiß ich nicht. In einem der Massengräber wahrscheinlich.«

»Warum ist er im KZ gewesen?«

»Er war Jude, mein Junge. Das ist alles. Weißt du, ich habe mich all die Jahre an die Hoffnung geklammert, dass so etwas hier nie wieder passieren wird. Und jetzt? Sieh die Hakenkreuze überall. Fängt das alles von vorne an?«

»Aber er muss doch was gemacht haben? Vielleicht wissen Sie es nur nicht. Vielleicht hatte er etwas gestohlen oder ...«

»Er war vier Jahre alt. Was, meinst du, kann ein Vierjähriger tun, dass man ihn so bestrafen muss?«

»Vier Jahre? Aber das gibt es doch gar nicht. Was kann er denn getan haben? Das muss doch ein Irrtum sein.«

»Er war Jude«, wiederholte sie, ganz sachlich, als ob es als Erklärung ausreichte.

Ich konnte es nicht glauben. Ich wollte es nicht glauben. Aber warum sollte sie mich anlügen? Sie kannte mich ja gar nicht, wusste nicht, dass ich daran beteiligt gewesen bin.

Sie zog ein zerknittertes Foto aus der Tasche. Ein kleiner lachender blonder Junge darauf.

»Das war an seinem vierten Geburtstag. Zwei Monate später haben sie ihn und seinen Vater abgeholt, morgens, als ich beim Bäcker war.«

»Wer hat sie abgeholt?«

»Gestapo, SS, SA, was weiß ich.«

»Wer sagt, dass er tot ist?«

»Ich habe durch einen ›arischen‹ Freund bei der Lagerverwaltung nachfragen lassen. Ich musste mich versteckt halten, weißt du, aber es hat noch Deutsche gegeben, die zu uns gehalten haben. Es war ein ›Unglücksfall‹, haben sie gesagt. Er ist zusammen mit seinem Vater in den elektrischen Stacheldraht gelaufen.«

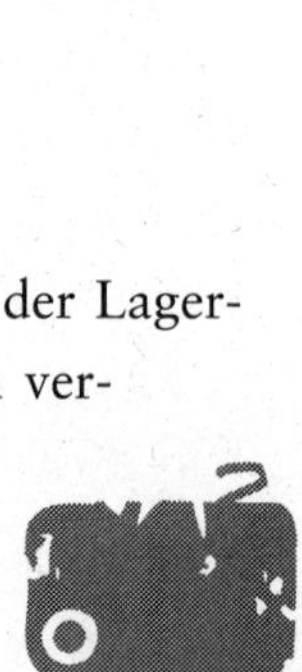

»Dann war es ja wirklich ein Unglücksfall.«

Die alte Frau sah mich an.

»Mein Mann wollte nicht in die Gaskammer. Das wollte er sich und dem Kind ersparen.«

»Aber warum? Vielleicht hätten sie überlebt.«

Zusammen mit zwei Männern von der Friedhofsverwaltung stellten wir den Grabstein wieder auf. Die alte Frau nahm meine Hand.

»Komm mit mir. Ich zeige dir etwas.«

Wie in Trance ging ich hinter ihr her. Sie wohnte in einer kleinen Altbauwohnung ganz nahe beim Friedhof. Sie bat mich herein und kochte Tee für uns beide. Den Tee trank ich, weil sie mir Leid tat, die Kekse bekam ich beim besten Willen nicht hinunter.

Sie holte einen alten Schuhkarton heraus und öffnete ihn. Obenauf lag ein Stück Papier, wie aus einem alten Schulheft gerissen.

»Mithäftlinge haben es in der Tasche meines Sohnes gefunden, bevor sie seine Leiche verbrannt haben. Über weite Umwege ist es zu mir gekommen. Ob er es selber gemalt hat, weiß ich nicht. Vielleicht ein älterer Freund. Aber die Kinder haben verstanden, was dort vor sich ging.«

Ich sah halb verschwommen Häuser, auf denen die Schornsteine überdimensional groß waren. Dicker Rauch kam aus ihnen. Und wenn man genau hinsah, dann konnte man im Rauch Gesichter erkennen, Gesichter mit großen Augen.

»Du bist ein guter Junge. Du kannst dir sicher nicht vorstellen, dass man Menschen verfolgt, nur weil sie anders sind. Überlebt haben damals nur wenige. Und die es geschafft haben, können es nie vergessen. Vergessen haben nur die, die nicht betroffen waren. Ihnen ist es heute unangenehm, daran erinnert zu werden. Darum erzählen sie euch auch nichts davon. Sie sagen, irgendwann muss Schluss sein. Es ist schon über vierzig Jahre her. Es ist Vergangenheit.«

Sie zeigte aus dem Fenster, in die Richtung des Friedhofes. »Aber das dort ist heute. Es fängt alles von vorne an. Jungen wie dich müsste es mehr geben, die könnten es vielleicht verhindern.«

Ich habe mich dann ziemlich schnell von ihr verabschiedet. Ich konnte ihr einfach nicht mehr in die Augen sehen.

12

Zwei Tage lang ging ich nicht zu Großvater. Ich saß zu Hause und dachte nach. Aber es war verdammt langweilig. Dann, am zweiten Nachmittag, als ich so gar nicht wusste, was ich anfangen sollte, stand er auf einmal vor der Tür. Er war noch nie gekommen – wegen Mutter.

»Bist du allein?«, fragte er darum auch als Erstes, als ich die Tür öffnete.

»Mutter kommt erst heute Abend, wenn du das meinst.«

»Wo steckst du eigentlich die ganzen Tage?« Er war ziemlich sauer. »Das ist vielleicht eine Pflichtauffassung! Hast du vergessen, dass du die Anzeigen aufnehmen musst? Nicht mal Bescheid gesagt hast du. Du weißt doch, wie viel wir so kurz vor dem Wahlkampf zu tun haben.«

»Ich musste was für Mutter machen.« Ich weiß nicht, ob er mir glaubte. Ich hatte noch nie meine Aufgaben wegen Mutter versäumt.

»Ich muss mit dir reden. Komm rein.«

Großvater war zum ersten Mal bei uns in der Wohnung. Neugierig sah er sich alles an.

»Ganz hübsch habt ihr es hier.«

»Ich war gestern Morgen auf dem Friedhof. Auf dem jüdischen, du weißt schon.«

Großvater war genauso geschockt, wie ich beabsichtigt hatte. Er bekam ganz große Augen und schnappte nach Luft.

»Sag mal, spinnst du! Wie kannst du da wieder hingehen? Wenn dich einer erkannt hätte?«

»Wer sollte mich wohl erkennen? Es waren ja doch nur Juden da.«

»Manfred, was ist bloß los mit dir?«

»Der Grabstein, den ich umwerfen sollte ...«

»Und wo du den Befehl verweigert hast!«, unterbrach mich Großvater ärgerlich.

»Weißt du, wem er gehört?«

»Das interessiert mich nicht.«

»Doch, das muss es aber. Das ist der Stein von einem vierjährigen Jungen! Er ist im KZ Dachau gestorben. Ich habe mit seiner Mutter gesprochen.«

»Du hast was?« Großvater war entsetzt.

»Was hat er getan? Mit vier Jahren! Sag es mir!«

Er sah mich kopfschüttelnd an. »Es geht nicht darum, was einer getan hat oder tut, sondern was er ist. Es sind

Juden, ob tot oder lebendig. Ob Kind oder Erwachsener. Es ist ein Kampf zwischen unserer Rasse, der arischen, und den anderen, den nichtarischen. Und nur einer kann siegen.«

»Er war doch nur ein Kind.«

»Er war Jude. Und wir hatten unsere Gesetze.«

»Und mit diesen Gesetzen habt ihr Kinder eingesperrt und getötet? Was hättet ihr mit David gemacht, wenn er nicht in den Stacheldraht gelaufen wäre?«

»Warum musst du immer in den alten Geschichten rühren? Lass die Vergangenheit. Ich habe nicht vor, neue Gaskammern zu bauen.«

Aber was genau hatte er vor? Ich versuchte es noch einmal. »Warum können wir keine Kompromisse machen. Ein nationaler Staat mit einem Führer, in Ordnung. Aber in diesem Staat könnten doch alle gemeinsam ...«

»Nein, Manfred. Es gibt hier nur ein ›Entweder – Oder‹. Auch für dich! Entweder bist du für uns oder gegen uns. Dazwischen gibt es nichts. Merk dir das!«

»Aber ...«

»Nein, Manfred. Kein ›Aber‹. Das Programm steht. Es gilt nur noch, es durchzusetzen. Dein Problem ist, dass du nicht gehorchen kannst. Aber das lernt ihr ja heutzutage nicht mehr. Diskussionen und Diskussionen, und was kommt dabei heraus? Nichts! Ihr zerredet eure Ideen, statt sie durchzusetzen.

Und daraus kann man euch noch nicht mal einen Vorwurf machen. Ihr wiederholt doch nur das, was sie euch tagtäglich vormachen, die Erwachsenen, die Politiker. Sie reden und reden und reden und schließen einen faulen

Kompromiss nach dem anderen. Da findet sich keiner, der sich hinstellt und sagt: ›Schluss jetzt! Jetzt wird gehandelt. Hier geht's lang.‹«

»Na, ich weiß nicht, Großvater. Wir leben in einer Demokratie. Und das heißt doch, Kompromisse zu finden.«

»Kompromisse sind Zeichen von Schwäche. Es muss einer entscheiden, die anderen gehorchen. Nur so kann man etwas für das ganze Land tun.«

Großvater sah mich nachdenklich an.

»Weißt du eigentlich, warum ich dich auf diese nächtlichen Aktionen mitschicke? Weil ich sehe, wie schwer es dir fällt. Du denkst zu viel. Wenn der Befehl von oben kommt, musst du gehorchen. Ob es gut oder schlecht ist, darüber hast du nicht zu befinden. Das tut der Führer für dich. So, und damit ist das Thema wohl abgeschlossen. Und treib dich in Zukunft bitte nicht mehr tagsüber auf jüdischen Friedhöfen herum. Du wirst nachts genug Gelegenheit dazu bekommen.«

»Großvater, lassen wir doch die Toten. Wenigstens die Toten.«

»Zum letzten Mal, Manfred. Du kannst nicht einen Teil unserer Bewegung gut finden, bei anderen Teilen aber nicht mitmachen wollen. Alles oder nichts, das gilt für jeden. Für jeden kommt einmal der Punkt, wo er das zu entscheiden hat. Und wenn du dich für uns entscheidest, dann musst du das ganz tun. Mit allen Konsequenzen.«

Er machte eine Pause.

»Glaub mir, ich weiß, wie schwer das sein kann. Auch bei mir kam einmal der Punkt, wo ich entscheiden musste.

Ich habe mich für den Führer entschieden mit allen Folgen, die das für meine Familie hatte. Aber die Sache war mir wichtiger, wichtiger als alle persönlichen Dinge.«

Ich hätte gern mehr erfahren. Ich spürte, ich war ganz nahe an der Mauer, hinter der sich das von Mutter und Großvater gehütete Geheimnis verbarg, aber. Großvater machte so ein abweisendes Gesicht, dass ich mich nicht traute, nachzufragen.

13

Ich ging mit ihm zum Laden. Was hätte ich auch sonst tun sollen? Aussteigen? Das sagt sich so leicht. Ich hatte ja die letzten zwei Tage schon nicht gewusst, was ich mit mir anfangen sollte, wenn alles wegfiel, was meine Nachmittage und Abende und vor allem meine Gedanken ausgefüllt hatte.

Und dann wusste ich genau, was sie mit Leuten machen, die aussteigen wollten. Ich musste einmal auf Großvaters Anordnung dabei sein. Der Junge hat es überlebt, aber sein Gesicht mit der zerschlagenen Nase wird nie wieder so sein, wie es mal war.

Ich hatte Angst. Würde Großvater mich schützen? Er hatte selber gesagt, dass die Sache für ihn wichtiger sei als persönliche Dinge. Würde er bei mir eine Ausnahme machen? Darauf wollte ich es lieber nicht ankommen lassen.

Entweder – oder, so hatte Großvater gesagt. Im Moment

saß ich noch auf dem Gedankenstrich dazwischen und war mir nicht sicher, in welche Richtung ich springen sollte.

Vor der Eingangstür zu unserem Geschäft trafen wir auf Ralf und seinen Vater, die sich gerade wieder auf den Rückweg machen wollten. Großvater war ein wenig erstaunt, da Ralfs Vater noch nie zu einem Treffen mitgekommen war und außerdem eine ziemliche Bierfahne vor ihm herflatterte. Ralf flüsterte Großvater schnell zu: »Heute Kündigung bekommen!«

Großvater verstand sofort. Er bat die beiden in die Wohnung und schob die Stühle in der Küche zurecht. Er goss Ralfs Vater und sich selber einen großen Schnaps ein.

»Na, dann erzählen Sie mal.«

Ralfs Vater warf das zerknüddelte Kündigungsschreiben auf den Tisch.

»Der Computer macht jetzt meine Arbeit. Und was meinen Sie, ich werd entlassen! Dreißig Jahre hab ich für die Firma malocht, und das ist der Dank. Aber die zwanzig Türken bei uns, die haben ihren Job noch.«

Er sah Großvater an, der verständnisvoll mit dem Kopf wackelte.

»Da sieht man's mal wieder. So behandeln sie heutzutage einen schwer schuftenden Deutschen im eigenen Land. Und die Türken haben sogar ihren Vertreter im Betriebsrat. Damit der ihre Interessen vertritt. Und wer vertritt meine?«

»Wir«, sagte Großvater und goss ihm noch einen Schnaps ein. »Sehen Sie, genau darum haben wir ja unsere Partei gegründet. Weil sie die einzige ist, die die Interessen der Deutschen vertritt. Nehmen wir die Arbeitslosigkeit.

Zuerst müsste man die Ausländer in ihre Heimatländer zurückschicken. Dann hätten wir genügend Arbeitsplätze für unsere deutschen Mitbürger. Oder aber die Ausländer müssten sich mit den Arbeiten begnügen, die von uns sowieso nur ungern gemacht werden, wie Müllabfuhr, Straßen fegen und so weiter.«

Ralfs Vater nickte zufrieden und griff zur Flasche, um sein Glas erneut zu füllen.

»Und darum«, fuhr Großvater schwungvoll fort, »darum sind wir ja auch gegen jede Integration der Ausländer. Wir müssen unsere Interessen wahren.«

Ralfs Vater nickte wieder.

»Da wolln se das Wahlrecht für Ausländer einführen, damit die mehr Rechte bekommen. Und meine Rechte? Ich hab auch 'n Recht auf Arbeit in meinem Vaterland. Und meine Kinder solln in 'ne Schule gehn, wo deutsch geredet wird und nicht polnisch oder türkisch oder spanisch und chinesisch. Wo soll das hinführen?«

Die Schnapsflasche leerte sich langsam.

»Das sag ich Ihnen, wo es hinführt. Zum Völkermord.«

»Mord?« Ralfs Vater schien mit Großvaters Tempo nicht ganz Schritt halten zu können.

»Integration führt auf Dauer zur Rassenmischung«, erklärte Großvater geduldig. »Immer mehr Ausländer heiraten eine deutsche Frau oder einen deutschen Mann. Das deutsche Blut, das heißt das Blut des Ariers, wird vermischt mit dem des Nichtariers, ob das jetzt Neger, Chinesen, Türken oder Polen sind. Und das muss verhindert werden. Entweder sie gehen freiwillig oder ...«

»Was oder, Großvater?« Ich war gespannt, wie seine Endlösung aussehen sollte.

»Heutzutage lassen sich leider gewisse Einrichtungen der Vergangenheit nicht wieder einführen. Die Öffentlichkeit ist da zu empfindlich. Aber so ein Gettosystem wie in ... na ja, wie zum Beispiel in Südafrika. Das wäre ideal. Jede Rasse in bestimmten Wohngebieten, schön unter Kontrolle. Arbeiten dürfen sie, sogar Lohn bekommen sie. Ihr versteht schon. Eben wie die Nigger in Südafrika.«

Ralfs Vater war mit allem einverstanden, ob das nun an Großvaters Worten oder am Schnaps lag, ließ sich nicht mehr ausmachen.

»Das ist mal eine Idee. Für bestimmte Arbeiten wie beim Bau, bei der Müllabfuhr setzen wir dann diese Nicht..., diese Nichtarelier, die, na eben die Türken und so ein. Herrenschicht. Gefällt mir. Prost!«

Er schien schon halb getröstet und nickte zu allem, was Großvater erzählte, so als lieferte der ihm soeben die Erklärung für viele Fragen der Vergangenheit und für sein aktuelles Problem.

An jenem Abend noch trat er unserer Partei bei und wurde von Großvater auch sogleich als Wahlhelfer eingeteilt.

14

Seit der Sache mit dem jüdischen Friedhof ließ mir Großvater keine Zeit zum Überlegen mehr. Er nahm mich am Wochenende zu Wahlveranstaltungen im ganzen Bundesgebiet mit, schleppte mich zu Wehrsportübungen, Wochenendseminaren und zog selber einen neuen Schulungskurs für Jugendliche durch, an dem ich selbstverständlich auch teilnahm.

Ich nahm an allem teil, was Großvater für richtig hielt, aber ich fing an, mir über vieles meine eigenen Gedanken zu machen. Auf der einen Seite Großvater, auf der anderen meine Lehrer, Mutter und dann die Mutter von David. Ich war nicht mehr so sicher wie früher, dass Großvater das Richtige wollte.

Ich habe mal ein Buch gelesen über einen Mann und eine Frau, die seit vielen Jahren verheiratet waren. Die Liebe war längst abgekühlt, aber die beiden hatten sich so aneinander gewöhnt, dass sie auch zusammenblieben, als die Gemeinsamkeiten langsam abnahmen. So ging es mir mit Großvater und der Bewegung. Ich war an sie und ihre Gedanken sosehr gewöhnt, dass ich mir nicht vorstellen konnte, was ich anderes machen sollte. Also blieb ich.

Von Mutter hatte ich in dieser Zeit wenig zu befürchten. Sie hatte einen Freund. Dirk hieß er und war als Journalist in ihrem Verlag angestellt. Sie ging häufig abends mit ihm aus, und die Wochenenden verbrachte er immer öfter bei uns. Er war an sich ganz nett, jedenfalls kamen wir gut miteinander aus, indem jeder den anderen seine Wege gehen ließ.

Großvaters besonderes Interesse galt in jenen Wochen vor der Wahl dem Aufbau einer Jugendorganisation innerhalb der Partei. Wie der Führer vor vierzig Jahren, so wollte auch er die Kinder in seinem Sinne formen. Dabei setzte er auf den Zauber von Feuer, Fackel und Fahnen, um die Kinder für sich zu gewinnen.

Allerdings hielt er es doch für erforderlich, zumindest die »Elite« der Jugend eingehender mit den Gedanken des Führers vertraut zu machen. Zu diesem Zweck suchte er sich zwanzig Jugendliche aus den verschiedenen Gruppen heraus. Sie sollten nach einem Sieg den Aufbau der Jugendgruppen leiten. Wir begannen unseren Kurs, indem wir Hitlerzitate zur Jugend- und Kindererziehung heraussuchen und auswendig lernen sollten. Zunächst ließ Großvater uns die freie Auswahl. Jeder von uns bekam ein Exemplar von »Mein Kampf« mit nach Hause, um ein Zitat zu wählen, das ihm besonders wichtig erschien.

Zu Hause stand ich dann statt in »Mein Kampf« zu blättern unschlüssig vor Mutters Bücherschrank. Auch sie besaß jede Menge Bücher über Hitler, wenn auch andere als Großvater. Ich nahm planlos eins nach dem anderen heraus, sah es flüchtig durch und stellte es zurück.

Als ich so ziemlich am Ende angekommen war, fiel mir in einem dünnen Heftchen eine rot angestrichene Stelle auf.
Es war eine Rede, die der Führer 1938 in Reichenberg gehalten hatte. Irgendjemand, vielleicht Mutter, hatte

neben den letzten Satz drei Ausrufungszeichen gemacht: »Und sie werden nicht mehr frei sein ihr ganzes Leben.«

Ohne weiter zu überlegen, entschied ich mich, diese Rede abzuschreiben. Ich wollte wissen, wie Großvater diesen letzten Satz interpretieren würde. Eine Woche später zog ich mit der Rede zu dem Treffen bei Großvater.

»Diese Jugend, die lernt ja nichts anderes, als deutsch denken, deutsch handeln. Und wenn nun dieser Knabe und dieses Mädchen mit ihren zehn Jahren in unsere Organisation hineinkommen und dort nun so oft zum ersten Mal überhaupt eine frische Luft bekommen und fühlen, dann kommen sie vier Jahre später vom Jungvolk in die Hitlerjugend, und dort behalten wir sie wieder vier Jahre, und dann geben wir sie erst recht nicht zurück in die Hände unserer alten Klassen- und Standeserzeuger, sondern dann nehmen wir sie sofort in die Partei oder in die Arbeitsfront, in die SA oder in die SS, in das NSKK und so weiter. Und wenn sie dort zwei Jahre oder anderthalb Jahre sind und noch nicht ganz Nationalsozialisten geworden sein sollten, dann kommen sie in den Arbeitsdienst und werden dort wieder sechs und sieben Monate geschliffen, alle mit einem Symbol, dem deutschen Spaten. Und was dann nach sechs oder sieben Monaten noch an Klassenbewusstsein oder Standesdünkel da oder da noch vorhanden sein sollte, das übernimmt dann die Wehrmacht zur weiteren Behandlung auf zwei Jahre. Und wenn sie dann nach zwei oder drei oder vier Jahren zurückkehren, dann nehmen wir sie, damit sie auf keinen Fall rückfällig werden, sofort wieder in die SA, SS und so weiter. Und sie werden nicht mehr frei ihr ganzes Leben.«*

Rudi sagte »Heil Hitler!«, als ich geendet hatte. Er sprang auf und hob den Arm zum Gruß. Die anderen taten es ihm nach. Nur ich blieb sitzen. Sie sahen mich erwartungsvoll an. Großvater betrachtete mich nachdenklich.

»Warum hast du diese Stelle ausgewählt?«

»Er will Maschinen heranziehen, die auf Knopfdruck funktionieren. Man hat keine Zeit, um nachzudenken.«

»Worüber willste denn nachdenken, Mann?«, fragte Benno verwundert.

»Darüber, was er vorhat und warum wir nicht mehr frei sein sollen unser ganzes Leben.«

Ich sah Großvater an, dass er wünschte, ich hätte ein anderes Zitat ausgewählt.

Rudi meldete sich. Er entwickelte sich langsam, aber stetig zu Großvaters Musterschüler. Nachdem er wegen seines schlechten Zeugnisses inzwischen die sechzigste Absage auf seine Bewerbung bekommen hatte, waren es Großvaters tröstende Worte und das Bewusstsein, zur Herrenrasse zu gehören, die ihm jedes Mal neuen Mut gaben.

Rudi meldete sich also und verkündete, dass er ein Zitat des Führers gefunden habe, das genau erklärte, warum er nicht wolle, dass wir zu viel nachdenken.

»Ich will keine intellektuelle Erziehung. Mit Wissen verderbe ich mir die Jugend. Am liebsten ließe ich sie nur das

* Zit. nach Ehrlich (Hrsg.), Das Dritte Reich. Der Führerstaat. Schulfunkheft. 1982. S. 74.

lernen, was sie ihrem Spieltriebe folgend sich freiwillig aneignen. Aber Beherrschung müssen sie lernen. Sie sollen mir in den schwierigsten Proben die Todesfurcht besiegen lernen. Das ist die Stufe der heroischen Jugend. Aus ihr wächst die Stufe des Freien, des Menschen, der Maß und Wert der Welt ist, des schaffenden Menschen, des Gottmenschen. In meinen Ordensburgen wird der schöne, sich selbst gebietende Gottmensch als kultisches Bild stehen und die Jugend auf die Stufe der männlichen Reife vorbereiten.«*

Wenn Rudi nicht so triumphierend in die Runde geguckt hätte, hätte ich wahrscheinlich nicht den Mut gehabt, das auszusprechen, was mir auf der Zunge lag.

»Was ist das: ›männliche Reife‹? Er will verhindern, dass wir denken und selber entscheiden. Der Führer will keine ›reifen‹ Menschen, er will aus uns Roboter machen, die nur seinen Befehlen gehorchen.«

»Jetzt reicht es aber!«

Zum ersten Mal war Großvater ernsthaft zornig auf mich. Ich hatte ziemliche Verwirrung in den Köpfen seiner zukünftigen Jugendführer angestiftet. Er schickte mich nach Hause, damit ich in Ruhe über den Mist nachdenken könne, den ich da verzapft hatte.

Aber es gab nichts nachzudenken. Jedenfalls nicht über das Zitat. Das war eindeutig. Selbst Großvater war diesmal nicht in der Lage gewesen, die Worte umzubiegen. Und das gab mir zu denken.

 Vielleicht war hier wieder so ein Punkt erreicht, wo ich

* Zit. nach Walter Hofer (Hrsg.), Der Nationalsozialismus. Dokumente 1933-1945. Frankfurt a.M. 1957. S. 88.)

hätte abspringen können. Aber dazu brauchst du mehr Mut als zu den paar kritischen Worten, die ich an dem Tag gesagt hatte. Du musst sehr stark sein, um den Abschlusspunkt zu setzen und neu anzufangen. Und das war ich nicht.

15

Als ich am nächsten Mittag aus der Schule kam, fand ich auf meinem Schreibtisch einen Brief vor. Absender: Alfred Buschmann, Kfz-Werkstatt. Habe ich schon erwähnt, dass ich mich dort um eine Lehrstelle als Kfz-Mechaniker beworben hatte? Ich hatte im Grunde zu gar nichts Lust, weil die Aussichten auf eine Stelle nach der Lehrzeit ohnehin sehr gering waren. Für was sollte ich mich also abstrampeln? Zusammen mit Großvater hatte ich überlegt, was ich am besten anfangen könnte.

»Leute, die was von Autos verstehen, können wir in der Bewegung immer gebrauchen«, meinte er schließlich, und so bewarb ich mich bei der Werkstatt bei uns um die Ecke. Da ich neben Hamid, einem Türken aus meiner Klasse, der einzige Bewerber war, waren Großvater und ich sicher, dass ich die Stelle bekommen würde.

Ohne ihn zu öffnen, lief ich in die Küche, wo Dirk und Mutter das Mittagessen vorbereiteten.

»Es hat geklappt! Ich habe die Stelle!«

Mutter sah verwundert von ihren Kartoffeln auf.

»Tatsächlich? Hast du den Brief schon geöffnet?«

»Nee, noch nicht. Außer mir hatte sich aber nur noch Hamid beworben, und den haben sie doch bestimmt nicht genommen.«

»Ach, und warum nicht?«

Blöde Frage. »Weil er Türke ist.«

Es kam ganz selbstverständlich aus meinem Mund. Erst als die beiden mich anstarrten, wurde mir klar, dass es für sie ja keineswegs so selbstverständlich war.

Dirk war einer von denen, die den Ausländern im Land noch mehr Privilegien geben wollten. Sie sollten wählen können, und es sollte für sie einfacher werden, den deutschen Pass zu erwerben.

Aber weil sie so komisch guckten, öffnete ich den Brief. Und da stand es schwarz auf weiß. Sie konnten mich nicht gebrauchen.

»Aber ich weiß genau, dass eine Stelle frei war.«

Mutter setzte das Kartoffelwasser auf und sagte so ganz nebenbei: »Ich habe heute Morgen beim Bäcker Hamids Mutter getroffen. Hamid hat die Stelle bekommen.«

Erst verstand ich ihre Worte gar nicht. Dann, so ganz allmählich, wurde mir klar: Mir, einem Deutschen, hatte man die Stelle weggenommen und einem Türken gegeben.

»Das gibt es doch gar nicht! Ich bin Deutscher. Hamid ist nur ein verdammter Ausländer, der mir die Chancen wegnimmt.«

»Daniel!« Mutter war entsetzt. »Wie redest du denn da? Hamid nimmt dir die Chancen weg? Du hattest viel bessere Chancen als er. Du hast sie nur nicht genutzt. Sein Zeugnis war sehr viel besser als deins, und außerdem hat er seit drei Jahren in den Ferien in der Werkstatt gejobbt.«

»Aber er ist Türke. Und zum Jobben hatte ich keine Zeit.« Jetzt mischte sich auch Dirk ein.

»Keiner macht dir einen Vorwurf deswegen. Aber wenn du deine Zeit bei Fackelmärschen und im Wald verbringst, darfst du dich über die Absage nicht wundern.«

»Tue ich aber. Es ist doch ungerecht. Der Hamid ist mit deutschen Steuergeldern ausgebildet worden, und wozu? Damit er dann einem Deutschen den Ausbildungsplatz und später den Arbeitsplatz wegnimmt.«

»Hamids Vater lebt seit zehn Jahren hier. Er zahlt genauso Steuern wie ich. Und so hat Hamid das gleiche Recht zu lernen wie du.«

Wir redeten zwar die gleiche Sprache, aber verständigen konnten wir uns nicht mehr. Wie konnte ein Ausländer die gleichen Rechte haben wie ich? Das war ja absurd. Ich ging noch vor dem Mittagessen.

Es ist nicht so, dass ich persönlich etwas gegen Hamid hatte. In der Schule saß ich neben ihm zur großen Gaudi meiner Klassenkameraden.. »Der Nazi und der Untermensch friedlich auf einer Bank vereint«, stichelten sie ständig. »Und der Untermensch schreibt sogar bessere Noten als der zukünftige Beherrscher der Welt.«

Schon wegen dieser Sticheleien hielt ich mich von Hamid fern, obwohl er immer freundlich zu mir war. Er reagierte auf das Gerede vom Untermenschen zum Glück gar nicht. Vielleicht verstand er es auch nicht. Und darüber war ich froh.

Theoretisch war ich zu der Zeit mit Großvater einig, dass es Untermenschen und Herrenmenschen gab. Aber wenn ich dann sah, wie Hamid sogar im deutschen Aufsatz bessere Noten schrieb als ich, von Mathe ganz zu schweigen, dann war es etwas schwierig, weiter an diese Theorie zu glauben.

An diesem Nachmittag jedoch wollte ich als Herrenmensch bestätigt werden, und dazu war Großvater am besten geeignet. Er reagierte auch so, wie ich es erwartet hatte:

»Siehst du«, meinte er, nachdem er den Brief studiert hatte. »Was habe ich euch neulich erst erzählt? Verstehst du jetzt, wie wichtig es ist, dass sich endlich mal jemand für die Interessen der Deutschen einsetzt?«

Ich wollte es verstehen. Ich war froh, dass Großvater eine Erklärung für mein Versagen hatte. Irgendwer musste Schuld haben, und es war so einfach, Hamid und überhaupt alle Ausländer dafür verantwortlich zu machen.

Großvater und ich verbrachten einen gemütlichen Nachmittag zu zweit. Es war wie früher, so als hätte es all die kleinen Meinungsverschiedenheiten der letzten Monate nicht gegeben. Großvater versprach mir, mit einem seiner Freunde zu reden.

»Lass den Kopf nicht hängen, mein Junge. Ich kenne genügend Leute, für die es wichtiger ist, dass die nationale Gesinnung stimmt als irgendwelche Schulnoten.«

Wir bereiteten die Wahlveranstaltung für den Abend vor. Ich kopierte Handzettel, die ich vor dem Saal verteilen sollte, während Großvater mir seine Rede vorlas.

Gegen 19.00 Uhr ging ich nach Hause, um mich umzuziehen. Die Handzettel legte ich auf meinen Schreibtisch ...

Und von diesem Moment an verlor ich den Überblick. Die Ereignisse überstürzten sich, und dann fand ich mich in einem Flugzeug tausende von Kilometern von Berlin entfernt wieder.

Aber vielleicht ist es besser, ich erzähle der Reihe nach. Es fing damit an, dass Dirk, als ich mich gerade umziehen wollte, auf meinem Zimmer erschien, was er noch nie gemacht hatte. Was er eigentlich von mir wollte, weiß ich bis heute nicht. Vielleicht über die Lehrstelle reden?

Er sah die Zettel auf dem Tisch, las den obersten und verschwand wortlos durch die Tür. Als ich eine halbe Stunde später die Wohnung verlassen wollte, stand er auf einmal da. Offensichtlich hatte er auf mich gewartet.

»Kann ich mitkommen? Oder ist die Veranstaltung nur für Parteimitglieder?«

Selbst wenn ich abgelehnt hätte, ich glaube nicht, dass er zu Hause geblieben wäre. Außerdem war ich viel zu überrascht. Nachdem er die Handzettel gelesen hatte, war ich auf alles gefasst, aber nicht darauf, dass er mitkommen wollte. Was sollte ich also machen?

Ich nahm ihn mit. Zum Glück hing er nicht wie eine Klette an mir, sondern verschwand gleich im Saal, sodass ich in Ruhe meine Zettel verteilen konnte.

Es waren an die fünfzig Leute gekommen, fast alles alte Bekannte. Fünfzig, das war so unser Durchschnitt. Aber wir hatten auch schon dreihundert gehabt.

Dirk ging unmittelbar nach Großvaters Rede. Als ich

dann nach Mitternacht auch zu Hause erschien, hörte ich ihn und Mutter im Wohnzimmer reden.

Bestimmt zogen sie über mich her. Aber das war mir längst egal. Als Mutter mich bat, ins Zimmer zu kommen, war ich auf Vorwürfe, Beschuldigungen, alles Mögliche gefasst. Nur nicht auf Dirks Angebot.

»Hast du Lust, in den Sommerferien mit nach Südafrika zu kommen? Ich muss für einige Wochen da runter, eine Reportage schreiben. Wenn du willst, fahren wir gemeinsam.«

Ich suchte fieberhaft nach dem Haken. Es musste einen geben. Dirk lachte mich aus. Er hatte genau wie Großvater die fatale Fähigkeit, meine Gedanken zu lesen.

»Es ist keine faule Sache. Ich dachte nur, ein Tapetenwechsel täte dir gut. Wenn wir zurück sind, kannst du dich dann um eine Lehrstelle bemühen.«

»Kann ich bis morgen überlegen?« Ich wollte zuerst mit Großvater reden.

»Daniel!!!« Mutter war böse. »Da bietet dir Dirk eine Reise an, von der andere träumen, und du musst überlegen.«

»Lass nur«, meinte Dirk. »Vielleicht hat er was anderes vor in den Ferien, oder er muss sich erst mit jemandem beraten. Bis morgen Abend gib mir Bescheid.«

Jetzt fehlte nur noch, dass er Großvater persönlich erwähnte. Was wusste dieser Dirk eigentlich alles von mir?

Ich grübelte die ganze Nacht, was er wohl mit seinem Angebot bezweckte. Wollte er mir wirklich nur eine schöne Reise verschaffen? Immerhin hatte er die Idee doch erst gehabt, nachdem er auf unserer Wahlveranstaltung gewesen war.

Kein Wort von Großvaters Rede. Mutter hatte mir einige Artikel von Dirk zu lesen gegeben. Daher wusste ich, dass er ein ganz entschiedener Gegner unseres Wahlprogramms sein musste.

Was mochte er gedacht haben, als Großvater auf der Veranstaltung unter dem »Hurra«-Geschrei der Anwesenden gerufen hat: »Als ob der deutsche Pass aus einem Türken oder einem Neger einen Deutschen macht. Aus einem Affen wird ja auch kein Mensch, nur weil man ihm das Schild ›Mensch‹ umhängt.«

Ich wünschte auf einmal, Großvater hätte andere Worte gewählt. Dass ich mich schämte, wäre zu viel gesagt, aber ich wollte, Dirk wäre nicht ausgerechnet auf dieser Veranstaltung gewesen.

Und jetzt will er mich nach Südafrika mitnehmen, wo doch jeder weiß, dass sie da mit den Farbigen und Schwarzen genau das machen, was Großvater fordert.

Laut Großvater lernt ein Schwarzer von Kindesbeinen, dass schwarz sein eben heißt, den Weißen das Essen aufzutragen, ihre Gärten zu säubern, ihren Müll wegzubringen, ihr Obst auf den Plantagen zu pflücken und ihre Häuser und Straßen zu bauen.

»Da hat die weiße Rasse noch die Rolle, die ihr zusteht«, war sein Kommentar.

Am nächsten Morgen erzählte ich Großvater von Dirks Vorschlag. Und zu meinem Erstaunen war er ganz begeistert.

»Das ist ja großartig! Mein Freund Piet hat mich schon lange eingeladen, mir das System da unten mal anzusehen ... Sie haben für unsere Probleme mit den Andersrassigen viele Lösungen gefunden. ›Apartheid‹ heißt es, getrennte Entwicklung, wenn sie schon alle in einem Land zusammenleben müssen.«

»Aber Großvater, das kann man doch nicht vergleichen!«

»Es gibt viele Ähnlichkeiten, du wirst schon sehen. Sie haben Erfahrung im Umgang mit Untermenschen. Es kann nicht schaden, sich dort mal umzusehen und sich Anregungen zu holen.«

»Dann fahre ich also?«

Großvater sah mich ganz erstaunt an.

»Sicher fährst du. Das ist eine einmalige Chance. Ich wollte schon immer hin, aber es war mir zu teuer.«

Also sagte ich Dirk zu, und in den nächsten Wochen wurde ich von zwei Seiten gründlich vorbereitet. Dirk und Mutter schleppten Literatur an über die Apartheidspolitik der südafrikanischen Regierung, über Nelson Mandela, den schwarzen Bürgerrechtler, der seit über zwanzig Jahren im Gefängnis sitzt.

Großvater dagegen besorgte Prospekte und offizielle Unterlagen direkt von der südafrikanischen Botschaft.

Während Dirk die Bücher wie unbeabsichtigt auf dem Wohnzimmertisch liegen ließ und wohl hoffte, dass ich freiwillig hineinsehen würde – was ich übrigens auch tat, wenn keiner da war –, nahm Großvater sich die Zeit, um mit mir zusammen das Material durchzusehen. Krügers Nationalpark, wilde Elefantenherden, Antilopen und Giraffen, Safaris, tanzende Neger mit Kriegsbemalung. Ein wunderschönes Land.

»Sieh mal«, meinte Großvater und zeigte auf ein Bild mit barbusigen Negermädchen in einem Zuludorf. Davor ein Häuptling mit Speer bewaffnet vor seiner Rundhütte.

»Das ist ja ein ganz exotisches Fotoobjekt. Nichts gegen einzuwenden. Aber kannst du dir vorstellen, so ein Schwarzer da sollte weltpolitische Probleme entscheiden? Der lebt doch noch in der Steinzeit. Was hat der denn gelernt? Stell dir vor, der sollte regieren. Das Land wäre doch sofort kaputt. Wirtschaftlich. Man denke nur an Angola und Mosambik. Unter den Weißen blühende Länder. Und jetzt? Chaos, Bürgerkrieg, Hungersnöte, Schulden. Es sind die Weißen, die Ordnung, ein zivilisiertes und abgesichertes Leben für alle schaffen. Die weiße Rasse schafft Kultur, die anderen widmen sich der Zerstörung.«

Soweit Großvaters Fazit. Laut Dirks Büchern waren die Zustände in Angola und Mosambik eher auf die jahrhundertelange Kolonisation durch die Weißen zurückzuführen, deren Folgen die Schwarzen jetzt auszubaden hatten. Mutters Bücher und die von Großvater sagten immer etwas anderes zum selben Thema, das kannte ich schon. Ich glaubte mal das eine, mal das andere, meist aber hielt ich mich an Großvater, da seine Meinung klar und einfach zu verstehen war. Und er nahm sich die Zeit, mit mir zu reden.

Ich sollte mir nun in Südafrika ansehen, wie die weiße Minderheit es schaffte, die Masse der Schwarzen und Farbigen unter Kontrolle zu halten.

»Wenn das bei uns nämlich so weitergeht, sind wir Deutschen auch bald eine Minderheit im eigenen Land. Die Deutschen haben im Durchschnitt ein oder zwei Kinder. Aber jeder Türke hat mindestens vier. Da kannst du dir ausrechnen, wo das hinführt.«

Er gab mir die Adresse von seinem Freund Piet. Piet van den Berghe. Er hatte eine Farm bei Pietersburg, eine gute Autostunde von Johannesburg entfernt. Er oder einer seiner Söhne würden mir alles zeigen, meinte Großvater.

»Ich schreibe ihnen. Du wirst durch sie vieles erleben, was dir dieser Dirk bestimmt falsch erzählen wird. Sag ihm, du hast die Adresse von einem Freund.«

Na, ich war sehr skeptisch. Dirk und vor allem meine Mutter würden bestimmt nicht einverstanden sein. Aber da hatte ich mich getäuscht.

Ich weiß nicht, welche pädagogische Linie Mutter und Dirk verfolgten. Dirk sah sich den Zettel von Großvater an und meinte nur:

»Drei Wochen kannst du bei ihnen bleiben, wenn sie einverstanden sind. Die übrige Zeit bleibst du in Johannesburg bei mir.«

Sie waren mit allem einverstanden. Wichtig war ihnen wohl nur, dass ich überhaupt mitfuhr. Vielleicht wollten sie mich auch nur aus der heißen Phase des Wahlkampfes entfernen. Und das war natürlich schon ein Ärger. Auch Großvater fand es schade, dass ich zum Schluss nicht dabei sein konnte, aber das war nun mal nicht zu ändern.

»Sieh mal, Manfred. Diese Wahl ist wichtig für uns, aber mehr als ein paar Prozent werden wir noch nicht schaffen. Fahr du ruhig nach Südafrika, schau dich dort um, und dann kannst du uns ausführlich berichten. So ein Augenzeugenbericht ist auch wichtig.«

Zwei Tage vor unserem Abflug verabschiedete ich mich von Großvater und den anderen Kameraden. Alle waren sie gekommen und drängten sich in unseren Laden.

Ich kam mir wie ein Pionier vor, der in ein unbekanntes Land fährt, um es auszukundschaften.

Teil II

Im Flugzeug hatte ich dann endlich Zeit, Ordnung in das zu bringen, was ich über Südafrika in den letzten Wochen gelesen und gehört hatte. Es war so viel Widersprüchliches dabei. Die Fakten waren oft gleich, aber jeder interpretierte sie anders, manchmal so anders, dass man denken konnte, sie redeten über zwei verschiedene Länder.

Während Mutter mir erklärte, warum sie südafrikanisches Obst boykottierte, zeigte Großvater mir stolz seine Sammlung südafrikanischer Briefmarken.

»Weißt du, Daniel«, erklärte Mutter. »Ich kaufe seit langem keine südafrikanischen Äpfel oder anderes Obst mehr. Und wenn das alle tun, merkt es die Regierung an den Einnahmen, und sie wird dann hoffentlich ihre Politik der Unterdrückung gegen die Schwarzen ändern.«

Einmal hat sie »Cape-Trauben« gekauft und erst auf dem Rückweg bemerkt, dass »Cape« für »Kap« steht. Kap der Guten Hoffnung, Südspitze Südafrikas.

Mir haben die Trauben trotzdem geschmeckt, aber Mutter hat keine davon angerührt, aus Prinzip und weil sie förmlich den Schweiß der Negersklaven beim Pflücken der Trauben riechen konnte.

»Aber Mutter, du übertreibst. Die Sklaverei ist seit 1828 abgeschafft.«

»Dem Gesetz nach, aber nicht in der Praxis. Die Schwarzen dürfen nur dort wohnen, wo die Weißen es ihnen erlauben, sie erhalten nur eine minderwertige Erziehung, weil ein Arbeiter ja keine Differenzialrechnung beherrschen muss. Und wählen dürfen sie auch nicht.«

Das alles wusste ich längst. Und Großvater sagte, es sei ja auch gut so, denn die Schwarzen waren nun mal nicht so intelligent wie die weiße Rasse. Die weiße Rasse stellt das geistige Potenzial. Das sind vier Millionen, die für 25 Millionen denken müssen. Da werden sie doch auch mehr Rechte beanspruchen dürfen.

Jedenfalls hat Mutter beim nächsten Mal auf dem Markt den Händler heruntergeputzt. Er sollte seine Trauben gefälligst richtig kennzeichnen. »Gute Frau«, hat er gesagt. »Dann kaufen doch viele Leute die Trauben nicht mehr.«

»Eben. Das sollen sie ja auch nicht. Mit jeder gekauften Traube unterstützen wir doch das Rassistenregime dort unten.«

Dem Händler wurde es da zu viel, zumal sich bereits eine kleine Menschenmenge um seinen Stand gebildet hatte, und eine Kundin, die ursprünglich Trauben kaufen wollte, sich nach einem Seitenblick auf meine zornige Mutter dann doch für Orangen aus Kenia entschied.

»Jetzt hör'n Sie mir mal zu«, rief er verärgert. »Mit Politik hab ich nichts zu tun. Für mich is 'n Schwarzer auch 'n Mensch, kein Zweifel dran. Aber ich bin Geschäftsmann und verkaufe Trauben. Und wenn sie süß sind, ist mir das ganz egal, woher sie kommen. Geschäft ist Geschäft.«

Na, eine Kundin hat er seit diesem Tag auf jeden Fall weniger. Großvater war natürlich gegen den Obstboykott. Im Gegenteil, er bevorzugte Obst vom Kap, seit ich ihm von Mutter erzählt hatte.

Er fütterte mich mit südafrikanischen Trauben, Kiwis und Äpfeln, so als hoffte er, dadurch Mutters ideologischen Einfluss im südafrikanischen Obstsaft zu ertränken.

»Sieh mal, Manfred«, erklärte er mir. »Die Weißen leben dort seit Jahrhunderten. Es ist ihre Heimat. Und sie haben ganz einfach Angst, was mit ihnen passiert, wenn die Mehrheit der Kaffern auf sie losgelassen wird. Chaos oder Zivilisation, das ist die Frage, und es ist eine Schande, dass sich nicht alle Weißen auf der ganzen Welt mit ihren Rassebrüdern dort unten solidarisieren. Stattdessen machen sie gemeinsame Sache mit diesen Untermenschen.«

An manchen dieser Tage, die unserer Abreise vorausgingen, kam ich mir wie ein Korn zwischen zwei Mahlsteinen vor. Von beiden Seiten rieb es auf mich ein.

Immerhin gab es einige Fakten über das Land, die unabhängig von der politischen Meinung des Betrachters Bestand hatten. Großvaters Reiseführer, der sich mit politischen Themen erst gar nicht belastete, beschrieb das Land so:

»Wilde Tiere in riesigen Nationalparks, überwältigende Naturschauspiele, eine abwechslungsreiche Landschaft, die von weißen Stränden am blauen Meer über Wüstengebiete bis hin zur Buschlandschaft reicht. Städte wie New York mit Wolkenkratzern und mehrspurigen Autobahnen und unverfälschtes afrikanisches Stammesleben mit urwüchsigen Negertänzen. Computergesellschaft und Steinzeit in einem Land vereint.«

Dann wusste ich inzwischen, dass die Briefkästen rot sind und die Autos links fahren, dass das Land fünfmal so groß wie die Bundesrepublik Deutschland ist und Weihnachten in die heißeste Jahreszeit fällt. Großvater hatte mir eine südafrikanische Zeitung vom letzten Jahr gezeigt. Zu Weihnachten schenkt man sich aufblasbare Luftmatratzen und Surfbretter, und die Leute fahren nicht zum Skilaufen, sondern zum Segeln ans Meer.

Hauptsprachen im Land sind Englisch und Afrikaans, was von den Nachkommen der Holländer gesprochen wird und sich aus den niederländischen Dialekten des 17. Jahrhunderts mit Einflüssen aus den Sprachen der Franzosen, Deutschen und Hottentotten herausgebildet hat. Daneben werden aber noch mindestens neun weitere Sprachen gesprochen. Der Rundfunk sendet in elf Sprachen, Fernsehprogramme laufen in sechs Sprachen.

Es gibt Weiße, Inder, Chinesen und die Schwarzen, also ein ziemliches Völkergemisch, wobei der Ausdruck »Gemisch« eben nicht zutrifft. Es ist ein Völkernebeneinanderher.

Die Mischung soll ja gerade vermieden werden. »Getrennte Entwicklung« oder, auf Afrikaans, »Apartheid« heißt die Losung der Regierung. Jedes der verschiedenen Völker soll sich in für sie bestimmten Gebieten entfalten, die Zulus im »Homeland«* oder im Nationalstaat Kwazulu, die Xhosa in der Transkei und der Ciskei, die Weißen in ihren eigenen Gebieten und so weiter.

Großvater hatte mir diese Politik an einem Beispiel klargemacht: Auf einen Zettel malte er zwei Linien und erklärte dann: »So wie diese parallelen Linien nebeneinander herlaufen, ohne dass sie sich jemals berühren, so will die südafrikanische Regierung auch die verschiedenen Völker in ihrem Land auf Abstand halten. Berührungen jeder Art schaffen nur Konflikte, und darum muss man sie vermeiden.«

Es war ganz logisch und so einfach. Ich verstand auf einmal, warum Großvater sich so sehr für das System dort unten interessierte.

»Es muss doch möglich sein, etwas Ähnliches hier bei uns zu schaffen«, hatte er mir zum Abschied gesagt. »Wenn du zum Beispiel alle Türken in einem Gebiet zusammenfassen würdest und sie nur tagsüber zum Arbeiten in die arischen Städte hinausließest, wärest du auf einen Schlag viel Ärger los.« Nachdem feststand, dass ich mit Dirk nach Südafrika reisen sollte, habe ich alles verschlungen, was bei uns im Fernsehen kam und in den Zeitungen über das Land stand. Es war so, wie Großvater gesagt hatte: alles einseitig zu Ungunsten der Weißen dargestellt. Der Afrikanische Nationalkongress (ANC), diese Widerstandsorganisation der Schwarzen, kam häufiger zu

* Erklärung siehe Zeittafel am Ende des Buches

Wort als die offiziellen Vertreter der weißen, legalen Regierung. Was beschwerten sich die Schwarzen, wenn die Polizisten auf sie schossen? Sollten sie ruhig mit ansehen, wie die Schwarzen Autos und Verwaltungsgebäude in Brand setzten?

Zu Hause schwieg ich, wenn ich zusammen mit Mutter solche Nachrichten hörte und sah. Mutter war der Meinung, dass auch der zahmste und friedlichste Hund irgendwann zurückbeißt, wenn er immer nur Prügel bekommt und sein zorniges Knurren nichts nützt.

Aber Mutter ging ja auch davon aus, dass alle Menschen, gleich welcher Hautfarbe, die gleichen Rechte haben. Großvater hatte mich dagegen gelehrt, dass einer immer herrschen muss, damit es Sicherheit und Ordnung für alle gibt. Und das war eben die weiße Rasse, unter ihnen besonders die Arier. Sie waren von Natur aus auf Grund ihrer höher stehenden Zivilisation für diese Aufgabe bestimmt.

Die Nachrichten über Südafrika wurden zu meinem Erstaunen in Europa und überhaupt in der Welt sehr wichtig genommen. Folter, Unruhen, Schlägereien mit der Polizei gibt es täglich irgendwo auf der Welt, ohne dass es gleich bei uns in den Medien erscheint. Es gibt bestimmt andere Länder in der Welt, Diktaturen und Militärregime, gegen die aber keine Sanktionen beschlossen werden, deren Sportteams man nicht von Olympiaden ausschließt.

»Es gibt Staaten in Afrika«, meinte Großvater neulich, »da unterdrückt eine kleine schwarze Elite den Rest der schwarzen Bevölkerung. Aber das regt keinen auf. Im

Gegenteil, wir zahlen auch noch Entwicklungshilfe. Und das alles nur, weil Unterdrückte und Unterdrücker die gleiche Hautfarbe haben. Wenn aber eine kleine weiße Minderheit, die nun mal die Elite stellt, eine schwarze Mehrheit regiert, heißt es gleich, das System ist rassistisch. Die Europäer und Amerikaner sollten die Südafrikaner in Ruhe lassen und sich lieber um die Probleme im eigenen Land kümmern.«

Na, und genau da fangen die Probleme für die westlichen Staaten an. Immerhin liegt Südafrika an der Südspitze des afrikanischen Kontinents und hat damit strategische Bedeutung für die Großmächte. Und dann die Bodenschätze: Gold, Diamanten, Chrom, Mangan und Platin. Die Wirtschaft der westlichen Industrienationen ist so ziemlich abhängig von diesen Mineralien aus Südafrika.

Sicher, die westlichen Staaten üben Druck auf die Regierung in Pretoria aus, aber nicht, weil ihnen die Schwarzen Leid tun, sondern nur, weil sie verhindern möchten, dass die Schwarzen schließlich eine Revolution machen mit Waffen und finanzieller Unterstützung der umliegenden Länder.

Ein kommunistisches schwarzes Südafrika – nicht auszudenken –, und Moskau hätte dann zusammen mit den eigenen Erzen eine Monopolstellung. Also Sanktionen und Druck braucht die südafrikanische Regierung nur begrenzt zu befürchten.

»Da sieht man mal wieder«, war Großvaters Kommentar. »Menschenrechte und diese ganzen moralischen Klimmzüge werden immer nur so stark beschworen, wie es wirtschaftliche und strategische Interessen nicht berührt. Du wirst sehen: Wir werden unser Viertes Reich als Bollwerk gegen den Kommunismus aufziehen, und es wird den anderen völlig egal sein, was dann im Land passiert.«

2

Während unser Flugzeug einen großen Bogen über den Atlantik flog, weil die schwarzafrikanischen Staaten der südafrikanischen Fluglinie das Überfliegen ihrer Länder nicht gestatteten, dachte ich an Großvater und daran, was er mir über seinen Freund Piet erzählt hatte: Er gehört zur afrikaans sprechenden Bevölkerungsgruppe der Südafrikaner. Seine Vorfahren waren unter den ersten Holländern, die 1652 am Kap der Guten Hoffnung landeten.

Einer seiner Vorväter machte sich dann später mit anderen Buren, was soviel wie Bauern heißt, auf den Weg nach Osten, wo sie mit ihren Rinderherden umherzogen.

Sie hatten kaum Kontakt untereinander, lebten fern von der Verwaltung um das Kap herum, noch ferner von Europa. Nur mit den schwarzen Xhosa-Stämmen, die ebenfalls ihre Rinderherden durch das Land trieben, gab es hin und wieder Schwierigkeiten.

Das einzige Buch, das sie auf ihrer Wanderung begleitete, war die Bibel. Täglich lasen sie im Alten Testament und suchten dort für alle Erlebnisse und für ihre täglichen Sorgen nach einer Erklärung.

Sie fühlten sich wie die Israeliten unter Abraham und Jakob als das auserwählte Volk Gottes, das umherzog, um das von Gott verheißene Land in Besitz zu nehmen.

»Du wirst sehen«, hatte Großvater angekündigt. »Mein Freund Piet hält sich an die Traditionen seiner Vorväter. Das Alte Testament ist auch für ihn der einzig wichtige Ratgeber in allen Lebensfragen.«

Ich hatte anfangs Bedenken, drei Wochen alleine in einer mir völlig fremden Familie zu leben. Aber Großvater hatte gemeint: »Zu den Deutschen hat Piet ein sehr gutes Verhältnis. Wenn du Engländer wärst, na, dann sähe die Sache allerdings anders aus.

Die Buren und die Engländer sind sich nicht grün, seit die Kolonie 1814 englisch wurde. Sie haben sogar mehrere Kriege gegeneinander geführt. Die Buren haben verloren, und seitdem leben sie mit den Engländern in einer Republik zusammen, aber verziehen haben sie ihnen nie.

Frag einmal Piet nach dieser Zeit. Seine Mutter ist in englischer Gefangenschaft gestorben. Er hat die Engländer zeit seines Lebens bekämpft.«

Je mehr ich über das Land erfuhr, desto verwirrender wurde alles. Ich hatte immer gedacht, dass die Konflikte in Südafrika zwischen Weiß und Schwarz verliefen. Nun sah es so aus, als ob sich auch die Weißen untereinander nicht einig waren.

Ich kramte meinen Reiseführer hervor, um ein letztes Mal vor der Ankunft einiges nachzulesen.

»Heute leben Weiße und Schwarze normal mit- und nebeneinander. Eine strikte gesetzliche Trennung besteht nur noch bei Eheschließungen, geschlechtlichen Beziehungen, im Grundstücksverkehr und bei den Toiletten.«

Ich spürte, wie Dirk mir über die Schulter sah.

»Dein Buch ist längst überholt. Zeig mal, 1983 geschrieben. Seit 1985 überschlagen sich in Südafrika die Reformen, hast du das nicht gewusst? Es ist nicht mehr unmoralisch, eine Inderin oder gar einen Schwarzen zu heiraten. Du darfst dich verlieben, in wen du willst, ohne dafür ins Gefängnis gehen zu müssen. Es besteht zwar nach wie vor die kleine Schwierigkeit, dass du mit einem nichtweißen Partner nicht überall wohnen darfst, und deine gemischten Kinder dürfen auch nicht einfach so in weiße Schulen gehen – aber auch dafür gibt es bereits eine Regelung: Ist der Vater weiß, sind die Kinder als weiß einzustufen und dürfen, wenn die Nachbarn nichts dagegen haben, sogar in einem weißen Wohngebiet leben.

Schwarze dürfen jetzt zu bestimmten Zeiten die städtischen Büchereien benutzen, und Theater können zu gemischtrassigen Vorstellungen einladen ohne besondere Genehmigung.

Nichtweiße können sogar in alle Hotels, wenn der Besitzer es erlaubt, nur nicht in die Bars und in den Swimmingpool. Stell dir vor, du musst mit Schwarzen im gleichen Wasser planschen! Man weiß nie, vielleicht färben sie ab.«

Ich mochte es gar nicht, wenn Dirk ironisch wurde, nicht, weil ich seine Ironie nicht verstand, sondern gerade, weil ich begriff, was er meinte. Er zwang mich auf diese Weise, die Dinge aus einer anderen Richtung zu sehen.

Mutters Predigten über das Unrecht, das den Schwarzen geschah, steckte ich leicht weg. Aber Dirk gelang es immer wieder, mich unsicher zu machen. So wie er die Situation darstellte, klang es absurd, Schwarze und Weiße nach Hautfarben zu sortieren. Und das war mir unheimlich.

In der Sichtweise, die Großvater mich gelehrt hatte, war alles wohl geordnet, übersichtlich. Jeder hatte seinen Platz im System, die einen oben, die anderen unten. Und ich stand ganz oben, weil ich ein Weißer und dazu noch ein Arier war. Ich wehrte mich dagegen, dass diese Ordnung weitere Risse bekam.

3

Anflug auf Johannesburg. Wenn ich es auch nicht zugegeben hätte, war ich doch sehr aufgeregt. Mit Mutter war ich nie weiter als bis zu Nordsee und Ostsee gekommen. Und jetzt gleich Afrika!

Dirk stieß mich an.

»Wir sind gleich da. Wusstest du eigentlich, dass Johannesburg die Stadt mit den meisten Swimmingpools sein soll?«

Wusste ich nicht, aber wenn ich jetzt genau hinsah, glitzerten wirklich unheimlich viele kleine blaue Fleckchen Wasser in der Sonne inmitten von grünen Teppichen. Das Braune dazwischen waren wohl die Häuser.

»Die Vororte der Weißen«, erklärte Dirk überflüssigerweise. Soweto, die Stadt der Schwarzen, war das bestimmt nicht. So viel wusste ich immerhin schon über das Land.

Es war früher Nachmittag, als das Flugzeug auf südafrikanischem Boden aufsetzte. Jetzt – Ende Juli – befanden wir uns mitten im südafrikanischen Winter, und die Temperaturen, so um die 23 Grad, waren niedriger als beim Abflug in Deutschland. Ich hatte es mir heißer vorgestellt. Schließlich waren wir tausende von Kilometern nach Süden geflogen.

Die erste Überraschung war der Taxifahrer, der uns vom Jan-Smuts-Flughafen ins Stadtzentrum fuhr. Er war nämlich schwarz. Ich stieß Dirk an.

»Wieso darf er Weiße fahren? Ich dachte, die hätten hier Apartheid?«, fragte ich flüsternd.

»Für die Weißen arbeiten, das durften die Schwarzen schon immer. Allerdings wirst du keinen weißen Taxifahrer finden, der einen Schwarzen befördert.«

Das sollte einer verstehen. Johannesburg ist eigentlich eine »weiße« Stadt, obwohl mein erster Eindruck aus der Taxifahrerperspektive ziemlich schwarz war.

Nach dem »Group Areas Act« dürfen Schwarze zwar zum Arbeiten in die Stadt, aber abends müssen sie zurück in die schwarzen Schlafstädte vor Johannesburg, nach Soweto, Orlando und so weiter. Wohnen dürfen sie in der Stadt nur als Hausangestellte auf dem Grundstück ihrer weißen Herrschaft.

Die Stadt machte einen ausgesprochen gemischten Eindruck, sowohl was die Gebäude als auch die Menschen anging. Wir fuhren mal auf vierspurigen Stadtbahnen, dann wieder auf engen Straßen an Hochhäusern vorbei, deren oberstes Stockwerk aus dem Taxifenster heraus nicht einmal zu erkennen war.

Es gab kleine zweigeschossige Häuser mit geschwungenen Fensterbögen, grün und blau gestrichenen schmiedeeisernen Balkongittern und mit Tante-Emma-Läden im Erdgeschoss.

Vor den Ampeln standen weiße, braune und schwarze Menschen. Mich interessierten vor allem die Schwarzen, weil Großvater immer nur von den »schwarzen Untermenschen« sprach und ich noch nie einen von ganz nah gesehen hatte. Ich betrachtete im Vorüberfahren ihre Gesichter. Die Gesichtszüge konnte man nicht gut erkennen. Sie waren zu schwarz. Nur die weißen Zähne und das Weiße in den Augen fielen auf.

Es gab Schwarze in eleganten Stadtanzügen, mit Krawatte und Hut. Vielleicht Geschäftsleute oder Anwälte. Es gab unter ihnen durchaus einige, die als intelligent angesehen werden konnten, hatte Großvater gesagt. Und diese sind am gefährlichsten für die weiße Vorherrschaft. Großvater hielt es da wie die ganz Rechten unter den weißen Südafrikanern, die den Schwarzen weiterhin nur eine begrenzte Ausbildung zukommen lassen wollten, damit sie der weißen Führung gar nicht erst gefährlich werden konnten. Nach dem Motto: Unwissenheit gleich Machtlosigkeit.

Wir fuhren an Frauen vorbei, die in ihrer Stammestracht am Bordstein saßen, in farbige Wolldecken eingehüllt, ein buntes Kopftuch kunstvoll um die Haare geschlagen, an den nackten Füßen mehrere übereinander liegende Reifen. Sie hatten Zeitungspapier ausgebreitet und verkauften handgefertigte afrikanische Perlarbeiten und Holzschnitzereien.

Die Aufschriften auf den Straßen- und den Reklameschildern waren zweisprachig. Ich machte mir einen Spaß daraus, zu erraten, was das afrikaanssche Wort bedeutet, ohne die englischen Wörter zu lesen.

Was hieß zum Beispiel »Openbare Toiletgeriewe Vir Blanke-Mans«? Selbst wenn ich es nicht hätte erraten können, die Menschen, die den Eingang benutzten, sagten mir, für wen er war: Öffentliche Toiletten für weiße Männer. Daneben der Eingang für die Nie-Blanke, die Nichtweißen.

Als wir endlich am Hotel ankamen, war ich ein wenig enttäuscht. Häuser, Straßen, Menschen und Autos. Ich hatte zwar nicht erwartet, dass mir gleich am ersten Tag eine Elefantenherde über den Weg laufen würde, aber so eine einzelne Giraffe am Straßenrand oder einige Affen in den Bäumen hätten ganz gut zu meiner Vorstellung von Afrika gepasst.

Das Hotel, in dem wir für die erste Nacht abstiegen, gehörte bestimmt zu den vornehmsten. Es war ein dreizehnstöckiger Bau mit zwei Restaurants, zwei Bars, Sauna, Zimmern mit Farbfernsehgeräten, Video, Bad, Telefon und oben auf dem Dach einem riesigen Garten mit Swimmingpool.

Hier verbrachten wir den Rest des Nachmittags, bis es Zeit wurde, zum Abendessen ins Restaurant hinunterzufahren. Braaivleis gab es, Rostbraten am Spieß. Danach lud Dirk mich noch in die Bar ein.

Während wir dasaßen und auf die Getränke warteten, kamen zwei Asiaten herein und setzten sich an den Nebentisch. Sofort erschien der Kellner, um sie aufzufordern, den Raum zu verlassen. Die Bar war nur für Weiße! Doch weit gefehlt. Ich hatte die Reform vergessen. Der Kellner erschien zwar, aber nur, um sie zu fragen, was sie trinken wollten.

»Enttäuscht?« Dirk sah mich spöttisch an. Wenn ich etwas hasse, dann sind es Leute, die die Gedanken von anderen lesen können.

»Wieso enttäuscht? Ich weiß doch inzwischen, die Reform ...«

»Das hat mit der ›Reform‹ nichts zu tun. Das sind Japaner, und die sind genau wie Südkoreaner und Taiwanesen ›Ehrenweiße‹ wegen der Handelsbeziehungen.

Schließlich brauchen die Südafrikaner deren Geld. Wirtschaftliche Interessen. Da werden dann schon mal ein paar Prinzipien über Bord geworfen. Und wenn man die Unterstützung eines der schwarzen Nachbarländer braucht, dann lässt sich selbst das schwärzeste Schwarz im Gesicht eines Präsidenten übersehen, und man kürt ihn zum ›Weißen ehrenhalber‹. Da schämt man sich dann, ein ›Weißer hautfarbenhalber‹ zu sein.«

Ich sagte nichts. Das hatte Großvater mir nicht erzählt.

Davon war auch kein Wort in seinen Büchern. Ob Dirk mich nur ärgern wollte? Er wusste schließlich, wo ich stand. Wenn er nur nicht Großvaters Rede mit angehört hätte! Es klang so absurd: »Weißer ehrenhalber«.

4

Zum Glück schlug Dirk vor, dass wir uns noch ein wenig Johannesburg bei Nacht ansehen sollten. Ich freute mich auf den abendlichen Ausflug, obwohl ich mir hätte denken können, dass er anders als ausgemalt verlaufen würde.

Im Vergleich zum Nachmittag waren nur noch wenige Schwarze zu sehen. Die meisten waren in die schwarzen Vorstädte zurückgekehrt.

Um es kurz zu machen: Dirk ließ den Taxifahrer kreuz und quer durch einen Stadtteil namens Hillbrow fahren, bis er die Straße gefunden hatte, die er suchte.

»Hillbrow ist eine so genannte ›graue‹ Zone«, erklärte er mir. »Laut Gesetz ist es ein ausschließlich weißes Wohngebiet. Aber viele Schwarze und Inder haben sich hier trotzdem heimlich Wohnungen gesucht. Es ist gemischt.«

Ich stöhnte, wenn auch nur sehr leise, für mich. War ich hierher gekommen, um so genannte »graue Zonen«, in denen die Gesetze missachtet wurden, zu studieren?

Schließlich hatte Dirk gefunden, wonach er

gesucht hatte. Er bezahlte den Taxifahrer und schleppte mich in ein ganz normal aussehendes Mehrfamilienhaus, das genauso gut auch bei uns stehen könnte.

Wir stiegen in einem muffig riechenden Flur unendlich viele Stufen empor, bis Dirk vor einer der Türen anhielt und dreimal schellte.

Die Tür wurde vorsichtig geöffnet. Ein Mann, so in Dirks Alter, schaute durch den Spalt, erst misstrauisch, aber dann erkannte er Dirk und strahlte übers ganze Gesicht.

Die Begrüßung können wir übergehen. Sie schienen alte Freunde zu sein, beide aus dem Zeitungsmetier. Ich wurde wohlwollend als Dirks junger Freund aufgenommen.

Dann jedoch, als John mir seine Frau vorstellte, traf mich fast der Schlag. Sie war nämlich schwarz. Pechschwarz! Ich dachte, ich hätte noch nie ein schwärzeres Gesicht gesehen, aber vielleicht war das auch nur, weil ich mit so etwas nicht gerechnet hatte.

Sie strahlte Dirk an.

»Dirk, darling. Nice to meet you again!«

Dirk schien beide gut und lange zu kennen. Sie streckte auch mir die Hand entgegen. Ich hatte noch nie einem Schwarzen die Hand geschüttelt. Ich war wütend auf Dirk, weil er mich auf diese Weise zwang, etwas zu tun, was mir im Grunde zuwider war.

Großvater würde sicher sagen, ich hätte zu meiner Überzeugung stehen und aus der Wohnung gehen sollen. Aber das sagt sich so leicht. Da streckt so eine Schwarze die Hand aus und nimmt ganz einfach an, es sei für dich das Selbstverständlichste auf der Welt, ihr die eigene Hand zu reichen.

Ich tat es und ärgerte mich. Und dann saß ich auf dem Sofa, trank Cola, stieß auf die Gesundheit meiner weiß-schwarzen Gastgeber an und beschloss, Großvater von dieser Episode bestimmt kein Wort zu schreiben.

John erzählte von ihren Schwierigkeiten, eine Wohnung zu bekommen. Zwar war es seit 1985 nicht mehr verboten, eine Schwarze zu heiraten, aber da es weiterhin getrennte Wohngebiete gab und eine Schwarze niemals in einem weißen Viertel leben kann, war es schwierig.

»Ich kann doch nicht nach Soweto ziehen«, sagte John. »Also habe ich hier in Hillbrow die Wohnung gemietet, ohne den Vermieter aufzuklären. Miriam traut sich nur abends aus der Wohnung. Bislang hat noch keiner der weißen Nachbarn etwas gemerkt. Wer sie sieht, denkt wahrscheinlich, sie sei in irgendeiner Wohnung als Putzfrau angestellt.«

»Und wenn einer etwas merkt?«, fragte ich. Miriam sah mich an und zuckte mit den Schultern.

»John darf sicher hier wohnen bleiben. Er ist ja weiß.«

Wenn man sie länger betrachtete, konnte man trotz der Schwärze einzelne Gesichtszüge erkennen.

Es schellte an der Tür. John und Miriam zuckten nur ganz leicht zusammen. Und dann war es so, als ob ein Stummfilm ablief. Miriam nahm ihr Glas und ihre Strickjacke und verschwand ohne ein weiteres Wort im Nebenzimmer.

John wischte den Wasserring, den Miriams Glas auf der

Glasplatte hinterlassen hatte, sorgfältig mit seinem Taschentuch weg, schüttelte das Sofakissen dort, wo sie gesessen hatte, warf noch einen prüfenden Blick durchs Zimmer und ging zur Tür. Das alles hatte nur Sekunden gedauert.

Es war der Nachbar, der sich einen Schraubenschlüssel ausborgen wollte. Als er gegangen war, klopfte John dreimal an die Tür zum Nebenzimmer.

Miriam kam mit Glas und Strickjacke heraus, setzte sich auf ihren alten Platz, und die Unterhaltung lief dort weiter, wo wir beim Klingeln aufgehört hatten.

Keiner erwähnte das Geschehene. Es war, als sei es normal, ganz alltäglich. Und dass es so alltäglich schien, machte es so schrecklich.

Ich war froh, als wir endlich ins Hotel zurückfuhren, froh, dass dieser Tag zu Ende war. Ich hatte auf einmal ein wenig Angst, mit Dirk zusammen zu sein.

In einem von Dirks Büchern hatte ich von einem weißen Afrikaander gelesen, einem »Abtrünnigen« aus burischer Familie, der heute aufseiten der Schwarzen gegen die Regierung kämpft. Er hat gesagt: »Wer von den Weißen einmal anfängt, sich mit der schwarzen Seite der Medaille zu beschäftigen, kann nie wieder weiterleben wie bisher, so als ob es nur eine weiße Seite gäbe.«

Ich war hierher gekommen, um das System zu studieren. Herauszufinden, was wir in Deutschland übernehmen könnten. Erfahrungen mit Gleichgesinnten wollte ich austauschen. Ich war nicht hierher gekommen, um meine eigene Position zu überdenken.

Es war alles klar und eindeutig, und ich würde nicht damit anfangen, die Medaille von der anderen Seite zu betrachten.

Und doch konnte ich nicht verhindern, dass ich auf der Rückfahrt im Taxi saß und hoffte, die weißen Nachbarn würden noch eine ganze Weile nichts von Miriam erfahren.

5

Am nächsten Morgen brachte uns das Taxi zum Bahnhof. Ich hätte genauso gut allein nach Pietersburg fahren können, aber Dirk bestand darauf, mich zu begleiten. Er hatte Mutter versprochen, mich sicher bei der Familie van den Berghe abzuliefern. Danach könnte ich drei Wochen machen, was ich wollte.

So war es verabredet. Drei Wochen auf der Farm in Transvaal in der Nähe von Pietersburg, ungefähr 200 Kilometer nördlich von Johannesburg. Danach würde ich mit Dirk bei Freunden in Johannesburg wohnen.

Überall auf den Straßen waren jetzt wieder die Schwarzen zu sehen. Sie servierten, fegten die Straßen, führten weiße Babys spazieren oder eilten irgendeiner Arbeitsstelle zu.

»Ich hab gelesen, dass es in Soweto so schlimm nicht sein soll. Sie haben sogar Sportplätze und Krankenhäuser dort.« Dirk sah mich nachdenklich an.

»Woher willst du wissen, wie schlimm es ist, wenn du dort wohnen musst? Das Schlimme an diesen Townships ist doch, dass es sie überhaupt gibt – nämlich als Zwangswohnsiedlungen der Schwarzen. Stell dir mal vor, wie das bei uns aussähe, wenn alle Türken nach der Arbeit die Innenstädte verlassen und am Rande der Städte in geschlossenen Siedlungen leben müssten. Nicht freiwillig, sondern gezwungenermaßen. Das ist doch unvorstellbar!«

Ganz so unvorstellbar war das natürlich nicht, aber von Großvaters Plänen in dieser Hinsicht erzählte ich lieber nichts. Sie waren ja nicht einmal Teil des offiziellen Parteiprogramms, sondern nur als Geheimdokument den Eingeweihten bekannt.

Im Zug nach Pietersburg saßen wir in einem Abteil nur mit Weißen. Aber auch hier war diese Regelung längst nicht mehr vom Gesetz so bestimmt, wie Dirk mir erklärte, denn wenn die Weißen nichts dagegen haben und kein anderer Platz frei ist, kann ein Schwarzer durchaus im Abteil neben einem Weißen sitzen. Nur haben die meisten Weißen etwas dagegen, vor allem hier im Norden, in Transvaal.

Ich fand, das sei für die Schwarzen doch ein ungeheurer Fortschritt, aber Dirk sah das anders. »Wenn die Weißen wirklich etwas hätten ändern wollen, dann hätten sie ein Gesetz schaffen müssen, in dem steht, dass ein Schwarzer das Recht wie ein Weißer hat, in jedem Zugabteil zu sitzen.

So aber gibt es kein Verbot mehr, das ist richtig.

Aber der Schwarze muss jetzt den einzelnen Weißen fragen, ob er etwas dagegen hat, wenn er sich neben ihn setzt, obwohl er schwarz ist. Das ist im Grunde viel erniedrigender. Wenn er jetzt auch ab und zu das Glück haben wird, dass ein Weißer sagt: ›Bitte sehr, selbstverständlich!‹, muss er doch immer damit rechnen, dass er zur Antwort bekommt: ›Scher dich zum Teufel! Was fällt dir ein?‹

Vorher war die Situation auf allen Gebieten klar: Es war per Gesetz für Schwarze verboten, in weiße Hotels, auf weiße Universitäten und so weiter zu gehen. Jetzt hängt die Gleichberechtigung der Schwarzen in diesen Bereichen von der guten Laune weißer Hoteliers, weißer Universitätskomitees und weißer Lokalbehörden ab.

Die Regierung hat zwar einige Gesetze geändert, aber nicht die weißen Menschen, die jetzt entscheiden sollen. Für viele gilt weiter der Spruch Präsident Vorsters, dass der Schwarze in der weißen Gesellschaft keinen Platz oberhalb einer bestimmten Stufe hat.«

Am Bahnhof in Pietersburg holte uns der Enkel von Großvaters Freund Piet ab: Jan van den Berghe. Er war groß, hatte rotblonde Haare und das ganze Gesicht voller Sommersprossen, die man allerdings erst bei näherem Hinschauen bemerkte, da er von der Sonne braun gebrannt war.

Er begrüßte uns auf Englisch, das er mit einem rollenden r und, wie sich nachher herausstellte, nur äußerst ungern sprach.

Unterwegs fragte Dirk ihn nach seinem Vater und Großvater. Er schien erstaunlich gut über die Familie

Bescheid zu wissen. Jan gab höflich Auskunft. »Woher kennst du sie?«, fragte ich leise auf Deutsch. Dirk grinste.

»Glaubst du etwa, deine Mutter lässt dich drei Wochen bei einer völlig unbekannten Familie in einem fremden Land, nur weil dein Großvater dir die Adresse gegeben hat? Ich habe mich bei Freunden in Südafrika erkundigt.«

Spioniert hatte er! Und das mit Großvater war doch bloß eine Vermutung von ihm. Seit wann machte Mutter sich denn Gedanken, mit wem ich verkehrte? Ich hatte eine ungeheure Wut im Bauch.

Jan bog von der Landstraße auf den schmalen Feldweg ein, der zum Farmhaus führte. Wir fuhren durch Zuckerrohrfelder, an Maisfeldern vorbei. Es war Mittagszeit. Unter einer riesigen Schirmakazie saßen die schwarzen Landarbeiter in Gruppen zusammen, um zu essen.

Jan parkte den Wagen, und wir gingen über den Kiesweg Richtung Farmhaus. Ich weiß nicht, was ich erwartet hatte, aber bestimmt ein afrikanischer aussehendes Haus als diesen modernen Bungalow aus weißen Ziegelsteinen, der genauso gut in irgendeiner deutschen Stadt hätte stehen können.

Neben dem Haus – unter hohen, palmenähnlichen Bäumen – Liegestühle und eine Hollywoodschaukel. Kübel mit blühenden Blumen, deren Namen ich nicht kannte, neben dem Eingang.

Es war niemand da außer Jans Mutter, die mit den Hausmädchen das Abendessen vorbereitete und uns freundlich begrüßte. Die Männer waren alle irgendwo auf der riesigen Farm unterwegs und würden erst gegen Abend zurückkehren.

Jan zeigte uns das Gästezimmer. Zwei frisch bezogene Betten, ein Tisch, frische Blumen, ein Stuhl, fertig. Das heißt, über meinem Bett hing hinter Glas eine Seite aus einem Buch in kunstvoll geschnörkelter Schrift. Das Papier war an einigen Stellen eingerissen, die eine Ecke schwarz verkohlt.

Als Jan sah, dass ich mich für diese merkwürdige Seite interessierte, kam er sofort näher.

»Das ist alles, was von der Bibel meines Urgroßvaters übrig geblieben ist. Eine Seite aus der holländischen Bibel, die meine Ururgroßeltern aus Holland mitgebracht haben.«

»Und wann ist sie verbrannt?«

»Das war Ende des letzten Jahrhunderts, als einer unserer Neger abgehaun ist. Die Missionare hatten ihm eingeredet, dass alle Menschen gleich sind. Mein Urgroßvater war da anderer Meinung, er hielt sich an die Bibel: Die Schwarzen sind die Nachkommen von Ham, einem Sohn Noahs. Er hat seinen Vater verspottet und ist dafür verflucht worden. Gott hat bestimmt, dass er und seine Nachkommen für alle Zeiten den anderen dienen müssen. Dieser Neger jedenfalls hat, bevor er davonlief, das Farmhaus angezündet.

Alles brannte, auch die Bibel. Und dass ausgerechnet diese Seite übrig blieb, ist für Großvater ein Zeichen Gottes.«

»Was steht denn da?«

Für eine solche Übersetzung reichte Jans Englisch nicht aus. Er ging und kam mit einer deutschen Bibel zurück.

»Hier, hat Großvater mitgebracht. Er hat doch damals aus Begeisterung für euren Hitler auf eurer Seite mitgekämpft. Daher kennt er ja deinen Großvater. Als er nach dem Krieg zurückkam, hat er diese Bibel und ›Mein Kampf‹ mitgebracht. Schlag auf: Jesus Sirach, Kapitel 33.«*

3325 Heu, Stock und Last sind für den Esel / Brot, Zucht und Arbeit für den Sklaven.

3326 Gib dem Sklaven Arbeit, und du wirst deine Ruhe haben / gib ihm die Hand frei, und er wird die Freiheit suchen.

3327 Joch und Strick beugen den Nacken / und dem schlechten Sklaven gehören Block und Schläge.

3328 Halte ihn also zur Arbeit an, damit er nicht untätig ist / denn vielerlei Bosheit lehrt der Müßiggang.

3329 Stell ihn an die Arbeit, wie es sich für ihn gehört / und wenn er nicht gehorcht, lege ihn in schwere Fußketten.

3330 Aber tue gegen niemand etwas im Übermaß / und unternimm nichts ohne Recht.

»Siehst du«, meinte Jan, als ich fertig gelesen hatte. »Selbst Gott hat die Haltung von Sklaven für selbstverständlich gehalten. Man muss sie nur richtig behandeln. An

* Alle Bibelzitate stammen aus der folgenden Bibelausgabe: Die Bibel. Altes und Neues Testament. Herder-Verlag, 1980.

keiner Stelle der Bibel aber sagt Gott, dass die Sklaven mitregieren sollen.«

Ich war froh, dass Dirk das Zimmer bereits verlassen hatte, bevor Jan mit der deutschen Bibel anrückte, und ich hoffte nur, dass er in Dirks Gegenwart nicht ganz so direkt reden würde.

6

Am Abend beim Essen lernten wir die übrige Familie kennen: Jans zwei Brüder, den Vater und den Großvater, der mich am meisten beeindruckte, vielleicht, weil er mich an meinen Großvater erinnerte. Groß, langer weißer Bart, schneeweiße Haare. Er war sicher noch einige Jahre älter als meiner, aber genauso aktiv. Hier in der Familie, das merkte man sofort, war es der Großvater, der die Entscheidungen traf.

Bis spät in die Nacht hinein saßen wir auf der Veranda hinter dem Haus und machten Konversation in drei Sprachen. Dirk, der schon einige Male für seine Zeitung in Südafrika gewesen war, verstand einigermaßen Afrikaans. Ohm Piet, wie der Großvater von allen respektvoll genannt wurde, konnte sich ganz gut auf Deutsch verständigen. Und zur Not gab es ja noch das Englische, das alle beherrschten.

Großvater Piet wollte eine Menge über Deutschland wissen und äußerte mehrmals, dass es doch »ewig schade« sei, dass der Führer den Krieg so unglücklich verloren habe.

Dirk hatte wohl beschlossen, sich ruhig zu verhalten, denn er überhörte diese Worte einfach und unterhielt sich stattdessen demonstrativ mit Jans Mutter über das Rezept ihrer Soutribbetjie (Schafsrippenstück) und der selbst gebackenen Roosterkoeks (rundes Hefegebäck).

Ich verbrachte einen höchst ungemütlichen Abend, weil ich ständig mit einer Bemerkung Dirks rechnete, die es mir unmöglich machen würde, hier auf der Farm zu bleiben. Und das hätte ich doch sehr bedauert, denn zum ersten Mal seit meiner Ankunft in Südafrika fühlte ich mich in einer vertrauten Umgebung. Ohm Piet vertrat Ansichten, wie ich sie von meinem Großvater kannte. Und er konnte genauso gut erzählen.

Wie ich in den nächsten Wochen noch häufiger feststellen konnte, war sein Lieblingsthema der »Große Treck«, den sein Urgroßvater Anfang 1835 als Zehnjähriger mitgemacht hatte. Von der Schlacht am Ncome Fluss (später »Blutfluss«), als die Buren am 16. Dezember 1838 den Zulukönig Dingaan trotz zahlenmäßiger Unterlegenheit ohne eigene Toten vernichtend geschlagen hatten, konnte er stundenlang erzählen.

»Damals hat Gott mit uns einen Bund geschlossen. Er hat uns den Sieg in einer ausweglosen Lage gegeben, als Zeichen, dass wir sein auserwähltes Volk sind.«

Ohm Piet hatte seine Stimme beschwörend erhoben, und es kam, was ich den ganzen Abend befürchtet hatte. Dirk unterbrach seine Lobrede auf die Roosterkoeks der Hausfrau und fing eine Diskussion mit Ohm Piet an. »Woher wollen Sie wissen, dass Sie auserwählt sind?«

»Wir sind auserwählt, weil Er uns den Sieg gab.« Ohm Piet schien leicht verwundert, wie man so eine Frage überhaupt stellen konnte. »Sehen Sie sich doch um, wir sind den Schwarzen in allem überlegen. Sie leben doch zum Teil noch in der Steinzeit. Ist das etwa kein Zeichen Gottes?«

»›Zeichen Gottes‹ ist gut! Die Schwarzen haben hier doch gar nicht dieselben Chancen wie die Weißen. Ich sage nur ein Stichwort: Bantu-Erziehung. Für die weißen Schulkinder wird jedes Jahr viel mehr Geld ausgegeben als für die Farbigen und Schwarzen.

In schwarzen Schulen wird schwerpunktmäßig Hand- und Hausarbeit, Religion und Stammesgeschichte gelehrt, die Weißen dagegen lernen Mathe, Physik, Sprachen, alles, was sie auf ihre Führungsrolle vorbereitet. Die Schwarzen aber sollen nur so viel lernen, als nötig ist, um Befehle auszuführen und einfache Arbeiten zu verrichten. Ihr haltet sie künstlich auf niedrigem Bildungsstand, weil ihr Angst vor der Konkurrenz habt.«

Dirks Rede traf die Familie unvorbereitet. Wie unter Schock stehend, ließen sie ihn zu Ende reden. Ohm Piet erholte sich als Erster. Er blitzte Dirk zornig an.

Ich dachte schon, er würde uns beide vor die Tür setzen, aber er holte nur tief Luft und sagte: »Wissen Sie eigentlich, Mijnheer, dass die Bundesrepublik der drittgrößte Handelspartner Südafrikas ist? Eure Firmen schätzen unser Land doch als Billiglohnland für eure Produktionen. Ich verstehe gar nicht, warum ihr dann immerzu Journalisten herüberschickt, die kritisieren, dass wir die Schwarzen nicht richtig ausbilden und ihnen zu wenig Lohn zahlen. Ihr profitiert doch auch davon!«

Er stand auf und verschwand im Haus.

Jetzt mischte sich auch Jans Vater in die Diskussion ein. Er beugte sich in seinem Sessel vor und fixierte Dirk ärgerlich. »Hören Sie, Mister, wir leben seit Jahrhunderten hier. Wir kennen die Kaffern. Was sie können und was sie nicht können. Sie können arbeiten. Auf der Farm schätze ich meine Schwarzen mehr als jeden Weißen. Sie haben mehr Kraft. Haben Sie mal ihre Muskeln gesehen? Sie sind für die körperliche Arbeit geschaffen. Aber hier oben?«

Er tippte an seinen Kopf.

»Da fehlt es. Und das machen wir ihnen ja auch gar nicht zum Vorwurf. Sie arbeiten für uns, wir denken für sie. Jeder an seinem vorherbestimmten Platz. Bis vor einigen Jahren haben sie das ja auch weitgehend akzeptiert. Jetzt auf einmal wollen sie selber denken. Und wir sagen: ›Bitte sehr! Macht das!‹ Deshalb richten wir ihnen ja die Homelands ein. Sie dürfen sich selbst verwalten, haben einen Häuptling an der Spitze ...«

»... den die Regierung in Pretoria bestimmt!«, warf Dirk ein.

Jans Vater ließ sich nicht stören.

»Sollen sie für ihresgleichen denken. Aber nicht für uns. Sollen sie in ihren Homelands ihre schwarze Freiheit genießen, aber meine Freiheit dürfen sie nicht abschaffen.

Sind unsere Vorväter in den Krieg gezogen, um die Kaffern zu besiegen, damit ihre Urenkel freiwillig unter Kaffernherrschaft leben?«

In diesem Moment kam zu meiner Erleichterung Ohm Piet mit einer Flasche Wein in der Hand zurück. Hinter ihm das schwarze Hausmädchen mit einem Tablett voll Weingläser.

»Wein aus der Kapprovinz. Sie werden sehen, unsere Kapweine können sich durchaus mit euren deutschen Weinen messen.«

Als alle Gläser gefüllt waren, hob Ohm Piet sein Glas.

»Auf das Wohl unserer deutschen Gäste!«

Ich verstand zu wenig von Wein, aber Dirk schien er zu schmecken, und Ohm Piet war hocherfreut, als er dies auch sagte.

»Na sehen Sie, nicht alles ist schlecht, was aus Südafrika kommt.«

Er lehnte sich bequem zurück, drehte sein Weinglas in der Hand und meinte: »Die Sache ist doch so, einmal ganz sachlich und nüchtern betrachtet: Wenn wir die Apartheidgesetze nicht gemacht hätten, was würde geschehen? Die Schwarzen würden uns überrennen. Und dann würden wir sie erschießen. Genau das aber wollen wir vermeiden. Wir wollen sie nicht erschießen, darum müssen wir sie regieren.«

Dirk trank einen großen Schluck Wein, so, als müsste er seine Antwort wieder hinunterspülen. Ohm Piet fuhr daher ungestört fort.

»Die Apartheid, was soviel bedeutet wie ›getrennte Entwicklung‹, gibt jedem die Möglichkeit, sich in seinem eigenen Volk zu entwickeln, seiner Kultur und seinem Bildungsniveau entsprechend. Also Zulu zu Zulu, Xhosa zu Xhosa, Weiße zu Weißen.

Darum haben wir die Erziehung nach Stammessprachen, die getrennten Wohngebiete und die Homelands eingerichtet. Wenn alle gemischt zusammenleben, gibt es nur dauernde Zusammenstöße und Konkurrenzkampf. Das aber schadet dem ganzen Land.«

»Lifte für Weiße und Nichtweiße, Postschalter, Sitzbänke, Taxis nach Hautfarben getrennt. Wie wollen Sie das begründen?«

»Das brauche ich zu meinem Schutz. Schließlich sind wir Weißen in der Minderheit. Und darum bin ich auch dagegen, all dies abzuschaffen, so wie es die Regierung macht. Von mir aus hätte sich nichts ändern müssen. Aber diese Reformer da in Pretoria, die rütteln inzwischen an den Grundfesten unseres Staates. Jetzt haben sie sogar die Zuzugskontrollen abgeschafft und den Pass für die Schwarzen. Wo soll das nur hinführen?«

»Aber solange es genau vorgeschriebene Wohnviertel für Weiße und Schwarze gibt, solange sie weiterhin hunderttausende von Schwarzen ausbürgern, indem die Homelands unabhängig werden, solange ändert sich doch im Grunde wirklich nicht viel.«

»Das mag Ihnen im Ausland so erscheinen. Für uns Afrikaaner sind diese Reformen fast schon eine Revolution.

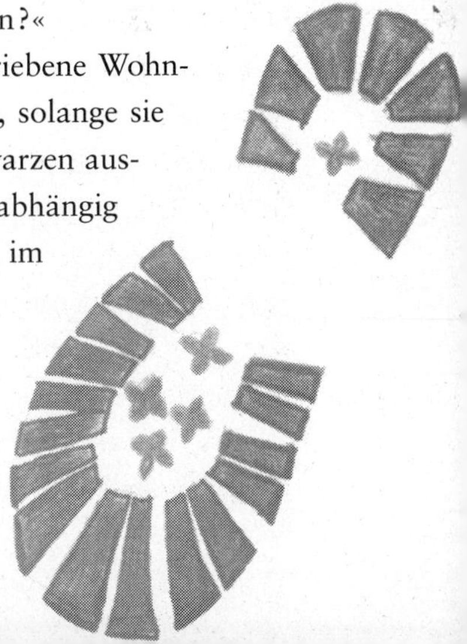

Es ist eine ganz einfache Rechnung: Wie können wir frei bleiben, wenn wir den Schwarzen Freiheiten in unserem Staat gewähren? Sie sind zu viele. Sie würden uns unterdrücken. Und wohin sollen wir dann gehen? Wir können nicht wie die Portugiesen in Mosambik oder die Engländer in Rhodesien unsere Sachen packen und in ein überseeisches Heimatland zurückkehren. Wir sind Afrikaander! Unsere Heimat ist hier!«

Jan und sein Vater nickten zustimmend.

»Unser System hat Jahrzehnte funktioniert«, fuhr Ohm Piet fort. »Was ist auf einmal so falsch daran? Nennen Sie mir eine Industrienation, die so viel Entwicklungshilfe geleistet hat wie wir Weißen hier in Südafrika. Aber ihr verlangt von uns, dass wir unsere politische Vorherrschaft abgeben. Wo hat das ein Volk freiwillig in der Geschichte getan, frage ich Sie?«

Dirk zögerte.

»Na, Sie Europäer. Ihr habt doch sonst auf unsere Probleme so schnell eine Antwort.«

Während Dirk noch nach den richtigen Worten suchte, kam Jans Mutter mit frischen Roosterkoeks auf die Veranda zurück. Ohm Piet entkorkte die dritte Flasche Wein und legte gleich wieder los.

»Und jetzt will ich dir mal was sagen, Uitlander. Ihr beschimpft uns wegen unserer ›Rassenpolitik‹. Ihr seid ach so tolerant. Mit vielen tausend Kilometern Abstand könnt ihr bequem fordern: ›Weg mit der Apartheid! Gleiche Rechte für Schwarze und Weiße!‹ Aber wie sieht es denn bei euch mit eurer Toleranz aus? Wie viele Neger bekommen auf Wohnungssuche zu hören: ›Schon vermietet!‹ Und wie viele Eltern kannst du mir nennen, die ein glückliches Gesicht machen, wenn ihr Sohn vor ihnen steht und sagt, er will eine Türkin oder gar eine Schwarze heiraten?«

»Aber das hat doch mit Rassendiskriminierung nichts zu tun. Die Eltern machen sich nur Sorgen wegen der anderen Kultur, der anderen Religion.«

»Ach ja, und wo liegt da der Unterschied? Was machen wir denn anderes? Hat ein Zulu vielleicht die gleiche Kultur wie ich? Wenn die Türken, Neger und Chinesen bei euch in der Mehrzahl wären, meinst du nicht, ihr würdet ein Gesetz schaffen, das diese Mischungen verbietet, damit ihr als weiße Rasse überleben könnt?«

Dirk ging auf diese Frage nicht ein, vielleicht wusste er auch nicht, was er erwidern sollte. Er wechselte das Thema.

Er brachte das Gespräch geschickt in harmlose Bahnen, aber ich war froh, als er am nächsten Morgen abfuhr.

Die Familie van den Berghe nahm mich wie einen Verwandten in ihrer Mitte auf. Ich war der Enkel von »Onkel Rudolf« aus Deutschland, und das reichte als Empfehlung. Besonders mit Ohm Piet verstand ich mich bald prima. Vielleicht, weil er in Großvaters Alter war oder weil ich mich mit ihm auf Deutsch unterhalten konnte. Er sprach es ganz gut, wenn er auch manchmal Ausdrücke benutzte, die bei uns sei Jahrzehnten aus der Mode gekommen waren.

Am Morgen nach Dirks Abreise nahm er mich allerdings erst mal beiseite. »Sag mal, Manfred. Wie stehst du eigentlich zu diesem Dirk? Auf welcher Seite stehst du?«

»Dirk? Ach, der hat mich nur hierher begleitet. Sonst

hätte meine Mutter mich nicht fahren lassen. Großvater weiß Bescheid.«

»Na gut, wenn Rudolf davon weiß. Ich hatte mich schon gewundert. Und nun erzähle mal, wie geht es deinem Großvater? Kommt er voran mit seinem großen Vorhaben?«

7

Ich lebte mich sehr schnell auf der Farm ein. Die Sonne schien den ganzen Tag, das Essen schmeckte, wenn auch anders, als ich es gewohnt war. Ich pflückte Aprikosen, Litschis und anderes von den Bäumen, was ich zu Hause auf dem Markt kaufen musste. Jan zeigte mir jeden Winkel der Farm. Er war ein guter Führer. Man merkte, wie stolz er auf sein Land war, ob er nun über den Anbau von Bohnen, die Zucht von Rindern oder die Bewässerungsprobleme sprach. Abends gingen wir oft zum Schwimmen an den Fluss, der die Grenze der Farm bildete.

Hier war die Welt noch in Ordnung. Es gab keine grauen Zonen, die mich verunsichern konnten. Jans Familie lehnte die Reformen der Regierung ab. Und es war schon merkwürdig, zu hören, dass die gleichen Reformen, die für Dirk nur kosmetische Verschönerungen der Apartheid darstellten, von Ohm Piet als der Beginn des Untergangs der weißen Zivilisation in Südafrika abgelehnt wurden.

Ich wusste, dass sich gerade hier in der nördlichen Provinz Transvaal viele Farmer und Städter für die Beibehaltung der »reinen« Apartheid einsetzten, für die Beibehaltung der getrennten Strände, Parks, Geschäfte und so weiter.

Die Farm von Ohm Piet schien ein Zentrum der Unzufriedenheit gegenüber der Regierungspolitik zu sein. Regelmäßig trafen sich junge Buren auf der Veranda, um zu diskutieren und gemeinsame Aktionen zu planen.

Ich hatte das Gefühl, dass ein Teil von ihnen am liebsten seine Sachen gepackt hätte und weitergezogen wäre, in noch unbewohntes Gebiet, wo sie ihre eigenen Herren wären, so wie es ihre Vorfahren gemacht hatten, wann immer ihnen die Vorschriften der Regierung nicht passten.

Es waren überwiegend Farmer, die dort zusammenkamen, aber auch Studenten aus Johannesburg und Arbeiter aus den Fabriken der umliegenden Städte. Viele von ihnen waren arbeitslos oder hatten Gelegenheitsjobs. Sie standen am unteren Ende der weißen Gesellschaft und hatten, da sie weder reich waren noch über eine besondere Schulbildung verfügten, am meisten zu verlieren, falls die Schwarzen einmal gleiche Arbeitsbedingungen, gleiche Schulbildung, gleiche Wohnmöglichkeiten, also gleiche Aufstiegschancen bekämen.

»Stell dir vor«, schimpfte einer namens Pieter. »Da haben sie doch bei uns tatsächlich zwei schwarze Vorarbeiter eingestellt. Bislang war das uns vorbehalten. Demnächst kriege ich womöglich noch einen Kaffer als Vorgesetzten und muss zu ihm ›Baas‹ sagen.«

»Das werden sie nicht wagen!«, meinte Jan. »Selbst bei der Polizei, wo die Kaffern inzwischen einige Stufen hochklettern können, gilt immer noch die Regel: Ein Kaffer kann nur Vorgesetzter von Kaffern sein.«

Manches, was ich an diesen Abenden hörte, war für mich neu und überraschend, aber einiges konnte ich schon ganz gut einordnen, aufgrund der Gespräche, die ich mit Großvater oder Dirk geführt hatte.

So hatte Dirk mir zum Beispiel erklärt, dass die weißen Arbeiter oft genauso arm wie die Schwarzen waren. Manche hatten sogar noch weniger Schulbildung. Und in jedem anderen Land der Welt würden sich beide Gruppen zusammentun, gemeinsam um mehr Lohn kämpfen, weil sie gemeinsam auf der untersten Stufe der Hierarchie standen.

»Aber hier in Südafrika denken die weißen Arbeiter nur daran, ihr Privileg, ›weiß‹ zu sein, zu verteidigen. Sie gehören zur Elite des Landes, weil sie weiß sind. Es ist bei vielen das Einzige, was sie vorweisen und worauf sie stolz sein können. Sie sind nicht ganz unten. Es gibt immer noch eine Gruppe, auf denen sie, weil höherstehend, herumtrampeln können. Und das verteidigen sie.«

Abgesehen von diesen abendlichen Zusammenkünften, von denen ich Großvater regelmäßig das Wichtigste nach Deutschland schrieb, nahm ich auch am übrigen Farmleben teil, angefangen beim morgendlichen Appell.

Jeden Morgen noch vor dem Frühstück versammelten sich alle vor dem Haus: die Familie van den Berghe auf der Veranda, die schwarzen Landarbeiterfamilien vor den Stufen auf dem Rasen, insgesamt fast fünfzig Personen.

Ohm Piet las aus der großen Familienbibel vor. Die Worte waren holländisch, die Sprache, in der die Vorfahren gesprochen hatten, die Sprache, in der die Bibeln in Südafrika lange Zeit ausschließlich gedruckt waren.

Als ich das erste Mal dort draußen mit ihnen stand, verstand ich nur Bruchstücke, aber Jan zeigte mir später die Stelle in der deutschen Bibel: »Wenn der Herr, dein Gott, dich in ein prächtiges Land führt, ein Land mit Bächen, Quellen und Grundwasser, das im Tal und am Berg hervorquillt, ein Land mit Weizen und Gerste, mit Weinstock, Feigenbaum und Granatbaum, ein Land mit Ölbaum und Honig, ein Land, dessen Steine aus Eisen sind, aus dessen Bergen du Erz gewinnst; wenn du dort isst und satt wirst und den Herrn, deinen Gott, für das prächtige Land, das er dir gegeben hat, preist, dann nimm dich in Acht und vergiss den Herrn, deinen Gott, nicht, missachte nicht seine Gebote, Rechtsvorschriften und Gesetze, auf die ich dich heute verpflichte.

Und wenn du gegessen hast und satt geworden bist und prächtige Häuser gebaut hast und sie bewohnst, wenn deine Rinder, Schafe und Ziegen sich vermehren und Silber und Gold sich bei dir häuft und dein gesamter Besitz sich vermehrt, dann nimm dich in Acht, dass dein Herz nicht hochmütig wird und du den Herrn, deinen Gott, nicht vergisst, der dich aus Ägypten, dem Sklavenhaus, geführt hat; der dich durch die große Wüste geführt hat, durch Feuernattern und Skorpione, durch ausgedörrtes Land, wo es kein Wasser gab; der für dich Wasser aus dem Felsen der Steilwand hervorsprudeln ließ; der dich in der Wüste mit dem Manna speiste, das deine Väter noch nicht kannten, und der das alles tat, um dich gefügig zu machen, dich zu prüfen und dir zuletzt Gutes zu tun. Dann nimm dich in Acht und denk nicht bei dir: Ich habe mir diesen Reichtum aus eigener Kraft und mit eigener Hand erworben. Denk vielmehr an den Herrn, deinen Gott: Er war es, der dir die Kraft gab, Reichtum zu erwerben, weil er seinen Bund, den er deinen Vätern geschworen hatte, so verwirklichen wollte, wie er es heute tut.«*

Ohm Piet las und las, und es nahm kein Ende. Es war seine Lieblingsstelle, wie ich noch weitere Male erkennen musste. Für ihn beschrieben diese Worte nicht nur die Geschichte der Israeliten auf dem Weg ins Gelobte Land, es war für ihn die Geschichte seiner Vorfahren.

Ob die Schwarzen die fremden Worte verstanden? Afrikaans sprachen sie alle fließend. Ich beobachtete sie, während Ohm Piet mit dumpfer Stimme las.

Die schwarzen Männer vor den Stufen hielten ihre Mützen in den gefalteten Händen, den Kopf schräg, so als lauschten sie andächtig. Die Frauen und Kinder, alle reglos. Wenn eines der Kleinen anfing zu kichern oder zu reden, hob Ohm Piet den Kopf und sah es missbilligend an, während er auswendig weitersprach. Sofort verstummte das Kind vor Schreck oder weil die Mutter es puffte.

Plötzlich sah ich in einiger Entfernung eine Gestalt auftauchen. Sie stand reglos wie ein schwarzer dürrer Baumstamm gegen den gelbrötlich gefärbten Himmel.

Auch Ohm Piet blickte in diesem Moment auf, sah die Gestalt, unterbrach für einen Moment seine Lesung und fuhr dann mit donnernder Stimme fort: »Wenn du aber den

* Deuteronomium 8, 7-19.

Herrn, deinen Gott, vergisst und anderen Göttern nachfolgst, ihnen dienst und dich vor ihnen niederwirfst – heute rufe ich Zeugen gegen euch an: dann werdet ihr völlig ausgetilgt werden. Wie die Völker, die der Herr bei eurem Angriff austilgt, so werdet auch ihr dafür ausgetilgt werden, dass ihr nicht auf die Stimme des Herrn, eures Gottes, gehört habt.« Die Schwarzen zogen erschrocken ihre Köpfe ein. Sie rückten noch enger zusammen. Die Kinder versteckten sich hinter ihren Müttern, eines fing an zu weinen. Jan und seine Brüder blickten ihren Großvater verwundert an.

»Amen!«, sagte dieser.

»Amen!«, wiederholten alle im Chor. Mit einem lauten Krachen klappte Ohm Piet die Bibel zu. Er winkte einem der kleinen Jungen, die sich gerade aus dem Staube machen wollten.

»Sebastian, lauf und hol deinen Bruder her!«

»Ja, Baas«, sagte der Kleine, verbeugte sich und lief los.

Zu Jans Vater meinte Ohm Piet verärgert: »Er kommt nicht einmal zum Gebet, wenn er hier ist.«

Alle – auch die Schwarzen waren sitzen geblieben – beobachteten schweigend, wie der Junge auf die Gestalt in der Ferne zulief, etwas rief, mit den Händen in der Luft herumwedelte und dann in unsere Richtung zeigte. Endlich kamen sie zusammen näher.

Es war ein großer Schwarzer. Er überragte Jan und seine Brüder und erst recht Ohm Piet um viele Zentimeter. Ich schätzte, dass er so fünfundzwanzig Jahre, also so alt wie Jan, war, obwohl ich das bei Schwarzen nie so genau sagen kann. Er trug neue Jeans und ein gelbes T-Shirt, auf das die schwarzen Buchstaben UDF gedruckt waren.

Er sagte nicht »Baas« zum Ohm und nicht »Baasie« zu Jan. Er verbeugte sich auch nicht. Er stand ganz gerade vor ihnen und sah Ohm Piet direkt in die Augen, was die anderen Schwarzen auf der Farm nie taten.

»Sie haben mich rufen lassen«, sagte er auf Englisch.

An den Gesichtern der Familie konnte ich ablesen, dass dies eine Provokation war.

»Hör mal gut zu, mein Junge«, schnaubte Ohm Piet ärgerlich auf Afrikaans.

»Erstens will ich auf dieser Farm kein englisches Wort hören, wenn es sich vermeiden lässt. Und zweitens, wenn du schon hier bist, kannst du auch zum gemeinsamen Gebet kommen.«

Der Schwarze lächelte. »Ich bete nicht zu eurem Gott. Es ist ein Gott der Weißen.« Er sprach weiter englisch. Ohm Piet antwortete auf Afrikaans.

»Gott ist für alle da. Dein Vater und deine Mutter beten auch zu ihm.«

»In einer Kirche für Schwarze. Was ist das für ein Gott, der sich von den Weißen in einer weißen Kirche anbeten lässt, von den Schwarzen in einer schwarzen Kirche und von den Farbigen wieder in einer eigenen?«

Ohm Piet wurde rot vor Zorn.

»Du hast darüber nicht zu befinden! Wenn Gott die unterschiedlichen Menschen nicht gewollt hätte, hätte er sie nicht erschaffen.«

»Oh, es geht nicht um unterschiedliche Menschen, sondern ...«

»Schweig!«, fuhr Ohm Piet ihn böse an.

»Gott ist gerecht. Und seinen Geboten müssen wir folgen!«

»Ich weiß«, sagte der Schwarze ruhig, und ohne die Stimme zu heben, deklamierte er: »Die Sklaven und Sklavinnen, die euch gehören sollen, kauft von den Völkern, die rings um euch wohnen; von ihnen könnt ihr Sklaven und Sklavinnen erwerben. Auch von den Kindern der Halbbürger, die bei euch leben, auch ihre Sippen, die mit euch leben, von den Kindern, die sie in eurem Land gezeugt haben, könnt ihr Sklaven erwerben. Sie sollen euer Eigentum sein, und ihr dürft sie euren Söhnen vererben, damit diese sie als dauerndes Eigentum besitzen, ihr sollt sie als Sklaven haben. Aber was eure Brüder, die Israeliten, angeht, so soll keiner über den anderen mit Gewalt herrschen.«*

Er sprach die Worte auswendig ohne Stocken.

»Ich habe eure Bibel genau studiert. Wie kann ich an diesen Gott glauben?«

Ohm Piet fuhr ihn an: »Wer bist du, dass du die Gebote Gottes in Frage stellst? Er hat uns in dieses Land geschickt, damit wir es in seinem Namen in Besitz nehmen.

Und so sprach Gott, der Herr, zu seinem Volk:

> ›Denn du bist ein Volk, das dem Herrn, deinem Gott, heilig ist. Dich hat der Herr, dein Gott, ausgewählt, damit du unter

* Levitikus 25, 44-46.

allen Völkern, die auf der Erde leben, das Volk wirst, das ihm persönlich gehört. Nicht weil ihr zahlreicher als die anderen Völker wäret, hat euch der Herr ins Herz geschlossen und ausgewählt; ihr seid das kleinste unter allen Völkern. Weil der Herr euch liebt und weil er auf den Schwur achtet, den er euren Vätern geleistet hat, deshalb hat der Herr euch mit starker Hand herausgeführt ... noch nach tausend Generationen achtet er auf den Bund und erweist denen seine Huld, die ihn lieben und auf seine Gebote achten. Denen aber, die ihm Feind sind, vergilt er sofort und tilgt einen jeden aus; er zögert nicht, wenn einer ihm Feind ist, sondern vergilt es ihm sofort.‹ «*

Noch während er die letzten Worte mit erhobener Stimme zitierte, fing der Schwarze an, leise zu summen. Die anderen begannen im Rhythmus der Melodie ihre Körper zu bewegen. Einige fielen ein, das Summen wurde immer lauter. Die letzten Worte der Bibel ertranken in der Melodie.

Das Lied, das sie summten, begleitete mich in den nächsten Wochen durch Südafrika:

* Deuteronomium 7, 6-11

Nkosi Sikelel' i Afrika
Malupakam' upondo
Iwayo
Yiva imitandazo yetu
Usi - sikele
Gott segne Afrika.
Gib ihm Mut,
Höre unsere Gebete
Und segne uns!*

Die heimliche, verbotene Nationalhymne der schwarzen Südafrikaner.

Auf einmal hörte das Summen schlagartig auf, das heißt, bis auf den Schwarzen, der sich nicht unterbrechen ließ.

Ein Blick in Ohm Piets vor Zorn gerötetes Gesicht zeigte mir auch sofort den Grund für die plötzliche Stille. Es dauerte eine ganze Weile – der Schwarze summte weiter –, bis Ohm Piet sich wieder so weit in der Gewalt hatte, dass er mit nur leise schwankender Stimme sagen konnte: »Geht an eure Arbeit.«

Die Schwarzen standen auf, verneigten sich mit der Mütze in der Hand und gingen.

* Zit. nach Donald Woods, Steve Biko, Schrei nach Freiheit. München, 2. Auflage, 1988. S. 8.

»Und du«, sagte er dann zu dem großen Schwarzen, »du sieh zu, dass du ein anderes Hemd anziehst, sonst könnte ich mich vergessen und dich verhaften lassen. Treib es nicht zu weit!«

Der Schwarze grinste und ging – ohne sich zu verneigen.

Während ich in dem Moment den Wirbel um das Hemd nicht so recht verstand, wurde mir im Laufe der nächsten Wochen die Buchstaben UDF sehr viel vertrauter. Sie standen für die United Democratic Front, eine Oppositionsbewegung, zu der sich die Kirchen, der ANC und andere Widerstandsgruppen zusammengeschlossen hatten.

In jenem Moment auf der Veranda erklärte mir Ohm Piet lediglich auf Deutsch: »Ja, mein Junge, so weit ist es mit uns gekommen. Das hätte vor zwanzig Jahren kein Schwarzer gewagt. Aber das kommt von all den Reformen. Wenn du ihnen nur den kleinen Finger reichst, reißen sie dir gleich die ganze Hand ab. Meine Schwarzen sind gute Arbeiter, zum Teil sogar sehr zuverlässig. Aber sie müssen spüren, wer der Baas ist. Sie können ja nichts dafür, dass sie rückständig sind. Ich habe mein Leben lang für sie gesorgt, wie für meine eigenen Kinder.«

Er schlurfte langsam ins Haus zurück. Irgendwie tat er mir Leid, und ich war ärgerlich auf den großen Schwarzen, der den alten Mann so gereizt hatte.

»Wer ist das?«, fragte ich Jan. der wie ich auf der Veranda zurückgeblieben war und den abziehenden Schwarzen hinterhersah.

»Mein Bruder.«

»Dein was?«

Jan lachte kurz auf. »Das schockt, was? Nicht mein richtiger Bruder natürlich. Wir haben zusammen im Sand gebuddelt. Mein Vater hat Thomas' Vater ein paar Rand dafür gegeben. Das ist hier auf den Farmen so üblich. Weil es doch keine anderen weißen Kinder gibt. Wir haben zusammen gespielt, sind im Fluss geschwommen, haben Vögel gejagt. Und manchmal war ich abends in der Hütte von Thomas' Großmutter. Sie hat uns wunderschöne Geschichten erzählt, wie es war, als es noch keine Weißen im Land gab.«

Jan schwieg.

»Und dann?«

»Na ja, dann kamen wir in die Schule. Da fing es an. Auf einmal merkten wir, dass der eine weiß war und der andere schwarz. Wie soll ich dir das erklären?«

Wieder machte er eine Pause. Plötzlich sagte er: »Kennst du die Geschichte von Cap und Capper? Walt Disney.«

»Der Jagdhund und der kleine Fuchs. Sie wuchsen zusammen auf und waren die besten Freunde, bis ...?«

»Genau«, unterbrach mich Jan. »Bis sie groß wurden. Dann lernten sie, dass jeder in der Welt seinen Platz hat, dass der eine dazu bestimmt war, den anderen zu jagen. Sie mochten sich immer noch, okay, aber sie wussten, dass sie nie mehr miteinander spielen konnten. Sie übernahmen die Rolle, die ihnen die Natur zugedacht hatte.«

»Na schön, Jagdhund und Fuchs, das ist halt so. Das lässt sich nicht ändern. Aber du und dieser Thomas ...«

»Das lässt sich auch nicht ändern. Das ist eben auch so.« Jan wollte darauf nicht eingehen.

»Auch wir haben die Rolle zu spielen, die uns zugedacht ist. Der eine sagt ›Hol mir das!‹, und der andere sagt: ›Jawohl, Baas.‹ Und das ist dann das Ende. Irgendwie gewöhnt man sich dran.

Aber Thomas hat es nie verstehen wollen. Er hat ja auch den schwierigeren Teil erwischt. Er hat immer gesagt, dass dies kein Naturgesetz, sondern ein schlechtes Menschengesetz ist. Und schlechte Menschengesetze könne man ändern.

Er ist als Einziger von uns allen auf der Farm auf die Regierungsschule im Nachbarort gegangen, um weiterzulernen.

Freiwillig 15 Kilometer hin und 15 Kilometer zurück. Verrückt, was? Oft nur mit Maisbrei im Bauch. Und wenn er zurückkam, musste er noch auf dem Feld arbeiten, obwohl Großvater immer beide Augen zugedrückt hat.«

»Dein Großvater hatte nichts dagegen?«

Jan grinste. »Großvater fand es interessant, wie Thomas sich abmühte. So eine Art Experiment, wie weit ein Schwarzer es wohl schaffen könnte. Er bezahlte sogar das Schulgeld und seine Bücher. Thomas musste ihm genau erzählen, was er so alles lernte. Sie saßen oft zusmamen. Manchmal war ich richtig eifersüchtig.«

»Warum wollte er lernen?«

»Tja, das hab ich ihn auch gefragt, wenn er nachts über seinen Büchern hing. ›So 'n Blödsinn‹, hab ich ihm gesagt. ›Selbst wenn du den Abschluss schaffst, du bleibst doch nur 'n Farmarbeiter.‹ Willst du seine Antwort hören? ›Wenn wir eines Tages regieren‹, hat er gesagt, ›dann brauchen wir schwarze Ärzte, schwarze Ingenieure.‹ – ›Wer ist wir?‹, habe ich gefragt. ›Wovon sprichst du eigentlich?‹ – ›Wir: die schwarze Mehrheit‹, hat er gesagt. Gott, was haben wir gelacht, als ich Großvater davon erzählte.«

»Und was macht er jetzt?«

Jan sah mich spöttisch von der Seite an. »Er scheint dich ja mächtig beeindruckt zu haben. Er studiert Maschinenbau mit einem Stipendium an der weißen englischsprachigen Uni in Johannesburg.«

Als ich ihn fragend ansah, erklärte er mir, dass die Schwarzen natürlich ihre eigenen Universitäten hätten, nach Stämmen geordnet: zum Beispiel Fort Hare und The North, dann Western Cape für die Mischlinge und Durban für die Asiaten. Nur mit besonderer Genehmigung sind Nichtweiße an bestimmten weißen Unis zugelassen.

Ich hatte noch viele Fragen, aber ich traute mich nicht so recht, weil Jan offensichtlich nur ungern darüber sprach. Und es sollten einige Tage vergehen, bis ich Thomas wieder traf.

8

Um das Leben auf der Farm so richtig kennen zu lernen, zog ich morgens nach dem Frühstück mit Jan oder einem seiner Brüder los, um bei den verschiedenen Arbeiten zu helfen. Wenn die Familie van den Berghe auch in politischer Hinsicht eher rückwärts dachte, gehörte ihre Farm doch zu den modernsten im Umkreis. Auf landwirtschaftlichem Gebiet war Ohm Piet für Reformen durchaus aufgeschlossen.

Bis vor kurzem wurden auf den weißen Farmen importierte Milchkühe und Fleischrinder bevorzugt, die allerdings anfällig für die Tropenkrankheiten waren und außerdem die Dürreperioden nur schlecht vertrugen.

Ohm Piet schaffte als Erster Nguni-Rinder an, die vor dreihundert Jahren mit den schwarzen Hirtenvölkern nach Süden gekommen waren und bis dahin als minderwertige Rasse auf den weißen Weiden nicht geduldet wurden.

Aus wirtschaftlichen Gründen setzte sich Ohm Piet über solche Rassenvorurteile hinweg, und siehe da: Das Nguni-Rind zeigte sich nicht nur ideal an die Akaziensteppe des Transvaal, das Bushveld, und das Klima angepasst, es war auch unempfindlicher gegenüber den von Zecken übertragenen Krankheiten und mauserte sich zu allem Überfluss auch noch zu einem begehrten Fleischlieferanten.

Manchmal hielt mich Ohm Piet zurück, um mir »Nachhilfeunterricht« in Sachen Südafrika zu geben. Wir saßen dann im Schatten der Veranda oder unter den Bäumen vor dem Haus, und er erzählte und erklärte.

Mal waren es aktuelle Probleme wie die Reformen des Präsidenten, über den er ziemlich aufgebracht war. Wenn ich ihn so über die Regierung schimpfen hörte, dass die Interessen des eigenen Volkes verkauft wurden und Ähnliches, dann musste ich an meinen eigenen Großvater denken. Ich vermisste ihn doch sehr, während ich an meine Mutter eigentlich seltener dachte.

Ohm Piet erklärte mir unter anderem, dass die Schwarzen seiner Meinung nach gar nicht an so theoretischen Werten wie Freiheit, Selbstbestimmung und politischen Rechten interessiert sind.

»Das haben sich die weißen Liberalen ausgedacht, die meinen, ein schwarzer Kopf denke so wie ein weißer. Der Schwarze ist zufrieden, wenn er satt ist, sein Bier am Wochenende hat, seinen Mais anbauen kann. Mit anderen Worten: Wenn du ihm ein wenig mehr wirtschaftlichen Anreiz gibst, wird er seinen politischen Protest schon vergessen.«

Als Ohm Piet bemerkte, wie sehr ich mich für alles interessierte, stellte er Jan weitgehend von der Farmarbeit frei, damit er mir die Umgebung zeigen konnte. Jans Vater passte das zwar gar nicht, aber letztlich wurde auf der Farm das getan, was der Großvater für richtig hielt.

Bei allem, was er mir in diesen Tagen zeigte, wollte Jan meine Meinung hören. Und obwohl wir beide nicht ganz flüssig Englisch sprachen, klappte es mit der Verständigung prima. Jan hörte aufmerksam zu und beantwortete meine Fragen, selbst wenn sie Themen berührten, über die er nicht so gerne sprach.

Zu diesem Zeitpunkt wusste ich allerdings noch nicht, dass er jeden Abend bei Ohm Piet Bericht erstattete. Auf diese Weise wollte man mir ein wenig auf den Zahn fühlen, wie ich zur Rassenfrage stand und ob ich die Voraussetzungen erfüllte, um in den »Freundesbund« aufgenommen zu werden. Aber davon später.

Bevor wir größere Touren unternahmen, verpasste mir Jan zunächst einige Lektionen im Reiten, und das mit einer solchen Konsequenz, dass ich mich die ersten Tage vor Muskelkater kaum rühren konnte. Aber schließlich war ich so weit, dass ich mich bei plötzlichen Bewegungen des Pferdes zumindest im Sattel halten konnte.

Wir begannen mit unseren Exkursionen in der näheren Umgebung der Farm, ritten durch die kleinen Farmerstädte, in denen trotz aller Regierungsreformen die Weißen abends und des Nachts unter sich waren. Auch das schwarze Dienstpersonal hatte die Stadt zwischen 22.00 und 6.00 Uhr zu meiden.

Die schwarzen Townships, Satellitenstädte am Rande der weißen Großstädte, lagen meist hinter Hügeln versteckt, nah genug an der Stadt, sodass die schwarze Dienerschaft pünktlich am Morgen antreten konnte, aber weit genug weg, um die Augen der Weißen nicht zu belästigen.

»Du musst das verstehen«, erklärte Jan mir. »Diese schwarzen Wohngebiete sind kein schöner Anblick. Und es wird immer schlimmer.«

Um mir dies zu beweisen, führte er mich einen staubigen Weg um einen Hügel herum direkt in eine schwarze Siedlung hinein.

Das heißt direkt hinein ritten wir natürlich nicht. Wir hielten auf einer kleinen Anhöhe vor dem Ortseingang.

Es war alles furchtbar schmutzig und dreckig, abgerissene Häuser, Wellblechhütten. In der Mitte der staubigen Straße flossen stinkende Rinnsale. Die meisten versickerten in der Erde, andere vereinigten sich zu einem winzigen Bach und flossen die Straße hinunter. Auf dem Wasser schwamm weißer Schaum. Schwarze Kinder ließen eine leere Konservenbüchse und ein Stück Holz schwimmen.

Sie lachten und kreischten vor Vergnügen, während ihnen die schwarz schillernden Fliegen auf der Nase, den Augen und am Mund herumkrochen. Die Kinder schienen an die Fliegen gewöhnt zu sein und verscheuchten sie nur, wenn sich eine in den Mund verirrte.

»Sieh sie dir an«, meinte Jan verächtlich. »Der Dreck scheint sie nicht einmal zu stören!«

Weiter hinten hatte sich jetzt am späten Nachmittag eine Gruppe schwarzer Frauen um den Dorfbrunnen herum versammelt. Sie trugen leere Benzinkanister auf den Köpfen und warteten geduldig, bis der gemächlich tröpfelnde Wasserhahn einen Kanister gefüllt hatte. Sie kicherten und schwatzten durcheinander.

»Selbst wenn die Regierung hier Wasserleitungen bauen würde, die Schwarzen wollen sie im Grunde gar nicht. Das Treffen am Brunnen ist für sie so eine Art gesellschaftliche Veranstaltung. Man trifft sich, tauscht den Dorfklatsch aus, während das Wasser in die Kanister läuft, und zieht zufrieden wieder nach Hause. Du siehst, die Mentalität ist eben ganz anders«, erklärte Jan mir.

Er beobachtete belustigt mein angewidertes Gesicht.

»Ich hab mal gehört, dass die Regierung mit Absicht keine Wasserleitungen und keinen Strom legt.«

Jan grinste.

»Das stimmt schon. Geschickt sind sie da oben. Kein Schwarzer wird mehr zwangsweise umgesiedelt, nur weil die schwarzen Townships auf weißem Gebiet liegen. Das macht sich besser, international mein ich. Aber die Schwarzen sollen natürlich verschwinden. Was tun? Also baut die Regierung irgendwo in der Nähe eines schwarzen Homelands ein neues Dorf auf mit weiß getünchten Häusern, Kanalisation und Straßen.

Den alten Ort lässt man bewusst vergammeln und verbietet den Leuten, ihr Dorf selber zu sanieren. Das Beste kommt aber noch: Die Toten dürfen nur noch an dem neuen Ort begraben werden. Verstehst du? Die Menschen wollen bei ihren Toten bleiben, und so gehen sie schließlich. Der hartnäckige Rest wird dann am Ende aus hygienischen Gründen, nicht aus rassischen, umgesiedelt.«

Warum ließen sie die Toten nicht in Ruhe? Bis zu dem Moment, als Jan die Toten erwähnte, hatte ich ihm aufmerksam zugehört und die geschickte Politik der Regierung bewundert. Nur, seit der Sache mit Davids Grabstein konnte ich es nicht mehr ertragen, jemandem zuzuhören, der Tote für irgendwelche politischen Zwecke einsetzte.

Ich schlug vor, weiterzureiten.

»Das Ganze hätte man einfacher haben können«, erklärte Jan. während wir zur weißen Stadt zurückritten. »Sie hätten die Zuzugskontrollen verschärfen sollen, statt sie abzuschaffen. Die internationale Kritik kann uns doch kalt lassen, solange das Ausland unsere Rohstoffe braucht.«

Abends ritten wir meist zum Fluss hinunter, der auf der westlichen Seite die Grenze der Farm bildete. Am gegenüberliegenden Ufer sah man runde Hütten, zwischen denen schwarzer Rauch emporstieg. Ab und zu wehte der Wind Kindergeschrei, Hundegebell und Satzfetzen in einer fremden Sprache herüber. Manchmal sahen wir Kinder, die fröhlich im Wasser planschten, und schwarze Frauen, die ihre Wäsche wuschen.

»Wer wohnt dort?«, fragte ich Jan beim ersten Mal.

»Ursprünglich gehörte das Land einem weißen Farmer, einem Freund von Großvater. Er musste das Land verkaufen, weil die Regierung es an das Homeland Lebowa angliedern wollte. Du siehst, die Regierung verlangt auch von den Weißen Opfer. Darüber solltet ihr in euren Zeitungen vielleicht auch mal schreiben.«

»Wer lebt dort?«, fragte ich wieder.

»Lebowa ist seit 1962 ein Autonomiestaat. Es sind die alten Stammesgebiete der Pedi, Koni, Mpahlele, Tlokwa, Pulana und wie sie alle heißen. Die leben da heute. Viele der Männer arbeiten in den weißen Städten, aber die Frauen und die Kinder bleiben hier und bauen Mais, Hirse, Bohnen und Erdnüsse an. Es gibt eine gesetzgebende Versammlung. Jeder Pedi kann dort wählen. Natürlich müssen wir die Regierung noch finanziell unterstützen.«

Als ich später öfter mit Thomas zusammen war, lernte ich, dass es in Südafrika immer zwei Sichtweisen ein und derselben Sache gibt. Jans Schilderung war die eines Weißen, der froh ist, durch die Schaffung der Autonomiestaaten einen großen Teil der schwarzen Südafrikaner ausgebürgert zu haben. Thomas war ein Betroffener, einer, der im Grunde dort leben müsste. Er weigerte sich aber, weil er sich als Südafrikaner fühlte und Teil des Ganzen sein wollte, aber nicht durfte.

Auf diesen Ausflügen mit Jan lernte ich das Land kennen, das heißt zumindest den nördlichen Teil, Transvaal. Mal waren wir zu Pferd unterwegs, mal mit dem Landrover. Oftmals ging es fernab von jeder Straße quer durch das Bushveld.

Einmal machten wir ein Picknick unter einem riesigen Baobabbaum, einem Affenbrotbaum. Er sah mit seinem dicken Stamm und den oben aufgesetzten kleinen Zweigen sehr lustig aus. Die Rinde ist weich, und wenn man sie mit dem Daumen eindrückt, tropft Wasser heraus.

Jan erklärte mir, dass man die Blätter kochen und essen kann, und aus dem Samen machen die Schwarzen ein Getränk. Selbst das Holz wird noch zum Seilherstellen verwendet.

Die Schwarzen glauben, dass die Götter schuld sind am merkwürdigen Aussehen der Bäume. Sie sind von den Göttern gepflanzt worden, ursprünglich mit großen Ästen, so wie man sich Bäume eben vorstellt. Aber als sie kamen, um die Früchte zu ernten, stellten sie fest, dass nichts darauf wuchs. In ihrem Zorn rissen sie die Bäume aus und steckten sie mit dem oberen Ende in die Erde, sodass seitdem die Wurzeln nach oben ragen.

»Woher weißt du das alles?«

»Thomas' Vater hat es mir erzählt, vor vielen Jahren, als ich noch mit Thomas spielte und öfter in der Hütte war.«

»Und jetzt?«

»Was jetzt?«, fragte Jan etwas unwirsch. »Ich hab dir doch gesagt, ich hab nichts gegen ihn. Ich hab nichts gegen die Schwarzen. Sie gehören in dies Land wie wir. Nur hat jeder einen anderen Platz, der ihm von Gott vorherbestimmt ist. Thomas versucht wie viele andere Schwarze, diese Ordnung zu zerstören. Und dagegen hab ich allerdings was. – Warum interessierst du dich bloß so sehr für ihn?«

Das wusste ich auch nicht so genau. Vielleicht war es, weil er ohne Angst vor den Folgen seinen Weg ging. Was machte er, wenn er nicht auf der Farm bei seinen Eltern war? Wohnte er in Soweto und fuhr von dort aus jeden Morgen an die weiße Uni?

Ich traute mich nicht zu fragen.

9

Es war eine Woche nach unserem Ausflug zu den Baobabbäumen. Ich hatte mich voll auf der Farm eingelebt. Das Land, die Ausritte mit Jan, ja selbst das Helfen auf den Feldern – all das gefiel mir. Das Größte aber war, als Ohm Piet mich damit beauftragte, die Bauarbeiten an der neuen Farmschule zu beaufsichtigen.

Zu beaufsichtigen, wohlgemerkt. Ich selber brauchte keine Hand zu rühren. Ich gab Befehle, obwohl ich vom Mauern keine Ahnung hatte. Die schwarzen Landarbeiter akzeptierten mich, weil ich weiß war, ein Baas.

»Ja, Baas!« – »Sofort, Baas!« Ans Befehlen konnte man sich gewöhnen, bestimmt schneller als ans Gehorchen.

Während ich da also auf einem Haufen weißer Steine im Schatten saß, mit dem Sambjok, der Nilpferdpeitsche, wedelte und den Schwarzen zusah, wie sie im Rhythmus ihrer fremdländischen Lieder Stein auf Stein setzten, gefiel mir Großvaters Idee immer besser.

Warum sollte die Überlegenheit der arischen Rasse nicht auch bei uns so zum Ausdruck kommen: Die Andersrassigen übernehmen die Muskelarbeit und die Reinrassigen die Kopfarbeit und die Beaufsichtigung?

Es müsste auch bei uns funktionieren, dachte ich, als ich die Schwarzen beobachtete, wie sie, ohne zu murren, ja oft mit einem Lächeln, auf einen Wink von mir alles stehen ließen, zu mir flitzten und auf meinen Befehl warteten.

Ich war der Baas. Jan hatte Recht. Sie waren nicht geeignet, selber zu befehlen, sie warteten darauf, dass man ihnen sagte, was sie machen sollten. Ich machte mir einen Spaß daraus, einen besonders großen und kräftigen Mann mehrmals hintereinander zum Haus zu schicken, um mir etwas zu besorgen. Ein Getränk, das er zurückbringen musste, weil es nicht kalt genug war, dann schickte ich ihn, einen Strohhalm zu besorgen. Er holte auch noch Eiswürfel, ein Stück Kuchen und ein weiteres Stück Kuchen. Ich war der Baas.

Ich hatte weder Hunger noch Durst, ich wollte einfach sehen, wie lange er das Spiel mitmachen würde. Aber er schien gar nicht zu bemerken, dass ich ihn provozieren wollte. Schließlich verlor ich die Lust und sagte ihm, er sollte wieder an die Arbeit gehen. Er drehte sich wortlos um und ging zu den anderen zurück. Er zeigte keine Spur von Zorn, gar nichts. Es machte ihm nichts aus, sich von einem Weißen schikanieren zu lassen.

Ich hatte ihn nicht kommen hören. Ich wusste nicht, wie lange er schon hinter mir stand. Ich hörte seine Schritte, als er gehen wollte.

»Thomas! Was machst du hier?«

Er trug das gleiche T-Shirt wie neulich. Er drehte sich um und sah mich an. Und in seinen Augen fand ich für einen Augenblick den Zorn, den der andere Schwarze nicht mehr empfinden konnte. Nur für einen Augenblick, dann sah er auf die Nilpferdpeitsche in meiner Hand und meinte spöttisch: »Du hast dich ja schnell eingelebt. Halt sie nur gut fest, damit sie nicht in die falschen Hände gerät.«

Damit ging er, und ich brauchte einige Zeit, um Thomas aus meinen Gedanken zu verdrängen. Ich sah auf die singenden schwarzen Arbeiter.

Thomas hin, Thomas her, für mich war die Sache jedenfalls klar. Wie Großvater schon immer gesagt hatte, gab es welche, die zum Befehlen geboren, und solche, die zum Gehorchen geboren waren.

Ich wollte zu denen gehören, die befehlen, das nahm ich mir fest vor an jenem Nachmittag auf der Farm in Südafrika. Ich wollte ein Baas sein, wenn die Zeit auch bei uns gekommen war. Dafür war ich bereit, über Dinge hinwegzusehen, die mir nicht gefielen und wo ich lieber nicht mitgemacht hätte.

So gegen 17.00 Uhr hörte ich Automotoren, die sich der Farm näherten. Es mussten eine ganze Reihe sein, aber da die Hauptzufahrt auf der anderen Seite des Hauses und zudem noch von Büschen verdeckt lag, konnte ich nichts erkennen. Nur Stimmen und Gelächter drangen bis zu mir herüber.

Nach einer Weile, in der ich angestrengt lauschte, kam ein Schwarzer vom Haus angelaufen und sagte: »Baas, sie erwarten dich!«

Schon von weitem bemerkte ich die vielen Autos vor dem Haus. Den Weg vom Parkplatz zum Haupteingang schmückten jetzt rote Fahnen, die an langen Stöcken neben dem Kieselweg aufgestellt waren. In der Mitte jeder Fahne war ein weißer Kreis, auf dem in Schwarz ein Symbol aufgedruckt war.

Es erinnerte mich an Großvater und an zu Hause, und

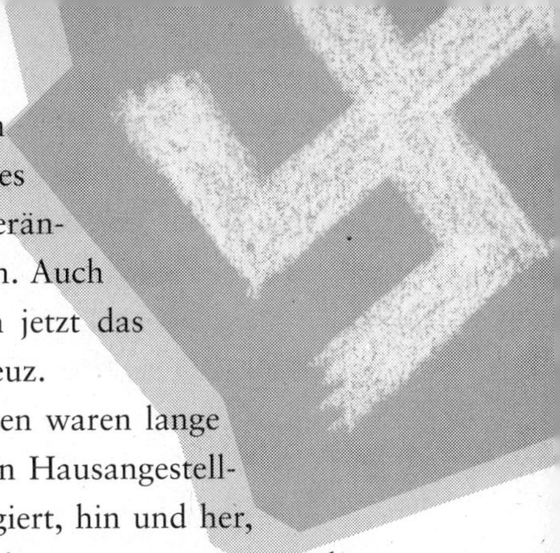

ich ging neugierig weiter. Dann erkannte ich, dass es ein stilisiertes Hakenkreuz war, ein wenig verändert, aber doch klar zu erkennen. Auch über der Haustür bemerkte ich jetzt das große Pappschild mit diesem Kreuz.

Unter den Bäumen im Schatten waren lange Tische aufgebaut. Die schwarzen Hausangestellten eilten, von Jans Mutter dirigiert, hin und her, schleppten Stühle herbei und befestigten Lampions in den Bäumen.

Offensichtlich wurde ein Fest vorbereitet. Es war nur etwas merkwürdig, dass man mir von all dem nichts gesagt hatte, wo ich doch sonst an allen Familienaktivitäten beteiligt war.

Auf der Veranda saßen und standen die Besucher. Einige der jungen Männer kannte ich bereits. Es waren Freunde Jans von den umliegenden Farmen.

Die Gruppe der älteren Männer, bei denen Ohm Piet den Ton angab, war mir unbekannt. Sie waren in seinem Alter, braun gebrannt und mit grauen Haaren.

Zu meiner Überraschung schienen sie mich aber zu kennen. Jedenfalls wurde ich mit großem Hallo begrüßt. Auf Deutsch erkundigten sie sich nach meinem Großvater und seinen Jungs. Sie lachten über mein erstauntes Gesicht.

»Da wunderst du dich, mein Junge, was?«, rief ein großer schlanker Mann und prostete mir zu.

»Wir sind Deutsche, wenn auch mit südafrikanischem Pass. Wenn ich vorstellen darf: Adolf Steinke, Bernd Meier,

Bernd Suderhof, Hermann Brunotte und Ferdinand Bäumler, meine Wenigkeit.«

Während ich der Reihe nach allen die Hand schüttelte, erklärte mir Ferdinand Bäumler, dass sie erst nach 1945, nach »dem Tod unseres Führers«, nach Südafrika emigriert seien, weil sie als ehemalige SA- und SS-Angehörige Ärger bekommen hätten.

»Aber wir hoffen, eines Tages zurückkehren zu können, sobald sich bei euch die Zeiten ändern und man als patriotischer Deutscher nicht mehr mit Verfolgung rechnen muss.«

»Und ich weiß auch schon, wo wir dann mit dem Aufräumen anfangen werden«, meinte Adolf Steinke. »Bei den Medien! Es ist ja kaum zu glauben, wie sie bei euch in den Zeitungen die Wahrheit verdrehen.«

»Und kein Tag ohne einen Judenfilm, in dem der Führer in den Schmutz gezogen wird, hat mir Rudolf erst kürzlich geschrieben.«

Ohm Piet schaute auf seine Armbanduhr. »Ich glaube, wir sollten anfangen. Herbert ist sicher irgendwo aufgehalten worden. Na, dann muss er eben nachessen.«

Ich wusste zwar nicht, wer Herbert war, aber er schien die wichtigste Person bei diesem Treffen zu sein. Wir setzten uns an die langen Tische, und die beiden Mädchen servierten, was sie und Jans Mutter den ganzen Nachmittag in der Küche gebrutzelt hatten. Außerdem hatte Großvater Piet einen ganzen Ochsen über dem offenen Feuer am Spieß braten lassen. Als ich dort hinging, um mir ein Stück zu holen, sah ich, dass es Thomas war, der mit schweißglänzendem Gesicht gleichmäßig den Spieß drehte.

»Einen Moment dauert es noch, Baas«, sagte er zu mir. Ich starrte ihn sprachlos an.

»Warum machst du das hier? Du gehörst doch nicht zu den schwarzen Arbeitern auf der Farm.«

»Ein armer Schwarzer wie ich kann sich seine Arbeit nicht aussuchen. Ich verdiene mir ein paar Rand, Baas.«

Er machte sich über mich lustig. Und doch verstand ich nicht, warum er wirklich hier stand und den Spieß für Ohm Piets Gäste drehte. Und auch noch freiwillig. Das war nun das Letzte, was ich von ihm erwartet hätte. Ziemlich verwirrt ging ich zu meinem Tisch zurück. Gebratenen Ochsen aß ich an jenem Abend nicht.

Nach dem Essen gingen alle, bis auf die Frauen natürlich, in den hinteren Teil des Gartens, wo, zwischen Büschen und Sträuchern versteckt, eine große Holzscheune stand. Ich hatte sie schon früher bemerkt, aber sie war immer verschlossen, und Jan hatte auf meine Frage nur kurz gesagt, dass es sich um eine Versammlungshütte handelte.

Heute also sah ich zum ersten Mal das Innere der Scheune. Sie bestand aus einem großen Raum. An den Wänden entlang standen lange Holzbänke, davor selbst gezimmerte Tische. Die Wände waren mit großen Postern südafrikanischer Landschaften geschmückt. Da gab es die
Ansicht der berühmten Drakensberge, vom Tafelberg von Kapstadt, ein Poster von der Kalahari-Wüste und eines vom

Hochveld hier in Transvaal mit einem überdimensionalen Baobabbaum.

Und dann die Wimpel und Fähnchen. Ich kam mir vor wie auf einer Versammlung bei Großvater zu Hause. Quer durch den Raum war in Deckenhöhe die rot-weiß-blaue Nationalflagge Südafrikas gespannt. Im Unterschied zur Originalflagge war diese hier übersät mit den stilisierten kleinen Hakenkreuzen. Am Kopf des Saales stand unter einem lebensgroßen Bild des Führers ein langer Tisch, an dem Ohm Piet und die älteren Herren Platz nahmen.

Die Jüngeren verteilten sich auf die Holzbänke. Wir waren mehr als dreißig Personen, die sich in der Hütte zusammendrängten. Jan schenkte Bier vom Fass aus, und ich half ihm dabei, da ich die auf Afrikaans geführte Unterhaltung ohnehin nur mühsam verfolgen konnte.

Plötzlich klopfte es dreimal. Ein etwa fünfundsechzig Jahre alter Mann streckte seinen Kopf durch die Türöffnung.

»Darf man hereinkommen?«

Alle sprangen wie auf ein Kommando auf, streckten den rechten Arm vor und riefen: »Sieg Heil, Freund Herbert!«

Ohm Piet begrüßte ihn und winkte mir zu. Er nahm mich am Arm und stellte mich vor.

»Herzlich willkommen bei uns, Manfred«, sagte Herbert Schmied und schüttelte mir die Hand.

»Ich kenne dich ja schon aus Rudolfs Briefen. Dein Großvater und ich, wir schreiben uns seit Jahren. Vieles, was er jetzt in Deutschland für die Bewegung getan hat, ist hier bei uns ausgekocht worden.«

Alle setzten sich wieder. Herbert übernahm das Kommando. »Also, Leute, ihr wisst, warum wir heute zusammengekommen sind. Wir wollen unser Vorgehen für die nächsten Monate absprechen. Zunächst aber wollen wir ein neues Mitglied in unserem Bund willkommen heißen, ein Mitglied, das unsere enge Verbindung zu Deutschland unterstreicht.«

»Ohne Prüfung?«, rief von hinten eine Stimme. Es war Potgieter, der nicht zu Jans besten Freunden gehörte, weil selbst Jan seine Ansichten für zu radikal hielt.

»Keine Sorge. Niemand wird ohne Prüfung aufgenommen, obwohl es in diesem Fall wohl nur eine reine Formsache ist. Aber Ausnahmen können wir natürlich nicht zulassen, nicht, Manfred?«

Erst als Herbert Schmied mich so direkt ansprach, begriff ich, dass sie von mir redeten.

Ich merkte, wie ich einen roten Kopf bekam, als er seine Hand auf meine Schulter legte und zu den Versammelten sagte: »Dies hier ist er also, der Enkel unseres verehrten Freundes Rudolf, der in unserem Namen die Bewegung in Deutschland aufbaut und uns hoffentlich in naher Zukunft zum Sieg führen wird.«

»Sieg Heil!«, schrien sie alle begeistert, und wieder flogen die rechten Arme nach vorne, meiner auch ganz mechanisch.

»Noch irgendwelche Fragen, bevor wir anfangen?«

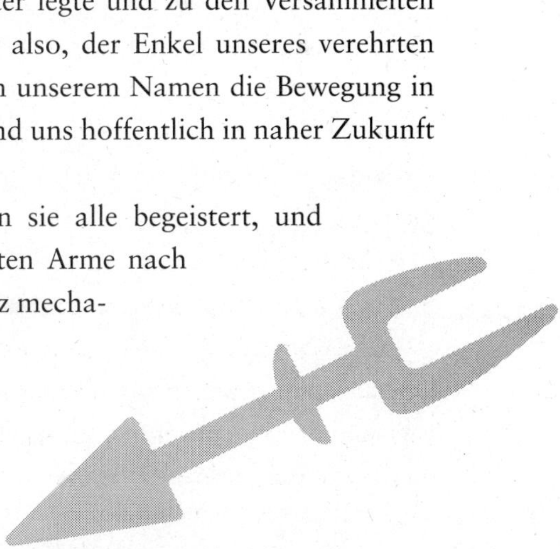

Ich bekam ein Grummeln im Magen, als ich sah, dass Potgieter die Hand hob.

»Ich will wissen, warum er einen jüdischen Namen hat.«

»Wieso jüdischen Namen?«, fragte Ohm Piet verblüfft. »Seit wann ist ›Manfred‹ ein jüdischer Name?«

»In seinem Pass steht ›Daniel‹! Und einen jüdischeren Namen gibt es wohl nicht.«

Das Grummeln in meinem Bauch wurde stärker. Woher wusste der Typ, was in meinem Pass stand? Der Pass lag tief unten in meinem Koffer. Hatten sie mein Zimmer durchsucht?

Ich merkte, dass mich alle anstarrten.

»Woher weißt du das mit meinem Pass?«

»Das ist unsere Sache. Dies hier ist kein Kinderspiel, daher wollen wir wissen, wer bei uns mitmacht. Die Empfehlung durch deinen Großvater, gut und schön. Aber wir wollen wissen, wer du bist. Und das sag ich dir gleich, wenn du so ein verdammter Jude bist, dann verschwinde lieber gleich, bevor es zu spät ist. Die können wir hier genauso wenig gebrauchen wie bei euch in Deutschland. Als Spitzel wirst du hier nicht lange überleben!«

Beifälliges Gemurmel. Herbert versuchte, die Stimmung wieder freundlicher zu gestalten.

»Na kommt, regt euch nicht gleich auf. Es wird schon eine natürliche Erklärung dafür geben.«

Sie sahen mich an.

»Ich habe zwei Namen«, versuchte ich zu erklären. »Warum meine Mutter mich ›Daniel‹ genannt hat, weiß ich nicht. Ich bin kein Jude. Viele bei uns heißen Daniel oder

Sarah. Keiner denkt, dass das ein jüdischer Name ist. Großvater sagt nur ›Manfred‹ zu mir. So heißt mein Vater. Großvater mag den Namen ›Daniel‹ nicht.«

»So, so, mag er nicht«, brummte Herbert. »Na, das kann man ihm auch nicht verdenken. Ist ja auch ein starkes Stück von deiner Mutter. Ausgerechnet ein jüdischer Name! Und das nach all den Scherereien, die dein Großvater mit seiner ersten Frau gehabt hat. Fast hätte er sich jede Chance bei der SS verdorben, wenn er sie nicht noch rechtzeitig losgeworden wäre. Und dann hat sein Enkel einen jüdischen Namen. Armer Rudolf!«

Jetzt erhob sich Bernd Meier.

»War Rudolfs erste Frau eine Jüdin?«

»Aber das meint Herbert doch mit den Scherereien, die Rudolf hatte. Er hat sie 1935 geheiratet, war selber erst achtzehn, hat sich einfangen lassen. Ihr wisst doch, wie geschickt die Juden arbeiten. Er hat es anfangs gar nicht gewusst, weil die Familie gar nicht mehr nach den jüdischen Bräuchen lebte, sondern so ganz normal wie eine arische Familie.

Und dann hat er sich aber sofort scheiden lassen, als ihm klar wurde, wie der Führer über die Verbindung eines Ariers mit einem rassisch Minderwertigen denkt. Rudolf hat unsere Sache immer höher gehalten als Privatangelegenheiten.« Es war Ohm Piet, der sich zu dieser Verteidigungsrede aufschwang. »Was ist mit ihr passiert? Hatten sie Kinder?«

»Nein, ich glaube nicht.

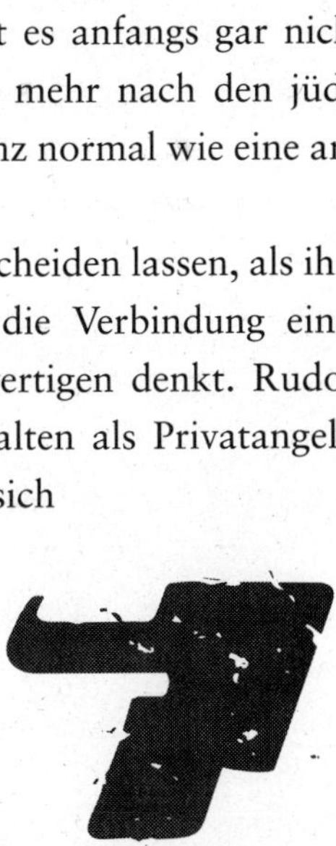

Er hat nie was davon gesagt. Außerdem wären sie dann bestimmt mit der Mutter in Dachau gestorben.«

Sie sprachen mir zuliebe deutsch, was zu meinem Erstaunen auch die Jüngeren ganz gut beherrschten. Und doch verstand ich kaum, was sie sagten. Ich hörte die Worte, aber begriff nicht den Sinn. Großvaters erste Frau war Jüdin gewesen? Dachau?

Herbert legte den Arm fester um mich. »Dies hier ist jedenfalls der Enkel aus der Ehe Rudolfs mit Luise Deberling, seiner zweiten Frau. Ich war Trauzeuge damals, und ich kann euch sagen, es war eine Traumhochzeit. Arierin, alte deutsche Familie, völlig rasserein. Sogar der Führer persönlich hat ein Glückwunschtelegramm geschickt.«

»Er soll selber sagen, wie seine Großmutter hieß.« Potgieter wollte es genau wissen.

Ich brachte kein Wort heraus. »Nur eins musst du dir für alle Zeiten merken: Wenn dich jemand nach deiner Großmutter fragt, dann sagst du ›Luise‹, hörst du? ›Luise‹ und nicht anders.« Warum, Großvater? Warum hast du mir nie die Wahrheit gesagt?

Ohm Piet schubste mich.

»Manfred, was ist los? Nun sag doch etwas! Es ist doch reine Routine. Aber einige von uns befürchten, du könntest von Rudolfs erster Frau abstammen, und dann solltest du in deinem eigenen Interesse besser nichts von unseren Plänen wissen. Aber das ist ja alles Quatsch. Rudolf hätte dich nie eingeweiht, wenn es so wäre. Nun mach's nicht so spannend.«

»Meine Großmutter hieß Luise«, sagte ich mechanisch

und hoffte, dass meine Stimme nicht zitterte. Ich hatte Angst, und gleichzeitig war mir auch alles egal. Ich wünschte, ich hätte nie über die Mauer gesehen. Warum hatte Großvater mich wie einen Arier behandelt, wenn er doch wusste, dass es nicht stimmte?

Meine Großmutter hieß Ruth. Das wusste ich von Mutter. Und sie war im KZ gestorben, so wie David. Und er hatte mich auf die jüdischen Friedhöfe geschickt, obwohl er es wusste.

Oder gerade deswegen?

Dass du mir nichts von Großmutter Ruth erzählt hast, gut, das könnte ich ja noch verstehen, Großvater. Du hast sie ins KZ gebracht, indem du dich von ihr scheiden ließest. Hast du nicht gewusst, dass du ihr damit den Schutz nahmst? Mit Deutschen verheiratete Juden hatte nicht viel zu befürchten, anfangs jedenfalls nicht. Aber das mit den Friedhöfen, Großvater, das kann ich nicht verstehen. Warum?

Meine Antwort war bei den Älteren mit Erleichterung, bei einigen den Jüngeren mit leichter Skepsis aufgenommen worden.

»Na also«, lachte Herbert. »Ich wusste doch, dass alles in Ordnung ist, wenn Rudolf dafür garantiert. Verlässlicher Mann. Ohne ihn wäre die Bewegung in Deutschland noch längst nicht so weit. Dann gehen wir jetzt zur eigentlichen Befragung über.«

Und sie gingen über. Die Fragen kamen pausenlos auf mich heruntergeprasselt.

»Was sagst du zu den Reformen der Regierung?«

»Sollten Schwarze und Weiße gleiche Rechte haben?«

»Wie stehst du zur Rassenmischung?«

»Wie denkst du über die Apartheid?«

Ja, wie dachte ich darüber?

Heute Nachmittag noch hatte ich die Nilpferdpeitsche in der Hand gehalten. Es hatte Spaß gemacht, zu befehlen.

Jetzt schien es so, als ob ich ein Viertel jüdisches Blut in mir hatte, ich war auf jeden Fall nicht reinrassig. Ich würde kein Baas sein. Wenn sie es herausfanden, wäre ich die Nilpferdpeitsche los. An die weiteren Strafen mochte ich gar nicht erst denken.

Ich hatte Angst. Nur eines war gewiss: Aus irgendeinem Grund wollte Großvater nicht, dass jemand von meinem jüdischen Blut erfuhr. Warum nicht, Großvater? Was hast du mit mir vor?

Ich konnte keinen klaren Gedanken fassen. Aber ich wusste, was sie hören wollten, und so spulte ich meine Lektion wie ein Roboter ab. Es klang sicher wie auswendig gelernt, aber ich war nicht in der Lage, auch noch Begeisterung in meine Sätze zu legen.

Ich redete und redete und sah dabei starr auf den schwarzen Ausschnitt in der Holzwand gegenüber, das Fenster, das weit offen stand und die kühle Nachtluft hereinließ. Es war dunkel draußen.

Dann sah ich plötzlich zwei weiße Flecke, die sich hin und her bewegten. Genauso schnell, wie sie gekommen waren, verschwanden sie wieder. Ob uns jemand belauschte? Ein schwarzes Gesicht würde in der dunklen Nacht nicht auffallen.

Ich wollte schon Alarm schlagen, als mir einfiel, dass ich

gar nicht mehr wusste, auf welcher Seite ich denn eigentlich jetzt stand. In Großvaters neuem Reich würde es mir so gehen wie den Schwarzen da draußen.

Also schwieg ich und beantwortete weiter ihre Fragen. Einige nickten zufrieden, anderen, vor allem den Jüngeren, deren Anführer dieser misstrauische Potgieter war, schien es noch nicht zu genügen. Also fuhr ich fort, aufzusagen, was ich inzwischen gelernt hatte.

»Alle Versuche, die politische Macht den Schwarzen zu überlassen, sind im übrigen Afrika in Chaos und Bürgerkrieg untergegangen. Und von den Weißen hier in Südafrika kann man das auch gar nicht verlangen. Sie haben einen göttlichen Auftrag, dies Land zu regieren. Es wäre Verrat am göttliche Auftrag. Und um Konflikte zu vermeiden, muss man die höher stehende Rasse von den minderwertigen trennen. Getrennte Erziehung, getrennte Hotels, getrennte Strände, getrennte Toiletten, getrennte Wohngebiete, getrennte Erziehung …«

Ich fing an, mich zu wiederholen. Es geschah in dem Moment, als mir klar wurde, dass es auch meine Zukunft sein könnte, die ich da ausmalte.

Diesmal hatte ich aber wohl die meisten zufrieden gestellt. Einige applaudierten sogar. Großvater Piet sah mich stolz an, als wollte er sagen: »Du hast deine Lektion gut gelernt, mein Junge.«

Und mehr war es auch nicht. Ich konzentrierte mich ganz auf die Fragen, die sie stellten. Über die Reformen. Was ich davon halte, dass Schwarze und Weiße neuerdings im gleichen Park spazieren und sogar auf der gleichen Bank sitzen könnten.

Ich redete, antwortete, redete. Ich hatte nur ein Ziel. All das hinter mich zu bringen. Nur raus hier. Irgendwo in Ruhe über alles nachdenken. Über Großmutter, über mich, dass ich jetzt kein Arier mehr war, nie einer gewesen bin. Und vor allem über Großvater.

Herbert stellte die abschließende Frage: »Wenn wir in Deutschland ein ähnliches System eingeführt haben wie hier, würdest du dich dann mit einem Nichtarier an einen Tisch setzen?«

Ich zuckte zusammen. Was sollte ich jetzt sagen? Wenn Großvater in Deutschland die Rassengesetze wieder einführte, dann würde ich auf der anderen Seite, bei den Nichtariern sein. Mit mir würde sich dann keiner an einen Tisch setzen. Ich würde nicht mehr gefragt werden. So sah es aus.

»Wenn es ein Gesetz gibt, das so etwas verbietet, würde ich mich natürlich daran halten.«

Ich merkte selber, wie lahm das klang, und es war bestimmt nicht das, was sie erwartet hatten.

»Entschuldigt, aber mir ist so heiß. Vielleicht habe ich zu lange in der Sonne gelegen.«

Mein Kopf brummte. Herbert kam sofort zu mir.

»Na, es war ja auch alles ein bisschen viel auf einmal. All die Fragen. Aber du hast dich gut geschlagen. Am besten gehst du an die frische Luft. Wir müssen ohnehin beraten. Setz dich auf die Bank neben der Tür.«

Ich ging, froh, nicht mehr in ihre Gesichter sehen zu müssen. Ich wanderte zwischen den Büschen auf und ab, ohne zu denken.

Auf einmal stand er neben mir. Ich erschrak furchtbar, weil er so unheimlich wirkte, so schrecklich schwarz in der Dunkelheit. Er hatte eine schwarze Hose und einen schwarzen Pullover an. Nur das Weiße in seinen Augen schimmerte. Tarnkleidung, fuhr es mir durch den Kopf.

»Du warst das gerade am Fenster. Du hast gelauscht.«

Er überhörte es ganz einfach.

»Na, nehmen sie dich auf in ihren Bund?«

»Was weißt du denn von dem Bund?«

»Mehr als du.«

»Du hast gelauscht. Bist du nur deshalb heute auf die Farm gekommen? Verschwinde lieber, sonst erzähle ich ihnen, dass du sie bespitzelst. Du hast doch gehört, was sie mit Spitzeln machen.«

Er lächelte nur. Er schien nicht im Geringsten beeindruckt zu sein.

»Das würde ich mir aber gut überlegen, außer deine Großmutter heißt wirklich Luise.«

Ich dachte, jetzt ist alles aus.

»Was meinst du damit? Warum soll sie nicht Luise heißen?«

»Ich hab dich beobachtet, als sie fragten. Du hattest Angst. Ich weiß, wie Menschen aussehen, die aus Angst lügen.«

Ich machte gar nicht mehr den Versuch zu leugnen.

»Was wirst du tun?«

Schritte kamen näher. Ein Rascheln, und Thomas war verschwunden. Jan stand neben mir.

»Wo steckst du bloß? Komm mit. Es ist alles entschieden.«

Laute Stimmen aus der Hütte. Als ich hereinkam, wurde es still. Die Entscheidung war gefallen, aber es schienen nicht alle mit ihr einverstanden zu sein.

Herbert ging mir entgegen.

»Alles in Ordnung. Einige sind zwar weiterhin skeptisch, ob du tauglich bist. Und wir haben auch noch so eine Art Bewährungsprobe für dich vorgesehen. Aber davon später.

Was mich betrifft, so habe ich volles Vertrauen zu dir. Du bist ja auch in Deutschland schon für unsere Bewegung aktiv gewesen: bei Einsätzen gegen kommunistische Lokale und auf jüdischen Friedhöfen.«

Ich nickte, und wieder kam dieser Zorn auf Großvater in mir hoch. Das mit den Friedhöfen würde er mir erklären müssen. Mich dorthin zu schicken, wo er doch genau wusste ...

»... haben wir als Symbol der Freundschaft«, übertönte Herbert meine Gedanken, »diesen Freundschaftsbund gegründet. Er soll die Verbindungen zwischen uns in Südafrika und den Kameraden in Deutschland ausbauen helfen. Seit Jahren unterstützen wir unsere Freunde in Deutschland, damit auch sie ein System nach unserem Vorbild errichten können. Kameraden, die Zeit ist gekommen, dass sich die weißen Völker zusammenschließen. Auch in

Amerika und Kanada sind unsere Freunde in unserem Sinne tätig. Wir werden die Welt mit einem Ring von Apartheidstaaten umgeben.«

»Hipp, Hipp, Hurra!«, schrien alle.

Dann wurde es wieder feierlich. Ich musste den Eid schwören. Herbert sprach, und ich wiederholte: »Ich schwöre beim Blut meines Volkes, dass ich den Freundschaftsbund geheim halten und in allem, was ich tue, die weiße Rasse fördern werde. Ich verspreche Gehorsam gegenüber dem Führer und seinen Bevollmächtigten und werde jeden Befehl gewissenhaft und unter Einsatz all meiner Kräfte ausführen.«

Es gab Momente an diesem Abend, da habe ich gedacht, ich träume das alles nur. Irgendwo ein utopischer Film, und vielleicht wird jemand, der von diesen Dingen zum ersten Mal hört, denken, es sei alles erfunden. Aber ich weiß, dass es wahr ist, denn ich bin mit ihren Gedanken aufgewachsen, habe in diesem Gerüst denken gelernt. Dass mir ihre Ideen auf einmal so unglaublich vorkamen, lag nur daran, dass ich nicht mehr dazugehörte.

Nach dem offiziellen Teil wurde meine Aufnahme in den Bund unter den lampiongeschmückten Bäumen begossen. Bis spät in die Nacht hinein ertönten Trinksprüche auf den Führer, auf die Solidarität aller weißen Völker und andere patriotische Sprüche. Sie sangen die südafrikanische Nationalhymne, dann das Deutschlandlied.

An den Rest des Abends erinnere ich mich nur noch verschwommen. Ich hatte bei den ersten Judenwitzen, die in dem Ausruf von Frank Suderhof »Tod dem Ewigen Juden und seinen fremdrassigen Helfershelfern« gipfelten, zu trinken angefangen.

Ein Bier und noch ein Bier, bis sich zwischen ihren Worten und meinem Kopf eine dicke Wand aus alkoholischem Nebel gebildet hatte.

10

Als ich am nächsten Mittag mit einem dicken Kopf aufwachte, waren die anderen längst zur Tagesordnung übergegangen und besprachen sich in der Hütte.

Ich frühstückte schnell und verließ das Haus durch den Seiteneingang. Aus dem Stall holte ich mein Pferd und ritt davon. Ich konnte unmöglich weitere Reden über Rasse und Reinhaltung und so weiter vertragen.

Mutter hätte es mir sagen müssen. Aber sicher hatte auch sie ihre Gründe, warum sie schwieg. Gute Gründe. Jeder hat gute Gründe, nicht über jene Zeit zu reden.

Wie an jedem Tag arbeiteten die Schwarzen auf den Feldern, von weitem sah ich Jans großen Bruder mit dem Traktor. Die Sonne schien wie an jedem Tag, es war alles so wie an den Tagen vorher. Und doch schien mir alles so verändert. Ich brauchte lange, um mich daran zu gewöhnen, dass es die andere Sicht der Dinge war, die mir vieles jetzt so merkwürdig erscheinen ließ.

Als ich lange nach Mittag zurückkam, waren die meisten bereits abgereist. Es interessierte mich auch nicht besonders, was sie im Einzelnen beschlossen hatten, und was meine Rolle betraf, darüber klärte mich Ohm Piet in den nächsten Tagen ausführlich auf.

Zunächst einmal erfuhr ich einiges über den Bund, dessen Mitglied ich ja nun geworden war. Wie es schien, hatte Ohm Piet zeit seines Lebens irgendwelchen Geheimorganisationen angehört. Zuerst dem Afrikaander-Broederbund, der bereits 1918 gegründet und dessen Mitglieder bis heute noch ihre Finger bei allen wichtigen Entscheidungen im Land dazwischen haben.

Nach Maulwurfsart durchsetzten sie damals Klubs, Schulen, Universitäten, Kirchen, Jugendgruppen, Verwaltungsapparate. Es ging langsam vorwärts, aber über die Lehrer in den Schulen gelang es ihnen zunehmend, immer mehr Kinder entsprechend ihren Zielen zu erziehen: als stramm national denkende Afrikaander.

Während des Zweiten Weltkrieges hatte sich Großvater Piet dann der »Ossewa Brandwa« angeschlossen, einer Bewegung, die durch Sabotageanschläge auf Militäreinrichtungen und Stromleitungen auf ihre Weise versuchte, den Sturz der englischfreundlichen Regierung unter General Smuts zu beschleunigen.

Zu diesem Zweck hatten sie sogar Kontakte mit dem Führer in Deutschland geknüpft. Einer dieser Kontaktmänner war Ohm Piet gewesen. Auf seiner Reise nach Deutschland hatte er dann meinen Großvater kennen gelernt und war bei ihm geblieben, als die südafrikanische Regierung damit begann, die Mitglieder der Bewegung zu verhaften.

»Nach dem Zweiten Weltkrieg«, erklärte Ohm Piet, »hat sich unsere Gruppe langsam aufgelöst. Unser Ziel war ja erreicht. Die Afrikaander waren an der Regierung, die Gesetze wurden so gemacht, wie wir sie wollten. Aber jetzt müssen wir erneut unsere Rechte verteidigen. Die da oben bauen all das ab, was wir vierzig Jahre lang aufgebaut haben. Sie heben die Rassentrennung in Hotels, in Parks, an Stränden auf, sie wollen die Schwarzen sogar in der Politik mitreden lassen, ja, bald werden sie womöglich gar wählen können!«

Ohm Piet geriet bei diesen Worten so in Fahrt, dass er aufsprang und aufgeregt im Zimmer auf und ab lief.

»Wir werden verhindern, dass das Erbe unserer Vorfahren langsam, aber stetig in die schmutzigen Hände dieser Kaffern übergeht. Darum haben wir unsere Bewegung neu gegründet. Einige der alten Kämpfer, so wie ich, sind noch dabei, und dann viele Jungs, so wie Jan und seine Freunde. Verstärkung haben wir von unseren deutschen Freunden hier in Südafrika bekommen.

Wir haben immerhin erreicht, dass der Präsident wieder härter gegen schwarze Oppositionelle vorgeht. Und du wirst schon sehen, er wird auch noch alle seine Reformen zurücknehmen müssen. Schließlich will er wieder gewählt werden.«

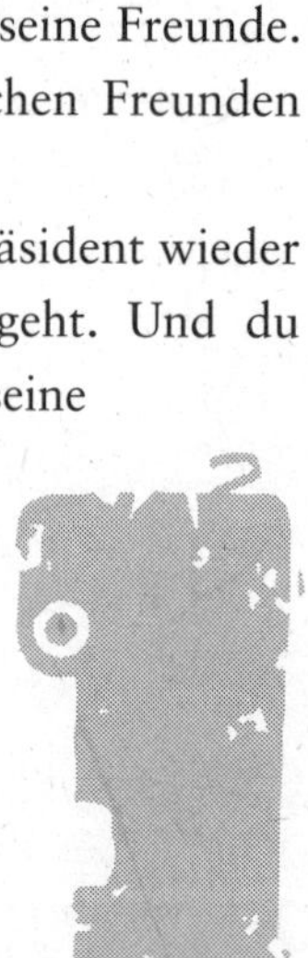

»Ihr wollt zurück zum Apartheidstaat, wie er vor zehn Jahren bestand?«

Ohm Piet sah mich verwundert an.

»Warum fragst du das so merkwürdig?

Natürlich wollen wir zurück zur reinen Apartheid. Klare Trennung auf allen Gebieten!«

Tagsüber beaufsichtigte ich weiter den Bau der Farmschule, der zügig voranging – wofür Ohm Piet mich lobte, obwohl ich ja keinen Finger rührte.

Die Nilpferdpeitsche habe ich aber seit jenem Abend nicht wieder angerührt. Meine Befehle, wenn ich überhaupt noch welche aussprach, formulierte ich so höflich wie möglich und fügte meist ein »bitte« daran. Das Ergebnis war, dass die Schwarzen mich verwundert ansahen und Jan sich vor Lachen ausschütten wollte, als er einmal mitbekam, wie ich zu Ben, dem schwarzen Vorarbeiter, sagte: »Kannst du mir bitte ...«

»Man merkt, dass du nicht ans Befehlen gewöhnt bist. ›Kannst du mir bitte ...!‹« Er machte meinen Tonfall nach. »Na, wenn du erst weg bist, werden sie sich wieder an einen anderen Ton gewöhnen müssen. Und dir wird das Befehlen auch noch leicht fallen, wenn du es öfter machst.«

Ich wollte ihm schon sagen, dass ich dabei war, mir das Befehlen wieder abzugewöhnen, aber das hätte er doch nicht verstanden. Also ließ ich ihn lachen. Ich hatte andere Sorgen.

Da war zum Beispiel Thomas, das heißt, das Schlimme war, dass er nicht da war. Gleich am Morgen nach dem Treffen habe ich seinen Vater aufgesucht, aber Thomas hatte die Farm noch in der gleichen Nacht verlassen.

Was würde er tun? Würde er mich verraten? Ich hatte ihm eigentlich ja nichts getan, aber vielleicht freute es ihn, wenn die Weißen sich zur Abwechslung mal an einem ihresgleichen vergriffen und mich bestraften? Aber wenn er mein Geheimnis kannte, dann musste er auch wissen, dass ich nicht mehr zu »ihresgleichen« zählte, dass ich außen vor stand genau wie er. Was mich schützte, war meine weiße Haut, denn das jüdische Blut färbt nicht ab. Aber wie lange noch?

Jan konnte ich nicht fragen, wohin Thomas gegangen war. Er nannte mich jetzt schon spaßeshalber »Kaffernboetie«. Noch vor ein paar Tagen hätte ich mit ihm darüber wie über einen gelungenen Witz gelacht, denn es war absurd, dass ich ein »Freund« der Schwarzen sein sollte. Jetzt konnte ich nicht mehr lachen.

An einem jener Abende, die auf das Treffen folgten, schlug Ohm Piet vor, Jan solle mit mir nach Johannesburg fahren. »Herbert meint«, fügte er hinzu, »dass Manfred Soweto kennen lernen soll, sozusagen als Anschauungsmaterial für spätere Projekte in Deutschland.« Alle lachten, ich brachte gerade ein mühsames Grinsen zustande. Ihre Witze waren für mich nicht länger komisch. Hier in Südafrika galten die Juden zumindest als Weiße, gehörten also, wenn auch nicht geliebt, so doch zur privilegierten Gruppe. Bei uns in Deutschland würde das erste Getto für Menschen mit jüdischem Blut entstehen, wenn ich Großvaters Pläne richtig im Kopf hatte.

Und doch war ich froh über den Vorschlag, froh, für einen Tag von der Farm wegzukommen, etwas Neues zu

sehen, nicht mehr denken zu müssen. Am liebsten wäre ich sofort zurück nach Deutschland geflogen – zu Mutter. Es gab so viel zu besprechen, ich hatte so viele Fragen. Aber da war Großvater. Ich hatte ein wenig Angst, ihn wieder zu sehen. Was hatte er vor? Mit mir? Mit Mutter? Wo blieb ich, wenn seine Pläne Wirklichkeit wurden? Warum hatte er mich eingeweiht? Wollte er mich retten? Und nur Mutter in so eine Art jüdisches Homeland stecken?

Ohm Piet erteilte mir noch am selben Abend die erste Lektion in Sachen Townships, den schwarzen Vorstädten in den weißen Gebieten, wo die Schwarzen geduldet werden, solange sie für die Weißen arbeiten. Es sind Vorstädte, oft größer als die dazugehörige weiße Stadt, aber auf der Landkarte findest du sie nicht, weil sie offiziell auf weißem Gebiet gar nicht existieren sollen.

»Also«, begann Ohm Piet, »eine Stadt ist bei uns normalerweise so aufgebaut.« Er malte einen Kreis auf ein Blatt Papier.

»Hier das Zentrum mit den Geschäften. Darum gruppiert die Wohngebiete der Weißen. Je weiter weg von den Schwarzen, desto teurer die Wohnlage.

Industriegebiete oder andere Pufferzonen müssen mindestens einen Abstand von 457 Metern zu den weißen Wohngebieten haben. Die schwarzen Vorstädte liegen meist aber 20 bis 40 Kilometer entfernt, die Gebiete der Farbigen und Inder etwas näher.«

Abschließend meinte er dann: »Und jetzt tu mir noch

einen Gefallen. Sieh dir Soweto nicht mit den Augen eines westlichen Journalisten an, der anschließend nur die trostlose Barackenlandschaft anprangert. Du musst dir über zwei Dinge im Klaren sein:

1. Den Schwarzen geht es materiell viel besser als in den anderen schwarzafrikanischen Staaten.

2. Die Townships sind nicht als Daueraufenthalt von Menschen geplant. Sicher, es gibt kaum Stromversorgung, warmes Wasser, kurz Luxus. Unser Minister für Bantuverwaltung warnt mit Recht davor, den Schwarzen in Soweto an Luxus zu gewöhnen, den er in seinem Homeland auch nicht vorfindet. Die Schwarzen wohnen hier nur vorübergehend, solange sie arbeiten. Sie sollen gar kein Wohnrecht erwerben, sondern zurückkehren in ihre Heimatländer.«

»Aber viele von den Schwarzen sind doch in Soweto geboren. Und Soweto ist ihre Heimat, nicht das Homeland, das sie nie gesehen haben.« Ohm Piet schüttelte missbilligend den Kopf.

»Wenn ihr das Wort Soweto hört, dreht ihr Europäer immer gleich durch. Selbst du kannst nicht mehr logisch denken. Wenn die Schwarzen in den Townships Kinder in die Welt setzen, ist das ihr Problem. Das ändert aber nichts daran, dass sie nun mal in den weißen Gebieten nichts zu suchen haben.«

11

So gegen fünf Uhr nachmittags kamen wir am Bahnhof in Johannesburg an, gerade rechtzeitig, um den Auszug der Schwarzen mitzuerleben. Sie strömten von allen Seiten dem Bahnhofseingang für Schwarze zu, andere benutzten die bereitstehenden Busse oder Lastwagen. Lachende, schwatzende, müde Menschen auf dem Weg in die Townships.

»Ich mag diesen Zug«, sagte Jan neben mir. »Wir kommen an, wenn die Schwarzen gehen. Tagsüber ist Johannesburg eine schwarze Stadt, aber abends gehört sie uns.« Kein Schwarzer darf in Johannesburg wohnen, Geschäfte dürfen sie nur mit Ausnahmegenehmigungen betreiben. Für die Weißen arbeiten können sie, und solange sie arbeiten, dürfen sie die Stadt betreten.

Vom Aussichtsturm im 49. Stock des Carlton Center hatte man einen guten Überblick: vierspurige Schnellstraßen, Hochhäuser, die goldfarbenen Abraumhalden, die in der Sonne glitzerten. Banken, Versicherungen, Hotels.

»Na, kennst du eine andere Stadt in Afrika, die so aussieht?«, fragte Jan stolz. »Das haben wir aufgebaut. Und jetzt frag mich, ob wir all das freiwillig den Schwarzen übergeben sollen, damit es in kurzer Zeit verslumt!«

Wir blieben über Nacht in Johannesburg, und Jan zeigte mir die Stadt auf seine Weise. Wir gingen dorthin, wo es keine grauen Zonen gab, keine Farbmischungen, obwohl ich jetzt daran interessiert gewesen wäre.

Für den nächsten Tag hatte Jan eine Busbesichtigung durch Soweto gebucht. Das war am einfachsten, denn wenn du Soweto allein besuchen willst, brauchst du eine Genehmigung vom West Rand Administration Bauart, nicht etwa weil es für dich als Weißer zu gefährlich ist – das sicher auch, vor allem nachts –, sondern weil du als Weißer nicht einfach so in eine schwarze Township gehen darfst. Apartheid, verstehst du. Alles fein säuberlich getrennt. Und die Verbote gelten für beide Seiten.

Ohm Piet hatte mir am Vortag ein Luftbild von Soweto gezeigt. Es ist die größte schwarze Stadt außerhalb der Homelands und liegt ungefähr eine halbe Autostunde von Johannesburg entfernt.

Kein wild gewachsener Slum, nein. Die Stadt planmäßig angelegt. Schnurgerade Straßen teilen die einzelnen Stadtteile in Quadrate und Rechtecke auf. Dazwischen freie Flächen – auch als Pufferzonen zwischen den Angehörigen verschiedener Stämme.

Die größeren Gebäude sind Häuser der Stadtverwaltung, Schulen und andere öffentliche Gebäude. Flache Häuschen, wenig Bäume, gut durch- und überschaubar, ideal angelegt für die nächtlichen Polizeikontrollen, die nach illegalen Bewohnern suchen. Das erzählte Ohm Piet zwar nicht, aber es zeigte sich, dass ich doch mehr von Dirks Büchern behalten hatte, als mir bewusst war.

Soweto, das sind kleine, einstöckige Häuser, geteerte Hauptstraßen, staubige oder matschige Nebenstraßen, je nach Wetter. Schulen, mal eine Bierhalle, wo wochentags bis 18.00 Uhr das »Kaffernbier« mit 3 Prozent Alkohol ausgeschenkt wird, Verwaltungsgebäude, ein einsamer Baum.

Endlose Reihen gleichförmiger grauer Häuser. 56 Quadratmeter Grundfläche, für sechs Personen ausgelegt, tatsächlich aber von bis zu 17 Personen bewohnt. Ohne Keller, unverputzte Wände, Wellblechdächer, Toilettenhaus am Rande der Straße.

Dann wieder Straßen mit kleinen Einfamilienhäusern. Manche hatten sogar einen kleinen Vorgarten, oft mit einem überdimensionalen Zaun drumherum.

»Sie haben Angst vor Überfällen«, erklärte unser Führer. »Die Schwarzen hier überfallen sich gegenseitig und rauben sich noch das bisschen, was sie haben. Soweto hat die höchste Mordrate der Welt, drei Menschen pro Tag.«

Jan stieß mich an. »Siehst du, wie Tiere.«

Ich hörte kaum zu, weil ich den Panzer beobachtete, der uns entgegenkam. Als er den Bus mit uns Touristen sah, bog er schnell in eine der Nebenstraßen ab. Der Führer übersah den Panzer, aber Jan hatte ihn gesehen.

»Wir müssen mit unseren Panzern die Schwarzen vor Übergriffen der eigenen Leute schützen. Hört sich merkwürdig an, aber es ist so.«

Ich hätte ihm so gerne geglaubt, aber seit jenem Abend kamen mir immer häufiger jene Passagen aus Dirks Büchern in den Kopf, die das System hier kritisierten.

Viele Häuser hatten noch keinen Stromanschluss, obwohl die Regierung kräftig dabei war, Leitungen zu legen. Manche besaßen sogar schon warmes Wasser.

Dazwischen immer wieder zerstörte Gebäude. »Überreste der Soweto-Unruhen von 1976. Stell dir vor«, flüsterte Jan. »Da stecken diese Kaffern tatsächlich ihre Schulen in Brand. Ausgerechnet die Schulen! Und verlangen dann bessere Ausbildungschancen. Absurd, was?«

Es klang wirklich merkwürdig, so wie Jan es darstellte, aber es gab natürlich eine andere Erklärung dafür. Die gab mir später Thomas. Die Schulen waren für die Schüler ganz einfach das Symbol für die verhasste Bantuerziehung, die ihnen jede reelle Chance im Vergleich mit Weißen von vornherein verbaute.

Seit 1954 erhalten alle Schwarzen nur eine minderwertige Erziehung, ausgehend von dem Verwoerd'schen Grundsatz, dass in der südafrikanischen Gesellschaft für den Bantu oberhalb einer bestimmten Arbeitsstufe kein Platz ist.

Also, wozu muss er dann höhere Mathematik lernen?

1976 haben die Schüler und Studenten endgültig genug gehabt, als die Regierung Afrikaans statt Englisch als verpflichtende Sprache für Mathe und Geographie einführen wollte. Die Schüler sprachen es nicht, die Lehrer zum großen Teil auch nicht. Die Bücher fehlten. Die Schüler befürchteten schlechte Noten, die ihre Chancen auf Weiterbildung und im Beruf noch weiter vermindern würden. Und dann war Afrikaans die Sprache der Polizisten und Verwaltungsbeamten.

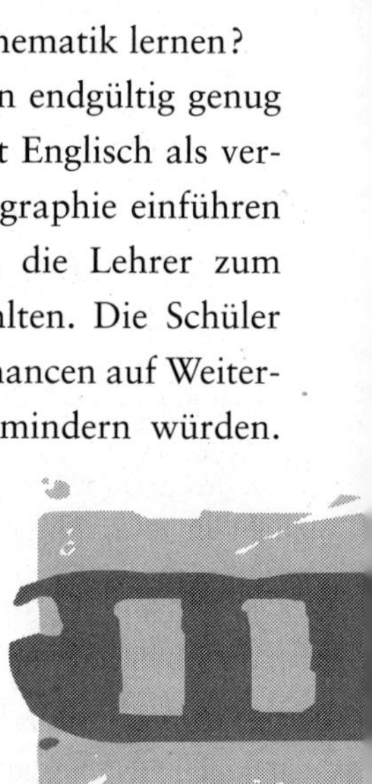

Sie gingen auf die Straße. Es kam zu Schlachten zwischen der Polizei und den Schülern. Wer hat angefangen, mit Steinen zu werfen? Zu schießen? Auf jeden Fall gab es Tote. Kinder.

Die Kinder, die wir jetzt sahen, winkten uns zu. Auf jeder Fläche, die größer als zwei Quadratmeter war, wurde Fußball gespielt mit leeren Konservendosen oder aus Papier zusammengerollten unförmigen Eiern.

»Sieh nur, wie fröhlich sie sind«, meinte der Mann vor uns zu seiner Frau.

Jan beugte sich zu mir herüber und flüsterte: »Das Problem ist nur, dass sie sich so schnell vermehren. Es werden immer mehr. Aber das kriegen wir auch noch in den Griff.«

Ich fragte ihn nicht, auf welche Weise. Ich wollte es nicht mehr wissen. Nicht für mich und für Großvater erst recht nicht.

Seit jenem Abend hatte ich keinen Brief mehr nach Deutschland geschrieben. Und ich würde auch nicht mehr schreiben, bis ich herausgefunden hatte, warum Großvater wollte, dass ich mich so intensiv mit dem Apartheidsystem beschäftigte. Wo er doch wissen musste, dass ich, wenn seine Pläne Wirklichkeit wurden ...

Weiter getraute ich mich nie zu denken. Ich hatte Großvater von allen Menschen am meisten vertraut. Was hatte er vor? Seit 1976 ist es den Schwarzen erlaubt, ihre kleinen Häuser zu kaufen, und seit allerneuester Zeit dürfen sie auch das Grundstück erwerben, obwohl alles auf weißem Gebiet liegt, wo die Schwarzen eigentlich nur geduldet werden. So soll eine zufriedene Mit-

telschicht entstehen, die über ihrem wirtschaftlichen Wohlstand ganz ihre politische Rechtlosigkeit vergisst.

Jan zeigte auf einen Trimmpfad. Daneben ein Tennisplatz. Kirchen an jeder dritten Kreuzung, katholische, protestantische Sekten in allen Schattierungen. Medizinmänner, Polizeistationen, Wasserturm, Krankenhaus. Villen mit Fernsehantennen auf den Dächern. Ein Golfplatz. Luxus in Soweto, aber eben in Soweto. An einer anderen Stelle in Johannesburg darf sich dieser schwarze Luxus nicht ausbreiten, weil er schwarz ist. »In Soweto gibt es mehr Millionäre als im übrigen Schwarzafrika!« Mit diesem abschließenden Satz unseres Führers kehrten wir ins weiße Johannesburg zurück.

Ich soll Soweto nicht mit den Augen eines westlichen Journalisten sehen, hat Jans Großvater mir aufgetragen. Oh, nein, Ohm Piet, das tue ich auch nicht. Ich betrachte es nur wie einer, der vielleicht irgendwann einmal in so einer Stadt leben muss, weil sein Blut nicht die richtige Mischung hat.

12

»So, das hätten wir auch erledigt«, sagte der Deutsche zu seiner Frau. »Irgendwie hatte ich mir das schlimmer vorgestellt. Was man immer so in den Zeitungen liest.«

Und irgendwie hatte der Mann Recht. Im Vergleich mit den meisten Städten in den schwarzafrikanischen Ländern, von denen ich Bilder gesehen hatte, schnitten die südafrikanischen Townships ganz gut ab. Das hatte selbst Dirk zugegeben.

»Auch woanders wird Raumordnungspolitik betrieben. Um die Zentren zu entlasten, werden Menschen umgesiedelt, damit Probleme wie beispielsweise Wohnungsnot, ärztliche Versorgung besser geregelt werden können. Nur hier hat es andere Gründe: Die Städte sollen weiß bleiben.«

Jan war offensichtlich froh, wieder im weißen Johannesburg zu sein. Wir gingen essen.

»So«, sagte er und holte tief Luft. »Lektion Soweto abgeschlossen. Ich fühle mich immer etwas mulmig, nur von Schwarzen umgeben. Als Kinder sind sie ja noch ganz niedlich. Aber wenn sie erst erwachsen sind, diese großen wulstigen Lippen, und dies pechschwarze Gesicht. Wenn es dunkel ist, schimmert nur noch das Weiße in den Augen.«

Er sah mich erwartungsvoll an, aber ich schwieg. Großvater hatte ähnlich über die Schwarzen geredet, und ich hatte ihm zugestimmt. Aber jetzt hatten sie mir den Stuhl unter dem Po weggezogen. Ich schwebte irgendwo in der Luft und hatte noch keinen Sitz gefunden. Ich wusste, dass ich mich neu entscheiden musste, aber ich war noch nicht bereit, alles, was mir vertraut war, aufzugeben und mich auf die andere Seite, die jetzt auch meine Seite war, zu stellen.

Nach dem Essen gingen wir zur Bushaltestelle, um zum Bahnhof zu fahren. Ich stellte mich neben das Schild mit der Aufschrift »Bus Stop«. Jan zog mich weiter.

»Das ist die Haltestelle für Schwarze.«

Er zeigte auf das schwarze Schild mit der weißen Schrift »Bus Stop«.

»Hier, das ist für uns. Weißes Schild, schwarze Schrift.«

»Woher soll man das denn wissen?«

»Vorher war es natürlich einfacher. Da hatten wir Schilder ›Blankes‹ und ›Nie-Blankes‹, aber die Touristen hat das aufgeregt. Und die westliche Presse. So ist es unauffälliger.«

Wir standen also da und warteten auf den Bus. Es war ziemlich viel Verkehr. Auf der anderen Straßenseite ging ein kleiner, vielleicht fünfjähiger schwarzer Junge. Eine alte Frau hatte ihn an der Hand gefasst, und beide versuchten, die Straße zu überqueren. Plötzlich riss sich der Junge los, lief über die Straße und stellte sich strahlend neben mich. Die alte Frau winkte aufgeregt von der anderen Straßenseite.

Währenddessen kam ein dicker Mann mit Aktentasche und stellte sich hinter uns auf. Er sagte auf Afrikaans zu dem Jungen: »Verschwinde! Du bist an der falschen Haltestelle.«

Der Junge lächelte ihn an. Entweder verstand er die Sprache nicht, oder er wusste gar nicht, was mit falscher Haltestelle gemeint war.

Er winkte seiner Großmutter zu, die noch immer vergeblich versuchte, die vierspurige Straße zu überqueren. Der Mann gab dem Jungen einen Schubs. »Na los, wird's
 bald.«

Es war bestimmt kein starker Stoß, aber der Junge hatte damit nicht gerechnet, und so stolperte er, rutschte aus und geriet auf die Straße. Ein Motorrad erwischte ihn, schleuderte ihn zur Seite. Der Junge schlug mit dem Kopf auf den Weg, schrie auf und war still.

Ich lief hin und hob ihn auf. Er war ganz leicht. Jan hielt mich am Arm fest.

»Wo willst du mit ihm hin?«

Ich zeigte auf das Schild.

»Da, zum Krankenhaus. Vielleicht hat er eine Gehirnerschütterung. Er ist mit dem Kopf aufgeschlagen. Und er muss verbunden werden. Sieh doch, er blutet.«

»Das dort ist ein weißes Krankenhaus!«

Ich dachte, ich höre nicht richtig.

»Mensch Jan. das ist doch jetzt egal. Er ist verletzt. Er braucht Hilfe, und zwar schnell.«

»Aber nicht im weißen Krankenhaus!«

Das gab es doch gar nicht! Da lag ein verletztes Kind, und er dachte in Hautfarben. Ich schob ihn beiseite und ging los.

In diesem Moment kam ein Schwarzer auf mich zu, nahm mir vorsichtig das Kind aus dem Arm.

»Ich kümmere mich darum.«

Er legte es auf den Boden und schob seinen Mantel unter den Kopf des Kindes.

»Er muss ins Krankenhaus. Wer weiß, wo er sich verletzt hat«, sagte ich auf Englisch.

Der Schwarze sah mich an. »Das ist ein weißes Krankenhaus. Ich habe den schwarzen Krankenwagen schon angerufen.« Er sagte das so ruhig, als sei es etwas völlig Normales. Alle um mich herum taten so, als sei es völlig normal, das Kind hier liegen zu lassen und zu warten, bis ein Krankenwagen »seiner Hautfarbe« ankam, obwohl ein Krankenhaus direkt vor der Nase lag. Ich war der Einzige, dem die Situation unmöglich vorkam.

»Ja, Mann, begreifst du denn nicht?«, versuchte ich es noch einmal. »Sieh doch, wie er blutet. Wir gehen einfach hin, sie werden schon helfen.«

Der Mann beachtete mich gar nicht. Er wischte vorsichtig das Blut vom Gesicht des Jungen. Ich drehte mich zu Jan und dem dicken Mann um. Sie standen da und warteten auf den Bus, so als ob nichts passiert wäre. Der Motorradfahrer stand erbost neben seiner Maschine und klopfte den Staub von seiner Hose. Er war gestürzt, aber nicht verletzt, nur etwas angestaubt.

Ein Krankenwagen! Ich sprang auf die Straße und winkte. Der Wagen hielt mit quietschenden Reifen. Ein Mann sprang heraus, lief zu dem Jungen und beugte sich über ihn. »Nichts Gravierendes«, meinte er dann. »Aber es ist besser, er kommt ins Krankenhaus. Innere Verletzungen, man kann nie wissen.«

»Ja, dann nehmen Sie ihn doch einfach mit. Dort drüben ins Krankenhaus.«

Der Arzt sah mich verwundert an.

»Wohl fremd hier, was? Dies ist ein Krankenwagen für Weiße, und das da ein Krankenhaus für Weiße. Aber ich werde über Funk den Krankenwagen für Schwarze anfordern.«

Er ging zum Wagen, telefonierte und kam zurück.

»Alles in Ordnung. Er ist unterwegs.« Er grüßte, setzte sich in seinen Wagen und fuhr davon.

Ich stand da und sah ihm fassungslos nach. Die spinnen doch alle, dachte ich. Weißes Krankenhaus, schwarzes Krankenhaus.

Zu allem Überfluss kam in diesem Moment die alte Frau. Sie hatte es endlich geschafft, die vierspurige Straße zu überqueren, wobei sie in der Aufregung beinahe einen weiteren Unfall verursacht hätte. Sie rannte zu dem Jungen und beugte sich laut jammernd über ihn.

Der Motorradfahrer ging zu ihr.

»Hören Sie, sind Sie für den Jungen verantwortlich?«

Die alte Frau nickte.

»Verzeihung, Baas. Der Junge ist zum ersten Mal in der Stadt. Er wusste nicht, dass er an der falschen Haltestelle stand.«

»Ist mir egal, wo er stand. Ich verlange, dass Sie mir die Reinigung meiner Hose bezahlen. Die Maschine hat zum Glück nichts abbekommen.«

»Ich habe kein Geld bei mir, Baas.«

»Dann warten wir, bis die Polizei kommt.« Die alte Frau starrte ihn entsetzt an.

»Nicht die Polizei, Baas. Mein Pass ...«

Als ich sah, dass sie vor ihm auf die Knie fallen wollte, hatte ich genug. Ich stellte mich vor den Motorradfahrer und sagte laut und deutlich: »Der Junge hatte keine Schuld. Der Mann dort hat ihn geschubst. Er soll Ihre Hose bezahlen.«

Inzwischen hatte sich ein Menschenauflauf gebildet, was

natürlich zwangsläufig dazu führte, dass der nächste Streifenwagen bei uns anhielt.

»Was ist denn hier los?«

»Der Junge dort hat sich falsch aufgestellt. Als der Herr ihm das klarmachen wollte, sprang er direkt auf die Straße, vor mein Motorrad.« Jan nickte bestätigend.

»Geschubst hat er ihn. Der Junge kann nichts dafür!«, rief ich.

»Er stand an der falschen Haltestelle.«

»Das ist kein Grund, ihn auf die Straße zu stoßen.«

»Er hatte kein Recht, hier zu stehen. Das hätte ihm seine Großmutter beizeiten beibringen müssen.«

Ich kam nicht gegen sie an. Der Polizist machte sich Notizen.

»Zeigen Sie mal Ihren Pass«, forderte er dann die alte Frau auf. Sie holte mit zittrigen Fingern das Dokument hervor.

»Ja, Baas, das war so. Ich weiß, dass ich hier eigentlich nicht sein darf, aber mein Enkel war zum ersten Mal hier, und ich wollte ihm ...«

Der Polizist runzelte die Stirn.

»Sie arbeiten bei Meevrou van den Haag? Was machen Sie dann hier?«

»Ich wollte meinen Enkel ...«

»Das klären wir auf der Station. Kommen Sie mit.«

»Aber das Kind ...«

Der Schwarze, der sich die ganze Zeit um den Jungen gekümmert hatte, sagte etwas in einer fremden Sprache zu ihr. Sie flüsterte zurück. Vielleicht die Adresse seiner Eltern? Der Polizist fuhr mit ihr davon.

»Was soll das? Was will er mit ihr?« Jan zog mich davon.

»Wir nehmen jetzt lieber ein Taxi. Was machst du denn für einen Aufstand? Der Pass der Frau war wohl nicht in Ordnung. Das wird überprüft werden. Keine Sorge. Spätestens morgen ist sie wieder frei.«

»Aber das kann die Polizei doch nicht einfach so machen! Und der Junge? Wer sagt seinen Eltern Bescheid?«

»Woher soll ich das wissen? Du hast doch gesehen, dass der Schwarze sich um ihn kümmert. Jetzt komm schon. Wir verpassen noch unseren Zug.«

»Wo der Krankenwagen nur bleibt!«

Da, da kam einer. Jan hielt meinen Arm fest.

»Spring nicht wieder auf die Straße. Es ist nicht der richtige.«

Er hatte Recht. Der Wagen fuhr vorbei.

»Nun komm schon. Der Krankenwagen wird auch jeden Moment da sein.

»Es waren schon zwei da«, sagte ich ziemlich wütend. »Er hätte längst im Krankenhaus sein können. Und wenn er das nicht überlebt?«

»Du meine Güte, du hast doch gehört, was der Arzt gesagt hat. Es ist nicht so schlimm. Sterben bei euch nicht auch täglich Menschen auf der Straße? Auch bei euch kommt der Krankenwagen bestimmt nicht immer rechtzeitig.«

»Der Krankenwagen war aber schon da und hat ihn liegen gelassen. Das ist der Unterschied.«

»Es war der falsche Krankenwagen«, sagte Jan ganz

ruhig und betont geduldig. »Daran wirst du dich gewöhnen müssen. Schließlich wollt ihr doch bei euch auch Rassentrennung einführen.«

Für einen Moment sah ich einen Krankenwagen vor mir, der die Aufschrift »Nur für Arier« trug. Ich schüttelte entsetzt den Kopf.

»Aber nicht so.«

»Es wird so kommen. Zwangsläufig. Es ist eine Folge des Systems. Und jedes System hat gute und weniger gute Seiten. Ich bin für getrennte Krankenhäuser. Stell dir vor, du wirst nach einem Unfall eingeliefert und erhältst eine Blutkonserve, die ein Schwarzer gespendet hat. Nicht auszudenken.«

»Na, ich weiß nicht. Wichtig ist, dass du Blut bekommst, egal, ob von einem Schwarzen oder Weißen.«

Jan schüttelte mitleidig den Kopf.

»Na, du wirst noch viel lernen müssen. Jetzt komm aber.«

Er zog mich zum Taxistand. Ich ging mit, obwohl ich hätte bleiben sollen. Für Jan war die Sache damit erledigt, und er plauderte auf der Rückfahrt zur Farm von allem Möglichen. Als er abends am Tisch die Geschichte zum Besten gab, herrschte allgemeine Verwunderung über meine Reaktion. Ich war völlig durcheinander. Ich sah den Jungen noch immer daliegen, ganz still, ohne jede Bewegung, und sie wunderten sich hier über mein »weiches Herz«.

Ich fing an, mich zu fragen, ob es an mir lag, dass ich ihn und die alte Frau, die wahrscheinlich noch auf der Polizeistation saß, nicht vergessen konnte. Konnte man sich tatsächlich daran gewöhnen, einen Vorgang wie heute Morgen als normal zu betrachten? Selbst die Schwarzen hatten sich nicht darüber aufgeregt. Sie kannten es wohl nicht anders. Und Thomas? Er wäre ins weiße Krankenhaus gegangen. Da war ich sicher.

So wie Jan die Geschichte am Tisch erzählte, hörte es sich an wie ein ganz normaler Unfall, wie er sich täglich in allen Ländern der Welt abspielt: Kind von Motorradfahrer angefahren, Krankenwagen wurde benachrichtigt, traf erst nach geraumer Zeit ein.

Ohm Piet nahm mich nach dem Essen beiseite.

»Sieh mal, Manfred. Dieser Herr da, der das schwarze Kind auf die Straße gestoßen hat, weil es falsch stand, das ist natürlich ein extremer Fall. Und er hat den Unfall sicher nicht gewollt. Es wäre ein gefundenes Fressen für deine Landsleute, diesen Dirk da zum Beispiel. Sie würden daraus eine Story über die Brutalität unseres Systems machen. Glaub mir, das kommt so oft auch nicht vor. Ich behandle meine Schwarzen auf der Farm zwar auch hart, aber gerecht.«

Auf seine Weise hatte er Recht. Er belohnte seine Arbeiter, wenn sie gute Arbeit leisteten, und bestrafte sie, wenn nicht. Wie seine Kinder, auf seine Weise gerecht.

Das Schlimme für mich war nur, dass seine Weise nicht mehr meine war.

»Außerdem

hatte der Junge gar kein Recht, dort zu stehen«, ergänzte Jan, der zu uns gestoßen war.

»Eben«, nickte Ohm Piet. »Und was Recht ist, muss Recht bleiben!«

Da konnte ich ihm zum ersten Mal an diesem Abend voll zustimmen. Nur: Wir benutzten die gleichen Worte, aber wir meinten etwas anderes.

Was war denn Recht in diesem Fall? Das Gesetz bestimmte, dass der Junge nicht in dem weißen Krankenwagen gefahren werden durfte. Aber hatte das Gesetz Recht? Konnten Gesetze nicht auch Unrecht festschreiben?

Und konnte ein System richtig sein, in dem Unrecht Gesetz war?

Wurde aus Unrecht Recht, sobald es einem als Gesetz entgegentrat?

Und wenn ich als guter Bürger diesem Gesetz folgte, war ich dann im Recht, obwohl ich das Unrecht zuließ?

Ich hatte die anderen ganz vergessen und schreckte erst aus meinen Gedanken hoch, als Ohm Piet mich rüttelte.

»Junge, du bist ja ganz durcheinander. Eins solltest du dir aber merken. Wenn du dich für eine Sache entscheidest, musst du das ganz tun. Du kannst nicht sagen: Rassentrennung ja, aber von den Konsequenzen für den einzelnen Menschen will ich nichts wissen. Wenn du eine Idee gut findest, musst du auch die Dinge mittragen, die nicht so schön sind. Glaubst du, der Junge heute Morgen war der erste Schwarze, der verunglückte?

Wenn wir auch nur eine Ausnahme machen, schaffen wir einen Präzedenzfall, und der erste Knacks im System ist da. Wie sagt ihr doch in Deutschland? Alles oder nichts.«

Ich hatte mich für »nichts« entschieden und wollte ihm das gerade mitteilen, als mir ein ziemlich scheußlicher Gedanke kam: Hatte ich vor einer Woche nicht auch noch wie Ohm Piet gedacht? Hätte ich auch vor einer Woche das, was heute passiert war, als Unrecht empfunden? Oder tat ich das nur, weil ich mich jetzt selber betroffen fühlte? Sah ich in dem schwarzen Jungen mich selber, dem irgendwann die Hilfe in einem Krankenhaus für Arier verweigert werden könnte? War es deshalb, dass ich auf einmal ein solches System für »Unrecht« hielt? Weil es mich einmal treffen könnte?

Ohm Piet lachte plötzlich: »Jetzt fange ich an zu verstehen, was dein Großvater in seinem letzten Brief sagen wollte. Er schrieb, dass du sehr zuverlässig seist, nur noch ein wenig zu weich. Du würdest noch zu viel nachdenken und fragen.«

Großvater schrieb ihm also. Das Wichtigste über mich aber hatte er nicht verraten.

»Und, wie hat dir eigentlich das Steak heute Abend geschmeckt?«

»Danke, schmeckte toll!«, sagte ich, froh, über etwas anderes reden zu können.

»Aber um an dies Steak zu kommen, haben wir ein Rind geschlachtet. Ohne totes Rind kein Steak.«

Ich sah ihn verwundert an.

»Wenn du ein Steak essen möchtest, musst du ein Rind

töten. Wenn du ein politisches System aufbauen willst, von dem du überzeugt bist, dass es als solches gut ist, geht das nicht ohne Verluste, Opfer.« Ohm Piet war sehr ernst geworden.

»Ja oder nein. Mit allen Konsequenzen. Dazwischen gibt es nichts. Und du hast dich für ›ja‹ entschieden. Denk an deinen Eid.«

Und das tat ich fast pausenlos. An den Eid und daran, wie ich wohl heil aus der Sache wieder herauskommen konnte. Obwohl ich genau wusste, dass ich schon viel zu tief drinsteckte.

13

Es war in einer der letzten Nächte, die ich auf der Farm verbrachte. Am Abend hatte Dirk angerufen, um mich an unsere Abmachung zu erinnern.

»Nach drei Wochen wolltest du zurück nach Johannesburg kommen. Wann kommst du?«

»Morgen«, wollte ich schon sagen, aber da Großvater Piet hinter mir stand, sagte ich nur: »Ich komme wie verabredet Ende der Woche. Am Samstag mit dem Zug, der gegen 17.00 Uhr in Johannesburg einläuft.«

Irgendwo war ich froh, Dirks Stimme zu hören.

Ich war spät eingeschlafen in dieser Nacht. Jan musste mich ziemlich lange rütteln, bevor ich wach wurde.

»Manfred! Steh auf! Der Geräteschuppen brennt!«

Als ich noch halb schlafend nach draußen taumelte, waren alle Farmbewohner, weiße und schwarze, schon auf den Beinen. Es qualmte und rauchte. Die Flammen kamen bereits aus den Fenstern. Dann stürzte mit einem lauten Krachen das Holzdach ein.

Ich weiß nicht, wie viele Eimer Wasser ich in dieser Nacht schleppte. Nach meinem Muskelkater am nächsten Tag zu urteilen, müssen es tausende gewesen sein. Wir arbeiteten verbissen, und zu meinem Erstaunen erkannte ich plötzlich Thomas neben mir.

Es gelang uns zwar zu verhindern, dass das Feuer auf die übrigen Gebäude übergriff, der Geräteschuppen, in dem auch die teuren Erntemaschinen standen, war jedoch nicht mehr zu retten.

Als das Feuer gelöscht war, schickte Jans Vater alle schlafen. »Aufräumen werden wir morgen.«

Am nächsten Morgen beim Gebet waren alle versammelt. Nur Thomas und sein jüngerer Bruder Steve fehlten. Bei Thomas war das normal. Steve dagegen war immer da gewesen. Sein Vater wich den Fragen von Ohm Piet verlegen und, wie mir schien, ängstlich aus.

Dann passierten zwei Dinge: Steve erschien weder zur Arbeit noch zum Essenausteilen, und in den verkohlten Überresten des Geräteschuppens wurde ein leerer Benzinkanister gefunden.

War es Brandstiftung? Wo war Steve? Geflüchtet?

Der Verdacht gegen Steve war umso härter, da Ohm Piet ihn erst am Vortag mit zwanzig Schlägen auf die Fußsohlen bestraft hatte, weil er zum wiederholten Mal Düngemittel von der Farm gestohlen und im benachbarten Homeland verkauft hatte.

Ohm Piet rief die ganze Familie zusammen und befragte sie. Auch Thomas erschien diesmal. Während die anderen den Kopf gesenkt hielten, als Ohm Piet seine Fragen stellte, blickte Thomas ihm direkt ins Gesicht.

Keiner sagte etwas. Auch als Ohm Piet mit Strafen drohte, schwiegen alle. Erst als er den kleinsten Jungen ergriff und so tat, als wolle er ihn stellvertretend für die anderen verprügeln, fing Thomas an zu reden. Er trug wieder sein T-Shirt mit den verbotenen Farben.

»Steve ist weggegangen«, sagte er.

»Weggegangen? Wohin? Warum? Wann?«

»Es war, bevor das Feuer entdeckt wurde. Er sagte, er müsse weg. Ich habe ihm Brot und Wasser mitgegeben. Wohin? Ich weiß nicht genau. Ich würde es auch bestimmt nicht sagen. Sicher über die Grenze. Mosambik, Swasiland. Wer weiß?«

Ohm Piet ließ den Jungen los, der, so schnell er konnte, davonrannte und in einer der Hütten verschwand.

»Er hat das Feuer gelegt. Gib's zu! Er war es.«

Er schrie Thomas zornig an. Alle bis auf Thomas zuckten zusammen und sahen Ohm Piet ängstlich an. Thomas sagte ganz ruhig: »Ich habe es nicht gesehen. Ich war nicht dabei. Aber ich kann dir sagen, dass er sich ungerecht behandelt fühlte.«

Ohm Piet schnappte nach Luft. Sein ganzer Stolz war es, dass er seine Schwarzen gerecht behandelte. Ungerechtigkeit hatte ihm noch keiner vorgeworfen.

»Steve hat sich falsch verhalten«, sagte Thomas. »Er hat gestohlen und ist erwischt worden. Du kannst ihm das Gestohlene von seinem Lohn abziehen. Oder ihm die Alkoholration streichen. Aber du hast kein Recht, ihn auszupeitschen!«

»Und wer sagt das?«

»Ich sage es.«

Ohm Piet war sprachlos. Also übernahm Jan die Führung. Jans Vater hielt sich wie immer aus solchen Streitigkeiten heraus.

»Ach, du sagst das? Wer bist denn du? Ein Schwarzer! Und darum hast du gar nichts zu sagen.«

Inzwischen hatte sich Ohm Piet von seinem Schock erholt. Er ging ins Haus und kam mit seiner großen Bibel zurück. Er schlug sie auf und zitierte mit lauter Stimme:

»Joch und Strick beugen den Nacken, und dem schlechten Sklaven gehören Block und Schläge.

Halte ihn also zur Arbeit an, damit er nicht untätig ist, denn vielerlei Bosheit lohnt der Müßiggang.

Stell ihn an die Arbeit, wie es sich für ihn gehört, wenn er nicht gehorcht, lege ihn in schwere Fußketten.«*

Ohm Piet holte tief Luft.

»Das sind die Worte Gottes. Und nur danach habe ich gehandelt. Hart, aber immer gerecht. Und du wagst zu behaupten, ich hätte deinen Bruder ungerecht behandelt!«

Er funkelte Thomas wütend an. Thomas' Vater zupfte seinen Sohn am Ärmel und schüttelte den Kopf.

* Jesus Sirach

»Entschuldige, Baas. Mein Sohn Steve hat Unrecht getan.«

»Mit dir rede ich nicht«, fuhr Ohm Piet ihn an.

»Ich will eine Antwort von dem da!«

Thomas stand ganz aufrecht da und sah ihm direkt ins Gesicht.

»Dein Gott hat auch gesagt, dass alle Menschen gleich sind. Hat er damit nur die Weißen gemeint? Mein Bruder hat Fehler gemacht. Er hat sich entschuldigt. Aber du glaubst, wir lernen erst, wenn du uns schlägst. Wer bist du, dass du deine Arbeiter mit dem Sjambok schlagen darfst?«

»Ich bin der Baas! Und damit du dir das auch ein für alle Mal merkst, werde ich dich ... nein, nicht schlagen. Deine Familie wird ihre Sachen packen und verschwinden. Bis morgen früh. Wen ich dann noch hier erwische, bekommt es doch mit dem Sjambok zu tun. Und ich möchte den sehen, der mich daran hindert.«

Thomas' Vater fiel auf die Knie.

»Wo sollen wir denn hin, Baas? Bitte, Baas, wir haben immer hier gelebt.«

Thomas zog seinen Vater hoch.

»Vor ihm brauchst du nicht zu knien. Sein Gott wird ihn schon bestrafen.«

Während ihn alle entsetzt anstarrten, fing Thomas mit lauter Stimme an zu reden:

»Weh denen, die unheilvolle Gesetze erlassen und unerträgliche Vorschriften machen, um die

Schwachen vom Gericht fern zu halten und den Armen meines Volkes ihr Recht zu rauben, um die Witwen auszubeuten und die Waisen auszuplündern.

Was wollt ihr tun, wenn die Strafe naht, wenn das Unwetter von fern heraufzieht?

Zu wem wollt ihr flüchten, um Hilfe zu finden, wo euren Reichtum verstecken?

Ihr werdet euch unter Gefangenen am Boden krümmen und werdet unter Erschlagenen liegen.

Doch bei all dem lässt sein Zorn nicht nach, seine Hand bleibt ausgestreckt.«

Sekundenlang – mir kam es vor wie Stunden – herrschte absolutes Schweigen. Die Schwarzen schwiegen vor Entsetzen, dass er es wagte, so mit dem Baas zu reden. Ohm Piet und Jan schwiegen, weil sie so etwas zum ersten Mal erlebten.

Schließlich brachte Jan hervor: »Bist du verrückt geworden? Wer sagt so etwas?«

»Der Prophet Jesaja im Zehnten Buch, Kapitel 1 bis 4.«

Ohm Piet schnaubte: »Woher hast du das Buch?«

Thomas lächelte ihn an.

»Die Bibel ist eines der Bücher, die nicht auf eurer schwarzen Liste stehen. Vielleicht solltet ihr sie auch verbieten. Es stehen noch mehr interessante Sprüche darin. Wer sich selbst erhöht, wird erniedrigt, und die Ersten werden die Letzten sein. Oder kennt ihr diesen ... ?«

Jan schob seinen Arm unter Ohm Piet, und gemeinsam verließen sie die Terrasse und gingen ins Haus. Ich blieb.

»Warum ärgerst du ihn immer? Er ist ein alter Mann.«

Thomas sah mich an.

»Mein Vater ist auch ein alter Mann. Der Unterschied ist nur, dass der weiße alte Mann den schwarzen alten Mann vom Hof jagen kann.«

»Du hättest ihn nicht so reizen dürfen.«

»Wie lange sollen wir noch stillhalten und Ja und Amen sagen? Irgendwann muss einer anfangen und Nein sagen. Sonst ändert sich nie was.«

Sie gingen davon, um zu packen. Am späten Nachmittag sah ich, wie die ganze Familie die Farm verließ. Thomas zog den Handkarren, auf dem sich Töpfe und Decken stapelten.

»Wo ziehen sie hin?«, fragte ich Jan, der neben mir stand und schweigend den Abmarsch beobachtete.

»Thomas' Vater ist ein Zulu, die Mutter ist eine Venda. Sie müssen eigentlich nach Kwazulu, dem Homeland der Zulus unten an der Küste. Aber ich glaube nicht, dass sie dorthin gehen werden. Sie leben seit Generationen hier oben und haben keine Verwandten im Homeland. Niemand von ihnen war jemals dort. Die Kinder sprechen zwar ein wenig Zulu und Venda, aber untereinander meist Afrikaans.«

»Wo gehen sie dann hin?«

»Vielleicht zu Thomas' Onkel. In der Nähe von Pietersburg liegt eine schwarze Siedlung, ein ›Black Spot‹. Dort leben schon viele schwarze Squatters, die von weißen Farmen oder aus den Städten geflüchtet sind und dort illegal, ohne ein Wohnrecht zu haben, auf weißem Gebiet siedeln. Aber sie haben dort kein Wohnrecht, leben illegal auf weißem Gebiet. Aber sie werden bald verschwinden müssen. Der Ort wird umgesiedelt. Weiße Gebiete sollen weiß werden. Die Schwarzen werden am Rande der Homelands in neu errichteten Häusern untergebracht.«

»Und die Leute machen das einfach so? Oder mit Gewalt?«

»Ist auch schon vorgekommen. Wer verlässt schon gerne den Ort, wo seine Familie seit Generationen lebte? Aber die Regierung hat ihre Leute extra angewiesen, dass den Schwarzen mit Respekt und Sympathie begegnet werden soll. Sie sollen nicht denken, sie sind in weißen Gebieten nicht mehr willkommen.«

»Na ja, das heißt es aber doch, wenn ihr die ›schwarzen Flecken‹ ausradieren wollt.«

»Sie sollen einsehen, dass die Politik der Regierung mit der getrennten Entwicklung richtig ist.«

»Und wenn sie das nicht tun?«

»Oh, der Bürgermeister stimmt meist zu. Notfalls muss man sich einen kaufen, der zustimmt. Aber keine Gewalt!«

»Und wer nicht gehen will?«

»Du kannst Fragen stellen! Irgendwann reicht's natürlich. Und dann rücken die Bulldozer an und reißen die Häuser ab. Ist doch logisch. Aber das ist ihre Schuld.

Wir wollen doch nur, dass Weiße und Schwarze friedlich zusammenleben. Und das geht eben nur, wenn wir sie trennen. Mischungen egal welcher Art – Heirat oder Siedlung – bringen nur Konflikte. Also lieber weiße Gebiete und schwarze, statt schwarzweiße. Das ist gerecht und dient dem Frieden.«

Ich sah den kleinen Jungen vor mir, an dem zwei Krankenwagen vorbeigefahren waren. Gerechte Trennung? Außerdem wusste ich, dass die gerechte Aufteilung des Landes darin bestand, 87 Prozent der Bevölkerung auf 13 Prozent des nicht einmal fruchtbarsten Landes zusammenzuführen.

Und trotzdem stand Jan neben mir und erzählte mit tiefer Überzeugung vom Frieden und der Gerechtigkeit des Systems. Und das war es, was mich so unsicher machte. Es gab nichts Festes mehr, an das ich mich halten konnte. Bei Großvater zu Hause war alles so klar gewesen. Man musste sich nur an die Linie halten. Und hier, wo die Rassengesetze keine Theorie mehr, sondern Wirklichkeit waren, hier schien gut oder böse, falsch oder richtig nur eine Frage des Standpunktes zu sein. In diesen Tagen und Wochen, wo ich hin und her schwamm, ohne zu wissen, in welche Richtung, da gab es nur eines, was ganz fest stand: Wenn der kleine Junge dort auf dem Bürgersteig hat sterben müssen, weil die Farbe des Krankenwagens nicht zu seiner Hautfarbe passte, dann war das Unrecht, egal auf welcher Seite man stand. Dafür gab es keine Entschuldigung, keine noch so schön klingende Erklärung.

14

Sie brachten mich nach Pietersburg an den Zug nach Johannesburg, Jan und Ohm Piet. Es tat ihnen ehrlich Leid, dass ich fahren musste.

»Komm uns bald wieder besuchen, mein Junge«, sagte Großvater Piet zum Abschied und schüttelte mir die Hand. »Du bist jederzeit bei uns willkommen. Wann immer du willst. Du kannst auch für länger bleiben, wo du doch noch keine Lehrstelle in Deutschland hast. Überleg es dir. Hier auf der Farm haben wir Arbeit genug für dich.«

Auch Jan wollte, dass ich wieder kam. Er versprach sogar, mich in Johannesburg zu besuchen. Er hatte Freunde bei der südafrikanischen Polizei und wollte mich einmal auf einem Hippo, einem gepanzerten Polizeiwagen, mitfahren lassen.

Der Abschied von Jans Eltern hatte sich ebenso herzlich gestaltet. Es waren alles nette, unheimlich gastfreundliche Menschen, die mich, ohne mich vorher zu kennen, als einen der Ihren in die Familie aufgenommem hatten.

Da saß ich dann also im Zug, winkte ihnen ein letztes Mal zu und hatte ein schlechtes Gewissen, denn ich war froh, von der Farm wegzukommen, weil ich nachdenken musste, über mich und Großvater und darüber, was jetzt werden sollte.

Ich hatte geglaubt, ich könnte einen Strich unter alles ziehen und neu anfangen, aber nach dem gestrigen Abend schien doch alles schwieriger zu werden.

Ohm Piet hatte mich nach dem Abendessen in sein Arbeitszimmer gerufen. Ganz feierlich sah er aus.

»Also, Manfred«, fing er an. »Du weißt, dass ich dich gern habe und dir voll vertraue. Aber es gibt einige in der Bewegung, die sind misstrauisch. Du weißt ja, die Geschichte mit der jüdischen Frau von deinem Großvater. Sie ist ja im Grunde geklärt, aber, na ja, du kennst das ja. Es gibt da immer diese ewigen Zweifler.«

Schon bei seinen ersten Worten wurde mir ganz kalt im Kopf, und ich dachte, jetzt ist es passiert, sie haben es herausbekommen.

»Um jeden Zweifel an deiner Zuverlässigkeit auszuräumen, sollst du so eine Art Bewährungsprobe ablegen.«

Ich atmete auf. Sie wussten doch nichts.

»Du wirst ja jetzt mit diesem Dirk sechs Wochen bei der Familie Henning wohnen. Er ist Journalist, und in seinem Haus treffen sich oft Gegner der Regierung. Es sollen sogar Schwarze vom ANC dort verkehren! Man konnte ihm das bisher nur nicht nachweisen.«

»Woher weißt du das alles?«

Ohm Piet lächelte. »Es ist unsere wichtigste Aufgabe, unsere Gegner zu kennen. Und diese Familie Henning beobachten wir seit langem. Der Vater schreibt Artikel, die ziemlich hart an der Grenze zum Landesverrat

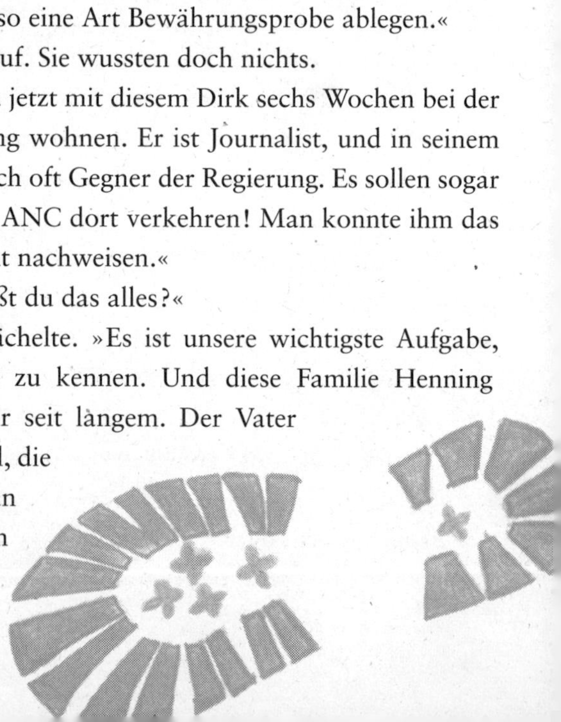

liegen: Gleichberechtigung der Schwarzen und so weiter. Der Sohn organisiert Studentenversammlungen und hält aufrührerische Reden, und die Mutter demonstriert gegen den Abriss von stinkenden Slumsiedlungen.

Du kannst dir sicher denken, dass das Vertrauen in dich nicht gerade verstärkt wurde, als unsere Leute hörten, du würdest ausgerechnet bei dieser Familie wohnen.«

»Ja, aber dafür kann ich doch nichts. Das hat Dirk so abgemacht. Und Dirk ist Mutters Freund. Sonst hätte ich gar nicht kommen können. Ich habe mit ihm und seinen Freunden nichts zu tun. Ich kenne die Familie gar nicht.«

Die Worte waren draußen, ehe ich es verhindern konnte. Ich schämte mich, dass ich Dirk so verleugnete.

Ich konnte mir denken, was sie mit Spitzeln machten. Wer würde mir noch glauben, dass ich bis vor einer Woche selber nichts von meiner jüdischen Großmutter gewusst hatte? Und auch jetzt waren es doch alles nur Vermutungen. Ich musste erst mit Großvater sprechen.

Ohm Piet klopfte mir beruhigend auf die Schulter.

»Ich weiß das doch alles. Aber trotzdem musst du verstehen, dass es für die anderen verdächtig aussehen kann. Vor allem für die Jüngeren, die deinen Großvater nicht kennen und nicht wissen, dass er absolut vertrauenswürdig ist und uns niemals ein faules Ei ins Nest gelegt hätte.«

Es war beruhigend zu wissen, dass Ohm Piet nicht ahnte, wie faul das Ei tasächlich war, und so bemühte ich mich, so unverkrampft wie möglich über seinen Witz zu lachen.

Schließlich beruhigte er sich wieder und meinte: »Kurz und gut, sie wollen einen handfesten Beweis für deine Loyalität. Und außerdem bietet sich uns hier eine gute Gelegenheit, endlich etwas über die Besucher bei Hennings herauszubekommen.

Dein Großvater schreibt, dass du geübt bist im heimlichen Fotografieren von Menschen.«

Aus seiner Schreibtischschublade zog er einen Kugelschreiber und eine kleine Kamera.

»Dies hier ist ein Apparat, mit dem du gestochen scharfe Aufnahmen machen kannst, auch in schlecht beleuchteten Räumen. Es wird bei dir nicht auffallen, wenn du bei jeder Gelegenheit Erinnerungsfotos für zu Hause schießt. Sieh zu, dass du die Gesichter voll erwischst. Willst du ganz unauffällig sein, nimm diesen Kugelschreiber.«

Er zeigte mir, wo der Auslöser und die Linse waren. »Ich soll die Leute bespitzeln?«

»Du sollst sie beobachten und fotografieren, vor allem die Schwarzen und Farbigen.«

»Was wollt ihr mit den Fotos?«

»Ich glaube, schon dein Großvater hat dir gesagt, dass du dich daran gewöhnen musst, zu gehorchen, ohne nach den Gründen zu fragen. Das gilt auch bei uns. Nur so viel: Die Schwarzen fangen an, sich zu organisieren. Mietboykotts, Schulstreiks und Terroranschläge sind die Folge. Alles gesteuert vom ANC. Und der geht nach dem Motto vor: ›Lasst uns jeden Winkel des Landes in ein Schlachtfeld verwandeln.‹ Das ist ein wörtliches Zitat ihres Anführers.«

»Nelson Mandela?«

»Nein, der sitzt zum Glück seit 25 Jahren hinter Gittern. Oliver Tambo heißt der Mann. Er stiftet vom Ausland die

Schwarzen zum Aufstand an. Und seit der UDF verboten ist, sind die Führer in den Untergrund abgetaucht. Sie sind geschickt, das muss man ihnen lassen. Tauchen hier auf einer Beerdigung auf, dort in einer Kirche. Und natürlich in Privatwohnungen wie bei den Hennings. Aber ehe die Polizei davon erfährt und reagieren kann, sind sie auf und davon. Wir haben überall unsere Leute, auch unter den Schwarzen, aber bislang haben wir Pech gehabt. Also halt die Augen auf. Bis jetzt ist es nicht gelungen, den Hennings etwas nachzuweisen. Sie sind sehr vorsichtig. Im letzten Moment ist es immer gescheitert, einen der unseren dort einzuschleusen.

Insofern bist du ein Glücksfall für uns. Aber sei vorsichtig. Wenn sie dich erwischen, werden sie dich nicht lange nach deinen Gründen fragen. Mit Spitzeln gehen sie genauso hart um wie wir. In diesem Punkt sind wir uns einig.«

Vielleicht hörte nur ich in diesem letzten Satz eine leise Drohung. Wahrscheinlich war ich zu nervös. Woher sollte er etwas ahnen?

Nur Thomas wusste Bescheid, und der war weit weg. An der Wand neben der Tür hing an einem Haken griffbereit der Sambjok mit dem kunstvoll geflochtenen Ledergriff, den Ohm Piet bei seinen Ausritten immer mit sich führte. Würde er auch einen Weißen schlagen? Ich wollte es lieber nicht darauf ankommen lassen.

Und jetzt saß ich also im Zug und fuhr in Richtung

Egoli, der Goldstadt, wie die Schwarzen Johannesburg nannten.

Ich hatte keine Ahnung, wie es weitergehen sollte. Natürlich würde ich niemanden verraten, aber wen sollte ich fotografieren, wenn sie auf den Fotos bestanden? Wem schadete es nicht? Oder würde ich auf diese wahllose Weise Unschuldige in Verdacht bringen? Und wenn ich mich gar nicht meldete? Wie lange würden sie sich hinhalten lassen?

Von der Landschaft, durch die wir fuhren, bekam ich nichts mit. Ich war froh, als der Zug gegen 17.00 Uhr in Johannesburg einlief. Der Bahnsteig leerte sich langsam. Kein Dirk zu sehen, der mich abholen wollte.

Statt auf dem Bahnsteig zu warten, wanderte ich kreuz und quer über das Bahnhofsgelände. An einer Ecke traf ich auf die fliegenden Händler, die Fleisch, Schuhe und Creme zum Bleichen und Glätten der schwarzen Haare verkauften.

Irgendwie muss ich dann durch den Eingang für Nichtweiße gelangt sein. Jedenfalls befand ich mich auf einmal auf einem Bahnsteig wieder, wo die Züge nach Soweto abfuhren. Wohin ich sah, nur schwarze Gesichter. Manche grinsten mich an. »You are on the wrong platform!«, sprach mich einer an. Die meisten beachteten mich zum Glück gar nicht.

Dann gab es welche, die die Faust erhoben, als sie mich sahen. Einer rief: »Amandla Ngawethu!« Alle Macht dem Volk! Um mich herum fielen andere ein.

»Amandla Ngawethu!«

Ich fühlte mich bedroht, und obwohl mir keiner etwas

tat, sah ich in jedem schwarzen Gesicht einen Tootsie, einen dieser in Banden organisierten Jugendlichen. Sie überfielen vor allem an Zahltagen andere Schwarze, stachen sie nieder und klauten den mühsam erworbenen Wochenverdienst.

Immer mehr Schwarze kamen die Treppe herauf. Gegen diesen Strom anzukommen, war unmöglich. Ich wäre zertrampelt worden, auch ohne böse Absicht.

Ich hoffte, dass endlich ein Zug einfuhr. Es kam denn auch einer, aber die Menge auf dem Bahnhof wurde nicht weniger. Es rückten immer mehr nach.

Ich drückte mich in eine Ecke und wünschte, ich wäre weniger weiß. Dabei war ich nicht einmal mehr ihr Gegner. Ich war in einer ähnlichen Lage wie sie. Mein Blut hatte auch nicht die richtige Farbe. Aber das konnten sie nicht wissen. Ich war weiß, und weiß waren die Soldaten, die ihre Townships bewachten, weiß waren die Polizisten, die nachts ihre Häuser durchsuchten. Weiß war die Farbe, die sie hassten.

»Greift an, geht voran, gebt dem Gegner kein Pardon – Auge um Auge, Zahn um Zahn!« Oliver Tambo.

Ich sah dem Auszug der Schwarzen zu, die in der weißen Stadt des Nachts unerwünscht waren. Sie waren so viele! Was würde passieren, wenn sie das eines Tages merken würden? Wenn sie umkehrten und ihrerseits die Weißen aus der Stadt treiben würden?

Die Züge, die abfuhren, waren total überladen. Die Menschen quollen aus Fenstern und Türen, hockten auf den Dächern der Waggons oder hielten sich von außen fest.

Und es kamen immer mehr.

Ich weiß nicht, wie lange ich dagestanden habe. Minuten, Stunden. Für mich waren es Tage. Endlich ließ die Flutwelle nach, und ich stolperte mit zittrigen Knien die Treppe zum Ausgang hinunter.

Ich verstand jetzt, warum Jan und Ohm Piet von der »Swaart Gefahr« sprachen.

Sie alle hatten Angst. Was würde die Mehrheit der Schwarzen mit ihnen machen, wenn sie anfingen, über Zahlen nachzudenken? Dreiundzwanzig Millionen Schwarze gegen fünf Millionen Weiße, die Farbigen und Asiaten gar nicht mitgerechnet.

Wie hatte Jan neulich gesagt? »Wie können wir frei bleiben, wenn wir den Schwarzen Freiheit gewähren? Wir oder sie.«

Klar, wofür er sich entschied. Gegen die schwarze Flut hätten er und Ohm Piet keine Chance. Was würden die schwarzen Arbeiter auf der Farm mit Ohm Piet, der sich das Recht nahm, sie zur Strafe auszupeitschen, machen, wenn ihnen das eines Tages bewusst werden würde? Wenn sie merkten, dass es nicht die Hautfarbe ist, die den einen von Natur aus zum Herrschen, den anderen zum Gehorchen bestimmt, sondern eine von Menschen geschaffene Ordnung, die man ändern kann?

Was blieb ihnen also, als sich zu verteidigen, indem sie sich weigerten, die Macht mit den Schwarzen zu teilen? Es wäre glatter Selbstmord bei den Zahlenverhältnissen.

Soweit verstand ich sie. Es blieb nur die Frage, ob Ohm Piet zu seiner Selbstverteidigung andere Menschen so sehr erniedrigen durfte. Und das alles nur, weil er ihnen beigebracht hatte, dass der weiße Mann die göttliche Ordnung vertrat, gegen die zu rebellieren Sünde war.

Ich war ein wenig überrascht über meine Gedanken. Es waren Satzfetzen und Ideen aus Büchern, die Mutter mir zu lesen gegeben hatte. Ich wusste gar nicht, wie viel ich daraus behalten hatte. Es musste eine Schublade in meinem Kopf gegeben haben, in der das alles aufbewahrt war. Nur war bislang der Weg dorthin versperrt, weil ich auf einer anderen Schiene lief. Jetzt war offensichtlich die Weiche verstellt worden.

»Da bist du ja, Daniel! Ich habe schon auf der Farm angerufen, ob du vielleicht den Zug verpasst hast. Geht es dir nicht gut?«

Dirk stand mit einem erleichterten Gesicht vor mir. Ich murmelte etwas von verirrt und Weg verloren. Dirk fragte nicht weiter.

Das mag ich an ihm. Er versteht, dass einem manchmal nicht nach Antworten zumute ist.

Auch als wir durch die Stadt fuhren, Richtung Melrose, dem weißen Vorort, in dem die Familie Henning lebte, fragte er nicht, wie es auf der Farm gewesen war oder all die Dinge, die Mutter bestimmt hätte wissen wollen.

Er sagte nur: »Schön, dass du wieder da bist, Daniel.«

Und mir gefiel es, wieder Daniel zu sein, obwohl es ungewohnt war. Als Manfred hatte ich mich die letzten Tage nicht mehr wohl gefühlt.

Aber Daniel war ich auch nicht ganz. Ich meine ein Daniel, der seine jüdische Großmutter nicht ängstlich versteckt, sondern stolz auf sie ist. Ich war zu diesem Moment wohl mehr der Bindestrich zwischen beiden Namen, noch nicht sicher, für welchen ich mich entscheiden sollte. Ich konnte Großvater und all die Jahre, die wir miteinander verbracht hatten, die Arbeit in unserem Buchladen nicht einfach so beiseite schieben.

Dort bei Großvater war alles, was mir wichtig war, die Kameraden, die gemeinsamen Fahrten, das Singen am Lagerfeuer. Dort gehörte ich hin, das heißt, hatte ich hingehört.

Warum wollte Großvater nicht, dass ich es erfahre? Er wollte doch offensichtlich, dass ich dazugehörte. Wenn er von Ariern sprach, hatte er mich doch auch gemeint, obwohl ich es nicht war.

Wollte er die Wahrheit verdrängen, weil er mich gern hatte? Und wenn ich auch so tat, als wüsste ich von nichts? Ich würde Großvater nicht fragen. Ich tue so, als wäre nichts passiert. Wenn Großvater bis jetzt geschwiegen hat, wird er weiter schweigen. Ich muss doch eigentlich nur diese Liste mit den Besuchernamen schreiben, ein paar Fotos anfertigen, und sie werden mir weiter vertrauen!

Teil III

Die Familie Henning wohnte in einer Villa in einem der vornehmen Vororte von Johannesburg. Zwischen viel Grün lagen rechts und links von der Straße die Häuser der Weißen, die hier allein das Recht hatten, zu wohnen und Grundbesitz zu erwerben. Viel sah man von den Häusern nicht, denn sie waren ausnahmslos von hohen Gartenmauern umgeben.

Das Taxi hielt vor einem Gartentor. Auf unser Klingeln öffnete ein schwarzer älterer Mann die Tür. Er begrüßte Dirk wie einen guten Bekannten, und im ersten Schreck dachte ich schon, dies sei Herr Henning. Es wäre Dirk zuzutrauen, bei einer schwarzen Familie zu wohnen, wobei ich natürlich ganz übersah, ein Schwarzer als Hausbesitzer wäre an diesem Ort völlig gesetzwidrig.

Jedenfalls war ich ziemlich erleichtert, als Dirk mich vorstellte und dann sagte: »Das hier ist Sam, Mädchen für alles in diesem Haushalt.«

Wir gingen den gepflasterten Weg zum Haus hinauf, das in einem parkähnlichen Garten lag. Gepflegte Rasenfläche, sauber geharkte Wege zwischen bunten Blumenbeeten. Ich konnte Wasser blinken sehen. Wahrscheinlich ein Swimmingpool. Zwei Tennisplätze gab es übrigens auch, wie sich später herausstellte. Die Familie Henning gehörte jedenfalls nicht zu den armen Weißen, so viel stand jetzt schon fest.

Und vielleicht war dies auch die Erklärung, warum sie, wie Ohm Piet gesagt hatte, für die Gleichberechtigung der Schwarzen waren. Als wohlhabende Weiße konnten sie es sich leisten, liberal zu sein, denn sie brauchten im Falle einer Gleichstellung der Schwarzen zumindest nicht deren wirtschaftliche Konkurrenz zu befürchten.

Im Haus kam uns Frau Henning entgegen. Ich schätzte sie auf Mitte Vierzig, etwas älter als Mutter. Sie hatte kurz geschnittene Haare, eine Brille und Lachfältchen um die Augen.

Das war also die Frau, die sich nach Großvater Piets Meinung überall dort einmischte, wo sie aufgrund ihrer Hautfarbe nichts zu suchen hatte. Beim Abriss von schwarzen Slumvierteln in der Umgebung von Johannesburg lief sie den Bulldozern vor die Räder, vor Gericht hatte sie schon wiederholt für die Schwarzen ausgesagt. »Zeugnis gegen einen weißen Blutsbruder abgelegt«, so klang es in Ohm Piets Formulierung.

Tatsächlich arbeitete Frau Henning beim Black Sash, einer Organisation weißer Frauen, die den Schwarzen bei den täglichen Problemen mit den unendlich vielen Paragraphen, die ihr Leben bestimmten, halfen.

Aber das erfuhr ich erst später. Auf den ersten Blick

konnte ich sie mir jedenfalls so gar nicht mit einem Plakat um den Hals in der Nähe von stinkenden Slums vorstellen.

Sie begrüßte mich freundlich und nahm mich gleich mit die Treppe hinauf in den ersten Stock. Das Zimmer, in das sie mich führte, war sehr groß mit Blick auf den Swimmingpool. An einer Seite stand ein Holzbett, unter dem Fenster eine Gartenliege.

»Das ist Franks Zimmer«, erklärte sie. »Dirk hat das Gästezimmer belegt. Frank ist noch an der Uni. Er wird sicher wieder erst spät kommen. Du kannst es dir ja schon mal gemütlich machen.« Sie blieb einen Moment an der Tür stehen.

»Ich denke, ihr werdet euch gut vertragen. Und wenn er mal etwas unfreundlich ist, mach dir nichts draus. Frank ist im Grunde ein ganz verträglicher Junge. Also bis gleich.«

Ich blieb mit meinem Koffer alleine zurück. Ein kleiner Seitenschrank war für mich leer geräumt worden. Überhaupt wirkte das Zimmer ziemlich aufgeräumt, so unbewohnt. Selbst auf dem Schreibtisch neben dem Holzbett lag nur ein einsamer Bleistift. Ob dieser Frank sein Zimmer freiwillig mit mir teilte? Bestimmt nicht. Wahrscheinlich war er von seiner Mutter mehr oder weniger sanft überredet worden.

Da wir mit dem Abendessen noch warten mussten, bis der Herr des Hauses kam, und ich andererseits keine Lust hatte, meinen Koffer auszupacken, fischte ich mir nur meine Badehose heraus und ging wieder hinunter, um den Swimmingpool auszuprobieren.

Das Wasser war herrlich kalt, als ob es gerade frisch eingelassen und noch nicht von der südafrikanischen Sonne aufgebrüht worden war. Ich schwamm hin und her, bis meine Arme müde wurden. Dann drehte ich mich auf den Rücken und ließ mich treiben.

Als ich mit meinem Handtuch um den Hals nach einiger Zeit durch die Verandatür zurück ins Haus gehen wollte, hörte ich Stimmen aus dem Wohnzimmer. Da mein Name fiel, blieb ich stehen.

Dirks Stimme erkannte ich sofort. Die Frauenstimme gehörte wahrscheinlich Frau Henning. Dann war da noch jemand, eine junge Stimme. Sie redeten über mich. Ich drückte mich eng an die Wand und hörte zu.

Der Mann, dessen Stimme ich nicht kannte, schien ziemlich ärgerlich zu sein.

»Mutter, ich habe dir gesagt, dass ich Daniel nicht in meinem Zimmer haben will. Tut mir Leid, Dirk. Das geht nicht gegen dich. Ich weiß, dass du auf unserer Seite bist. Aber dieser Daniel!«

Das war offensichtlich Frank. Dann die Frauenstimme.

»Ich glaube nicht, dass Daniel in deinen Papieren herumschnüffeln wird.«

»Und wenn doch? Es geht ja nicht darum, dass ich meine alten Schulzeugnisse vor ihm verheimlichen will. Aber bei mir liegen ständig Protokolle und Pläne für Streiks und Boykotts herum. Gerade jetzt, wo wir den Generalstreik vorbereiten. Oder meine Briefe. Oder Anrufe. Ich müsste ständig auf der Hut sein. Stellt euch bloß vor, Daniel ist nicht so harmlos, wie ihr alle glaubt. Wenn er nun den Auftrag hat, uns zu beschnüffeln? Dirk hat doch selbst gesagt, dass er in Deutschland in einer rechtsradikalen Gruppe mitgemacht hat. Und dann war er auf dieser Farm, wo doch jeder weiß, wer sich da trifft.«

Keiner sagte etwas. Dann sprach Frank weiter.

»Ich war von Anfang an dagegen, dass er hierher kommt. Es ist zu gefährlich. Denk nur an die Party in einer Woche. Da könnt ihr sehen, wie ihr ihn für den Abend loswerdet. Oder soll er vielleicht Joe oder Molefe hier treffen und sie dann womöglich verraten?«

Ich spähte vorsichtig ins Wohnzimmer. Dirk und Frau Henning saßen auf dem Sofa, während Frank aufgeregt im Zimmer hin und her lief. Frau Henning war die ganze Diskussion offensichtlich peinlich.

»Du übertreibst, Frank«, sagte sie gerade. »Lerne ihn doch erst mal kennen. Er scheint ein ganz netter Kerl zu sein.«

Ich kam mir ziemlich bescheuert vor, so hinter der Tür zu stehen und zu erfahren, dass ich ein »netter Kerl« war und dann auch noch zu wissen, dass es ja eigentlich nicht stimmte.

Dirk saß etwas ratlos in seiner Sofaecke. Schließlich sagte er: »Ich glaube auch nicht, dass Daniel gefährlich ist. Es stimmt, dass er in Deutschland in eine Gruppe hineingeraten ist, die das Hitlerreich neu erstehen lassen will.

Schuld hat sein Großvater. Deshalb habe ich ihn ja hierher mitgenommen.

Auf die Farm durfte er nur fahren, damit er keinen Verdacht schöpft, dass ich ihn sozusagen auf den richtigen Weg zurückführen will. Er soll mit eigenen Augen erleben, was es bedeutet, in einem rassistischen Staat wie diesem leben zu müssen.«

»Ah ja, und bis er das begriffen hat, verrät er erst noch einige von uns. Dieser Preis ist ein wenig hoch, findest du nicht? Das hier ist doch kein Kinderspiel. Du weißt genau, dass er nur ein paar Namen weitergeben muss, und wir sitzen alle im Gefängnis.«

Dirk schüttelte den Kopf.

»Er wird niemanden verraten. Das verspreche ich dir.«

»Nichts gegen dein Versprechen, aber das reicht mir in diesem Fall nicht. Wir werden ihn ein wenig bewachen lassen.«

»Frank!« Frau Henning schien entsetzt. »Er ist immerhin unser Gast, vergiss das nicht. Und es sind doch nur Vermutungen. Du hast nicht den leisesten Beweis, ja, du kennst ihn nicht einmal.«

»Keine Sorge, Mutter. Er wird nichts davon merken. Ich weiß jemanden, der sich in solchen Dingen auskennt.«

Frau Henning sah Dirk fragend an.

»Lass nur!«, meinte er. »Wenn es Frank beruhigt, soll er ihn beobachten lassen.

Außerdem gibt es ein sicheres Mittel, Daniel im Notfall auf der Stelle zu bekehren. Er ist nämlich kein ›Arier‹, wie er glaubt. Seine Großmutter war Jüdin und ist im KZ umgekommen, nachdem sich sein Großvater von ihr getrennt hat, um wegen seiner Karriere in der SS eine ›Arierin‹ heiraten zu können.«

Frank pfiff leise.

»Warum erzählst du ihm das nicht gleich? Das kann uns viel Ärger ersparen!«

»Weil ich möchte, dass er von sich aus erkennt, dass es falsch ist, Menschen aufgrund ihrer Hautfarbe oder ihres Blutes in klug und dumm, gut und böse einzuteilen. Er soll sich auf unsere Seite stellen, weil er einsieht, dass sein Großvater den falschen Weg geht. Und nicht, weil sich die Umstände für ihn ändern.«

»Und du meinst, das wird klappen?«

»Ich bin sicher. Daniel ist nur verführt worden. Er kennt nichts anderes als die Ideen seines Großvaters, und der ist einer dieser unverbesserlichen alten Nazis, die alte Zeiten wieder auferstehen lassen wollen.«

Das also war Dirks Plan. Ich hatte schon geahnt, dass er mich nicht deshalb nach Südafrika mitgenommen hatte, um mir ein paar schöne Ferienwochen zu verschaffen.

Und er wusste von meiner jüdischen Großmutter. Mutter musste es ihm erzählt haben. Warum nicht auch mir? Was muss er über mich gelacht haben, als wir vor drei Wochen hier ankamen. Er hat mich ganz bewusst in Situationen gebracht, um zu beobachten, wie ich in meinem Arierstolz reagierte. Und er hat die ganze Zeit gewusst, dass ich auf etwas stolz war, was ja gar nicht existierte: meine Reinrassigkeit. Pfui Teufel!

Warum haben sie mir nicht gleich in Deutschland die Wahrheit gesagt? Ich soll mich von innen her ändern, nicht weil sich die Umstände geändert haben! Wenn er wüsste, dass ich ja längst dabei war, meine Lektion zu lernen. Aber das werde ich ihm nicht sagen. Soll er sein Spiel machen. Ich werde ihn noch eine Weile zappeln lassen.

Eines war mir in jener Stunde dort auf der Terrasse aber gleich klar geworden. Jetzt, wo auch Dirk, Frank und seine Mutter Bescheid wussten, würden es irgendwann einmal alle wissen, auch Jan und Ohm Piet. Was immer Großvater mit seinem Verschweigen vorgehabt hatte, es war nur noch eine Frage der Zeit, bis es herauskommen würde.

Was mich am meisten ärgerte, war die Erkenntnis, dass sie mich alle irgendwie benutzten, dass ich immer Teil eines Planes war, auf den ich keinen Einfluss haben sollte.

Ich schlich mich zunächst einmal zurück zum Swimmingpool, tauchte noch einmal unter, um mich abzukühlen, und ging dann laut pfeifend ein zweites Mal zum Haus.

Diesmal hörten sie mich, und als ich ins Wohnzimmer kam, standen sie alle so verkrampft herum und plauderten betont lässig über das Wetter, dass es zum Lachen war.

Frank begrüßte mich etwas frostig, aber mit sehr viel Selbstbeherrschung, und ich fragte mich, während ich ihm

freundlich lächelnd meine Hand reichte, wo er wohl all seine wichtigen Papiere vor mir versteckt hielt. Na, vielleicht bekam ich das ja noch heraus. Ich malte mir genüsslich den Schreck aus, den er bekommen musste, wenn er sein Versteck leer vorfinden würde.

Dabei lag er mit seinen Verdächtigungen im Grunde genau richtig. Und wenn ich das mit meiner jüdischen Großmutter nicht gewusst hätte, ob ich dann nicht den Befehlen der Bewegung gehorcht hätte? Schließlich hatte ich gelernt, zu gehorchen ohne nachzudenken, oder besser, Großvater hatte versucht, mir das beizubringen, mit mäßigem Erfolg, wie er oft verärgert bemerkte.

Na, ich würde Dirk und Frank noch eine Weile zappeln lassen. Jetzt würde ich zur Abwechslung mal einen Plan machen, in dem andere ihre vorbestimmte Rolle hatten und ich die Fäden zog.

Vor allem Dirk mit seinem heimlichen Umerziehungsprogramm wollte ich eins auswischen. Warum hatte er nicht offen mit mir geredet? Aber hätte ich ihn verstanden? Ihm geglaubt?

Auf diese Frage wird es wohl nie eine Antwort geben, und das ist bedauerlich, denn ich hätte gerne gewusst, ob es ausreicht, wenn dir jemand sagt, du bist auf dem falschen Weg, oder ob du tasächlich erst erleben musst, was ich erfahren habe, um zu begreifen, dass es völlig unwichtig ist, welches Blut und welche Hautfarbe ein Mensch hat.

2

Das Abendessen wurde aufgetragen. »Mein Mann kommt später«, sagte Frau Henning. »Er hat mal wieder Schwierigkeiten, seinen Artikel durchzubringen.«

Als ich sie fragend ansah, erklärte sie: »Es wird in letzter Zeit immer schwieriger, einen kritischen Artikel zu schreiben, ohne gegen eine der Regierungsverfügungen zu verstoßen. Bill spricht darum fast jeden Artikel vor dem Druck mit dem Rechtsberater der Zeitung durch.«

Als Herr Henning dann am späten Abend erschien, wirkte er sehr müde und zerstreut.

»Na, Daniel, wie war's auf der Farm?«, begrüßte er mich und schüttelte mir die Hand. »Hast du gelernt, wie man Mais und Gemüse anbaut?«

»Er hat wahrscheinlich gelernt, den Sjambok zu bedienen!« Das war Frank, und es ärgerte mich, dass ich rot wurde.

»Es war ganz interessant«, sagte ich nur. »Wir haben viele Ausflüge gemacht.«

»Auch nach Lebowa? In eine der schwarzen Siedlungen im Homeland auf dem staubigen Land? Dort, wo die Kinder mit den aufgeblähten Hungerbäuchen wohnen? Aber nein, sicher habt ihr euch nur die Schokoladenseite des Landlebens angesehen. Von einer weißen Farm zur anderen.«

»Frank, nun lass ihn doch in Ruhe!«

Frau Henning hatte offenkundig Mitleid mit mir. Brauchte sie nicht. Ich konnte mich gut allein verteidigen.

»Wir waren auch auf dem Land. Die Schwarzen leben dort mitten in der unberührten Natur. Sehr malerisch. Ich habe viele Fotos gemacht.«

Nun hatte ich sie alle schockiert. Frank warf seiner Mutter einen »Siehste-was-hab-ich-gesagt-Blick« zu und verschwand nach oben. Wir hörten ihn poltern. Wahrscheinlich schleppte er alle wichtigen Unterlagen aus seinem Zimmer.

Nach einer Weile kam er mit einer Aktentasche in der Hand ins Zimmer und erklärte, er müsse noch unbedingt zu einem Freund. Franks Vater hatte als Einziger nicht so ganz den Zusammenhang durchschaut. Er fragte mich weiter nach meinen Erfahrungen auf der Farm aus.

»Wie gefallen dir denn unsere Buren? Ganz schön verquere Ansichten manchmal, was? Und der alte Piet ist einer von den Schlimmsten. Ich hab ihn einmal anlässlich des Geloftedages reden hören. Man könnte meinen, sie haben die Zivilisation für sich gepachtet. Dabei haben einige von ihnen nicht mehr Schulbildung als die von ihnen verachteten Wilden. Nicht alle sind so, aber es gibt doch mehr, als Südafrika heute verkraften kann.«

Ich dachte an Ohm Piet. Er hatte in seinem Leben ganz bestimmt nicht viel mehr als seine Bibel und seinen »Transvaaler« gelesen. Ich wusste, dass Herr Henning Recht hatte. Aber ich mochte nicht, wie er über ihn redete.

»Ihr habt sie damals im Burenkrieg ja auch nicht besser als Wilde behandelt, als ihr Frauen und Kinder in den KZs zusammengetrieben habt.«

Franks Vater sah mich stirnrunzelnd an.

»Hat er dir davon erzählt? Das werden sie wohl nie vergessen. Es war eine schlimme Sache, aber es war Krieg. Das englische Militär hat die Frauen und Kinder der Buren gefangen genommen und die Farmen niedergebrannt, um die Männer zum Aufgeben zu zwingen.

Viele Frauen und Kinder sind in den Lagern verhungert. Aber es waren keine bewusst angelegten Tötungslager wie bei euch. Es waren miserabel geführte Gefangenenlager, aber nicht mit den KZs der Nazizeit zu vergleichen. Ich will es auch gar nicht verteidigen. Am schlimmsten ist jedoch, dass dieser Krieg einen so tiefen Riss zwischen die afrikaans- und die englischsprachigen Südafrikaner getrieben hat. Dabei müssten wir alle zusammenhalten, um die Probleme, die wir heute haben, zu lösen.«

Er wechselte das Thema und erzählte von den neuesten Presseverfügungen der Regierung.

»Wenn ich zum Beispiel einen Bericht über die Situation in den schwarzen Wohngebieten oder über die Verhaftung von Kindern schreiben will«, erklärte er uns, »dann muss ich heute jedes Wort abwägen, denn ich weiß nicht, ob mein Bericht nicht bei den Schwarzen, die ihn lesen, ein Gefühl des Zornes auslösen könnte, und dann habe ich ›feindliche Gefühle zwischen den Rassen‹ erzeugt, was strafbar ist. Soll ich also überhaupt noch darüber schreiben oder lasse ich es besser, um mich nicht zu gefährden?«

Bis spät in die Nacht hinein diskutierte er mit Dirk, wobei sie meine Anwesenheit nach einiger Zeit völlig vergaßen. Und auch in den nächsten Tagen behandelte Herr Henning mich wie einen Gast, dessen Existenz er vergaß, sobald er das Haus verließ. Und wenn er abends wieder kam, klang ein »Ha, here you are, Daniel!« so, als ob ihm gerade wieder einfiel, dass ich auch hier wohnte.

Frank dagegen übersah mich mit Absicht. Gerade dass er mir »Guten Morgen« wünschte. Den Tag über war er an der Uni, und was er abends so im Einzelnen trieb, wussten, glaube ich, nicht einmal seine Eltern genau.

Mir war es einerseits recht, wenn er sich so dünn machte, weil er keine Gelegenheit zum Sticheln und Provozieren ausließ. Andererseits hätte ich mich gerne mit ihm unterhalten. Er war in Jans Alter, stand aber offensichtlich auf der Seite der Schwarzen. Wie konnte er das mit seiner weißen Hautfarbe vereinbaren? Ohm Piet bezeichnete es als Verrat am eigenen Volk und als typisch für die englischsprachigen Weißen. Für Frank gehörten die Schwarzen zum Volk dazu. Er zog keine Trennung zwischen weißem südafrikanischem Volk und schwarzem südafrikanischem Volk.

Dirk war viel unterwegs, um Material für seine Artikelserie zu sammeln. Er machte keinen Versuch, mich mitzunehmen.

Damit tat er – obwohl er das nicht wissen konnte – genau das Richtige. Bei ihm hätte ich bei jedem Wort das Gefühl gehabt, er würde Kapitel X in seinem Umerziehungsprogramm aufschlagen.

3

Die ersten Tage passierte so gut wie gar nichts. Glenn – so sollte ich Frau Henning nennen – verließ morgens um neun Uhr als Letzte das Haus und kam gegen Mittag zurück. Den Morgen über war ich also mit Sam und der schwarzen Köchin Barbra allein im Haus.

Ich schwamm, faulenzte, las in den englischen Zeitungen und dachte nach. Manchmal spazierte ich durch die Straßen, vorbei an den hohen Gartenmauern, an Tennis- und Golfplätzen. Mit mir unterwegs waren weiße Babys, von schwarzen Hausangestellten geschoben. Schwarze Straßenfeger kehrten sorgsam den Staub zusammen.

Eines Morgens unterhielt ich mich aus bloßer Langeweile mit Barbra. Sie war seit zehn Jahren bei den Hennings, wohnte in einem Zimmer über der Garage, da sie wegen des Group Area Acts* (FN: * Erklärung siehe Zeittafel am Ende des Buches) nicht zusammen unter einem Dach mit den Weißen wohnen durfte.

Ihre beiden Kinder, ein vierzehnjähriger Junge und ein zwölfjähriges Mädchen, lebten bei der Großmutter in Soweto. Einmal in der Woche fuhr sie hin, um ihnen das Schulgeld und englische Bücher, die Glenn für sie besorgte, zu bringen.

Bücher und dann auch noch auf Englisch waren ein Luxus in Soweto, erzählte Barbra. Aber sie bedeuteten für ihre Kinder die Chance, eine bessere Ausbildung zu bekommen, als die Regierung es vorgesehen hatte. »Sie sollen es einmal besser haben als ich.« Diesen Satz wiederholte sie ständig, so als gäbe er ihr die Kraft, durchzuhalten.

Obwohl es ihr, wie sie immer wieder betonte, bei den Hennings sehr gut ging.

»Wenn du Glück hast, so wie ich, dann erwischst du eine gute Familie. Wenn du Glück hast, denn ein Recht auf irgendwas hast du nicht. Meine Freundin arbeitet hier in der Nähe bei einer Familie. Sie lebt dort, seit sie zwölf Jahre alt ist. Ihre Eltern haben sie an die Familie vermietet. Sie hat keinen freien Sonntag so wie ich und arbeitet von 6.00 bis 21.00 Uhr.«

»Und dein Mann?«, fragte ich sie. »Arbeitet er hier in Johannesburg?«

Sie schüttelte den Kopf.

»Er ist seit drei Jahren arbeitslos. Gerade aus dem Gefängnis entlassen. In die Transkei abgeschoben, weil er ›Ausländer‹ ist, seit drei Tagen wieder illegal in Soweto bis zur nächsten Passkontrolle.«

Ich verstand kein Wort. »Und dann?«

»Gefängnis.«

Sie sagte das so ruhig, als ob sie über das nächste unvermeidliche Gewitter sprechen wurde.

»Ach, das glaube ich nicht«, versuchte ich sie zu beruhigen. »Die Pässe sind doch abgeschafft.«

»Das hat man euch erzählt. Geändert hat sich nicht viel, für manche ist es sogar noch schlimmer geworden. Man kann es nur nicht mehr auf den ersten Blick erkennen.«

Da ich immer noch nichts verstand, erzählte sie mir die

ganze Geschichte: Sie kam aus der Transkei, dem so genannten »Stammesgebiet« der Xhosa. Sie hatte 1970 Josef, ihren Mann, geheiratet. Das Stück Land, auf dem sie mit Josefs Eltern lebten, reichte nicht. Vieh durften sie nicht halten, also bauten sie Mais und Gemüse an. Als der Regen ausblieb, kamen die Männer aus Johannesburg, um schwarze Arbeiter für die Bergwerke anzuwerben. Josef ging mit ihnen. Sie blieb im Homeland zurück, weil die Regierung den Frauen und Kindern keine Zuzugsgenehmigung erteilte.

Die Männer bekamen einen Vertrag für zwölf Monate, danach mussten sie ins Homeland zurück, um sich erneut anwerben zu lassen. Für drei Wochen im Jahr durften sie ihre Familie besuchen. Sie wohnten als so genannte »Wanderarbeiter« in Hostels, großen Betonbauten am Rande der schwarzen Townships. Josef lebte in einem Hostel bei Alexandra.

Im Homeland wurden als Folge des Jahresurlaubs Joe und zwei Jahre später Miriam geboren. Dann kamen Anna, Cedric, Hendric und Joyce. Josef schickte regelmäßig Geld und spärliche Briefe. Trotzdem reichte es nicht. Die vier kleinsten Kinder starben an Durchfall.

»Durchfall?«, fragte ich ganz entsetzt. »An so was stirbt man doch nicht.«

»Bei uns schon. Wenn ein Kind unterernährt ist, dann ist es zu schwach. Es war sogar eine deutsche Ärztin da. Aber eines nach dem anderen ist gestorben. Wenn du sieben Kinder hast, sterben mindestens drei an Durchfall. Das ist bei allen so.«

Als eine Freundin Barbra von den Zuständen in einem Hostel erzählte, war sie entsetzt. Josef erzählte nie von seinem Leben dort.

Sie erfuhr, dass die meisten Männer dort andere Frauen hatten, nicht in den Hostels, dort gab es strenge Kontrollen, aber irgendwo in der Stadt. Da packte sie ihre beiden noch übrig gebliebenen Kinder und kam nach Soweto. Sie wohnte ohne Genehmigung bei ihrem Onkel, der seit über fünfzehn Jahren ununterbrochen in Soweto lebte und seit zehn Jahren beim selben Arbeitgeber beschäftigt war – zu einem Hungerlohn zwar, aber er traute sich nicht, mehr zu fordern, weil er dann sein Wohnrecht verlieren würde. Außerdem hatte er erst sechs Wochen im Gefängnis zugebracht. Mit anderen Worten, dieser Onkel besaß ein Dauerwohnrecht in Soweto, etwas, was Josef und Barbra wie die meisten Schwarzen nie erreichen würden.

Also lebten sie zu viert illegal bei dem Onkel, insgesamt zehn Personen in einer Zweizimmerhütte ohne Strom und Toilette. Aber was zählte das? Nur so konnten sie zusammenbleiben. Anfangs gingen sie jede Nacht mit Herzklopfen schlafen, weil sie die nächtlichen Razzien der Polizei auf der Suche nach Illegalen fürchteten.

Aber auch das wurde zur Routine. Dreimal verhafteten sie Josef, zweimal musste Barbra ins Gefängnis. Ganze Wochenlöhne des Onkels gingen für die Auslösung drauf. Und dann war kein Geld für das Essen mehr da. Andere traf es schlimmer.

Am schlimmsten war die Wut. Was hatten sie verbrochen?, fragte Josef anfangs immer. Sie wollten nur zusammenbleiben. Als Familie. War das so schlimm? Immerhin lebten sie in dem Land, in dem sie geboren waren. Wenn sie Ausländer wären, gut, dann hätten sie es noch verstehen können. Aber nur weil sie schwarz waren, durften sie sich nicht frei im Land bewegen, durften nur dort wohnen, wo die Weißen es bestimmten. Und wenn sie dort keine Arbeit fanden, dann mussten sie in Kauf nehmen, dass die Familie zerstört wurde. »Weißt du«, meinte Barbra nachdenklich. »Anfangs hat Josef immer noch gefragt: ›Warum machen sie das? Sie sind Christen, so wie wir. Und sie sagen, dass sie die Familie schützen wollen, weil Gott es geboten hat. So steht es in der Bibel.‹ Dann hat er mir und den Kindern verboten, in die Kirche zu gehen, weil es ein Gott der Weißen ist. Einmal bin ich doch gegangen, als er im Gefängnis war und ich kein Geld hatte, ihn auszulösen. Ich habe gebetet, dass sie ihn freilassen. Als er es erfahren hat, hat er mich geschlagen. Er hat geschrien, dass er lieber im Gefängnis bleiben wollte, als Hilfe von diesem Gott der Weißen anzunehmen.

Meine Kinder hat er nach den alten Stammestraditionen erzogen.

Ich hatte keine Kraft mehr, zu streiten.«

Barbra hatte noch Glück. Sie fand schließlich eine Arbeit bei den Hennings. Die Kinder gingen zur Schule in Soweto und wurden von der Tante betreut.

Josef verlor seine Arbeit, fing an zu trinken. Wenn Barbra einmal in der Woche nach Hause kam, nahm er ihr oft das Geld weg, das sie für die Schule der Kinder mitbrachte, und ging sich betrinken.

1976 wurde aus dem Homeland der Xhosa die »unabhängige« Republik Transkei unter Kaiser Mabutho. Damit wurden Josef, Barbra und die Kinder zu Ausländern in Südafrika. Sie durfte bei den Hennings bleiben, aber ihr Mann wurde bei der nächsten Razzia verhaftet und als unerwünschter Ausländer über die neue Grenze in die Transkei abgeschoben.

Er kam immer wieder zurück. Aber er war kein südafrikanischer Staatsbürger mehr und außerdem ohne Arbeit.

»Das verstehe ich nicht«, habe ich gesagt. »Bei uns stand in der Zeitung, dass eure Regierung allen Schwarzen die südafrikanische Staatsbürgerschaft zurückgibt.«

Barbra funkelte mich zornig an: »Sag nicht, dass es meine Regierung ist. Ich habe sie nicht gewählt. Wenn ich wählen dürfte, sähe alles anders aus. Aber als Schwarzer darfst du nicht wählen. Und was eure Zeitung anbetrifft: Ich glaube, du musst lernen, zwischen den Zeilen zu lesen. Das alles gilt nur für die städtischen Schwarzen, die vorher schon ein Wohnrecht nach Paragraph 10 hatten. Also, mein Onkel zum Beispiel hat weiterhin die südafrikanische Staatsbürgerschaft. Wenn man richtig überlegt, dann ist es nur noch schlimmer geworden als vorher. Vorher konntest du, irgendwann nach etwa zehn Jahren, Dauerwohnrecht auf weißem Gebiet in Soweto erwerben. Jetzt ist es nicht mehr möglich. Einige wenige haben es, weil sie dort geboren sind. Alle anderen Schwarzen sind jetzt illegal hier.«

»Und die Kinder?«

»Meine Kinder hat mein Onkel adoptiert, der mit dem Dauerwohnrecht. Auf diese Weise könnten sie wenigstens die Schule zu Ende machen.«

»Wieso könnten?«, fragte ich. »Tun sie das nicht?«

Na, da hatte ich etwas gefragt. Barbra fing an zu weinen. Wenn Großvater mich jetzt hier sehen würde, ging es mir durch den Kopf. Da saß ich mit einer weinenden schwarzen Frau am Küchentisch, klopfte ihr beruhigend auf die Schulter und lieh ihr auch noch mein Taschentuch, damit sie sich die Nase putzen konnte.

Wie dann herauskam, machten ihr die Kinder die größte Sorge. Joe hätte noch zwei Jahre zur Schule gehen müssen, um einen richtigen Abschluss zu bekommen. Er hatte immer Arzt werden wollen, und sie hatte ihn unterstützt, das Schulgeld und die Bücher besorgt. Schwarze Kinder müssen im Gegensatz zu den Weißen für die Schule und die Bücher bezahlen.

Joe hat die Schule abgebrochen oder, wie er sagte, nur, »unterbrochen« und sich dem ANC angeschlossen. Erst Freiheit, dann Bildung. Und Barbra war im Grunde noch froh, dass er da mitmachte. Vor ein paar Jahren hatte er sich einer der Kinderbanden angeschlossen, die Soweto unsicher machten. An einem Überfall auf einen Schwarzen war er beteiligt, wenn auch, wie er schwor, nur als Zuschauer.

Miriam ging noch zur Schule. Aber Barbra betonte das »noch«. Sie hatte Angst um ihre Kinder wegen der Casspirs, der gepanzerten Polizeifahrzeuge, die seit Beginn des Ausnahmezustandes überall in den Townships Patrouille fuhren. »Einmal haben sie Miriam schon mitgenommen, weil sie Steine auf einen der gepanzerten Wagen geworfen hat. Nach zehn Tagen habe ich sie mit Misses Hennings Hilfe freibekommen. Sie haben gesagt, sie sei eine Terroristin. Aber das stimmt nicht. Sie ist doch noch ein Kind. Sie war traurig und zornig, weil die Soldaten ihre Freundin getötet haben.«

Barbra erzählte, und ich hörte zu. Die Gesetze und Paragraphen, die Pläne, von denen ich bei Ohm Piet gehört hatte, sie bekamen auf einmal ein Gesicht. Das Gesicht von Menschen, die von ihnen betroffen waren.

»Der Ausnahmezustand und die Soldaten in den Townships dienen zur Aufrechterhaltung der Ordnung!« Ohm Piets Worte. Das war die eine Seite, die andere sah so aus: Barbras Tochter war auf der Beerdigung eines Mitschülers gewesen. Da Versammlungen jeder Art mit mehr als zehn Personen normalerweise verboten sind, werden die Beerdigungen zu politischen Demonstrationen genutzt. Es werden Reden gehalten und Freiheitslieder gesungen. Und natürlich sind die Soldaten in ihren Hippos immer dabei.

So auch an jenem Tag. Wer den Anfang machte, ließ sich schlecht feststellen, aber Barbra sagte, dass sich die Jugendlichen natürlich provoziert gefühlt haben, als sie die gepanzerten Wagen sahen, in denen schon so viele von ihnen weggebracht worden waren.

Auf jeden Fall wurde geschossen und Tränengas versprüht. Steine flogen. Die meisten flohen in Panik. Und Miriams Freundin stolperte und wurde von der Masse zertrampelt.

Als Miriam das nächste Mal einen Hippo sah, hat sie Steine geworfen.

»Sie ist ein zorniges Kind, aber keine Terroristin. Jedenfalls noch nicht!«, schloss Barbra und betonte wieder das Wörtchen »noch«.

Ich glaube, sie war froh, mit jemandem reden zu können.

»Unsere Kinder sehen keine Chance für sich«, meinte Barbra. »Ich habe Miriam gebeten, nicht auf Beerdigungen zu gehen, weil das zu gefährlich ist. Aber sie lässt sich nicht abhalten.«

Barbra kramte in ihrer Schürzentasche und fischte einen zerknüllten Brief hervor.

»Diesen Brief hat sie mir gestern geschrieben. Warte, wo ist die Stelle? Da ... ›Was habe ich getan, Mutter?‹, schreibt sie. ›Außer dass ich schwarz bin? Und dafür werde ich mein Leben lang bestraft. Und kann es noch nicht einmal ändern, selbst wenn ich es wollte. Ich bleibe schwarz. Also muss ich die Welt ändern, in der ich lebe, damit auch ich eine Chance habe.

Ihr habt versucht, euch anzupassen, Mutter. Ihr wolltet das Spiel der Weißen nach ihren Regeln mitspielen.

Sieh dich an, was ist dabei herausgekommen? Vater ist wieder im Gefängnis. Sie haben ihn gestern abgeholt, und das nur, weil er keine Aufenthaltsgenehmigung hatte, um bei uns zu sein.

Wann haben wir dich sehen dürfen? Sie sagen, sie sind Christen. Die Familie ist ihnen heilig. Aber nur die weiße. Warum dürfen wir nicht zusammenbleiben?

Ich will dir sagen, warum. Weil wir schwarz sind. Haben

wir keine Gefühle? Sind wir Tiere, die man einsperren kann und mit Panzern bewachen muss?

Und ihr, Mutter, du und alle anderen aus deiner Generation, ihr habt ihnen noch geholfen, weil ihr euch nicht gewehrt habt, weil ihr euch angepasst habt.

Ihr habt ihnen geholfen, uns Schwarzen all das zu nehmen, auf das wir hätten stolz sein können, weil ihr so werden wolltet wie sie.

Wann begreifst du endlich, Mutter, dass sie keine zivilisierten Wilden wollen? Sie bestimmen, was und wie viel wir lernen dürfen, damit wir keine Konkurrenz für sie werden.

Wovor haben sie Angst? Dass wir erkennen, dass auch wir denkende Menschen sind? Dass wir erkennen, dass gut und böse nicht weiß und schwarz bedeutet?

Die Zeit der Anpassung ist vorbei, Mutter. Es wird die Zeit kommen, wo sich die Weißen ihre blonden Haare schwarz und ihr Gesicht dunkel färben werden.

Du sagst, ich soll nicht mehr auf Beerdigungen gehen. Es ist zu gefährlich. Ich habe keine Angst vor dem Tod. Wir wollen für unser Volk die Freiheit, und bis dahin werden wir viele Opfer bringen müssen. Wenn es mich trifft, sei nicht traurig, Mutter. Ich sterbe für eine gute Sache, für unsere Sache. Amandla.‹« Der Brief war in Xhosa geschrieben, und Barbra übersetzte mühsam Wort für Wort. Dann saßen wir beide schweigend da. Es gab nichts zu sagen.

4

An jenem Tag wurde das Mittagessen mit ziemlicher Verspätung aufgetragen, denn Barbra hatte über unserem Gespräch vergessen, das Fleisch rechtzeitig in den Backofen zu schieben. Glenn war anfangs etwas ärgerlich auf sie, aber nachdem ich ihr erklärt hatte, dass es meine Schuld war, weil ich mich mit ihr so lange unterhalten hätte, sagte sie nichts mehr, sah mich nur verwundert an.

»Du hast dich mit ihr in der Küche unterhalten? Dich an den Küchentisch mit einer Schwarzen gesetzt, um zu plaudern?« Ich hatte nicht gewusst, dass auch sie ironisch sein konnte. Ich überhörte es, und wir setzten uns zum Essen. Sie wechselte auch zum Glück das Thema und fragte nach Mutter und dem Leben in Deutschland. Großvater erwähnte sie nicht. Vielleicht hoffte sie, ich würde von mir aus damit anfangen. Aber den Gefallen tat ich ihr nicht. Mir machte es Spaß, zu beobachten, wie sie alle versuchten, mich einzuordnen. Ist er nun? Oder ist er vielleicht doch nicht?

»Hast du Lust, mich heute Abend zu begleiten?«, fragte sie plötzlich, als wir beim Pudding angelangt waren.

»Begleiten? Wohin denn?«

»Du wirst schon sehen.«

Mehr wollte sie nicht sagen, aber da ich genug hatte vom Alleineherumsitzen, ging ich mit.

Es war früher Abend, als wir in Glenns kleinem Wagen aufbrachen. Ich weiß nicht mehr, wo wir langfuhren, ich habe auch den Namen der Kirche vergessen. Sie lag am Rande der Stadt, an einer der Ausfallstraßen Richtung Soweto.

Als ich mit Glenn dort ankam, strömten von allen Seiten die Menschen zusammen, mehr Schwarze, aber auch einige Weiße. Jeder brachte eine Kerze mit. Wir quetschten uns in die Bänke, die für eine solche Menge nicht gebaut waren.

Der Gottesdienst begann. Es war eine merkwürdige Stimmung in der Kirche. So eine erwartungsvolle Spannung. Worauf warteten sie alle? Es wurde kein direktes Wort über Politik gesagt. Alle sangen Lieder von Gott und von der Freiheit, soweit ich das mitbekam. In seiner Predigt beschäftigte sich der schwarze Pater mit dem Brief des Apostels Paulus an die Römer.*

Thomas erklärte mir später, dass diese Stelle in der Bibel von der südafrikanischen Regierung so ausgelegt wird, dass Paulus hier die christliche Lehre vom Staat aufzeigt, der absolute göttliche Autorität hat. Mithilfe dieser Worte wird jede Opposition zur Regierung zu etwas Gottlosem, zur Kritik an der von Gott gewollten Ordnung, und die Regierung hat das Recht, solche Frevler im Namen Gottes zu bestrafen. Der Pater an jenem Abend in der Kirche sagte, dass diese Stelle immer aus dem Zusammenhang gerissen würde: Paulus hatte seinen Brief an die römischen Christen gerichtet, die glaubten, keine Steuern zahlen zu müssen, weil sie als Christen nur Gott zu gehorchen brauchten. In dieser Situation ermahnte Paulus sie, dass auch die Chris-

* Neues Testament, Römer 13, 1-7

ten, da sie in einem weltlichen Staat lebten, dem weltlichen Herrscher das zu geben hätten, was ihm zustand.

»Aber«, fuhr er fort, und es wurde noch stiller in der Kirche. Auch ich hielt den Atem an, weil ich die Spannung spürte, weil ich ahnte, dass er etwas sagen wollte, was sie alle hier betraf.

»Aber an keiner Stelle verlangt Gott, dass Christen einer Regierung gehorchen, die seine Gebote missachtet.

Wenn die Ordnung, die der Staat erhalten will, im Grunde eine Un-Ordnung ist? Wenn sie Gottes Gebote über die Nächstenliebe verletzt? Wie müssen wir uns dann verhalten? Sollen wir für den Staat stimmen oder für die Gebote Gottes? Diese Frage wird jeder für sich entscheiden müssen.«

An der Kirchentür entstand leichte Unruhe. Zwei weiße Soldaten in khakifarbenen Uniformen, die Maschinengewehre locker über der Schulter, standen plötzlich da und hörten aufmerksam zu.

Der Pater sah sie wohl auch. Er wollte noch etwas hinzufügen, ließ es dann aber. Vielleicht wollte er sie nicht unnötig provozieren. Er nahm seine Kerze, zündete sie an und hielt sie hoch. Überall in dem dunkel gewordenen Kirchenraum flammten Feuerzeuge auf. Kerzen wurden angezündet. Sie warfen ihre Schatten auf die Wände und die Gesichter der Menschen.

Die Soldaten standen immer noch da. Sie machten mich nervös, und ich drehte mich häufig nach ihnen um. Außer mir schien sie aber sonst keiner zu beachten. Wahrscheinlich waren die Menschen an sie und ihre Gewehre gewöhnt, selbst hier in der Kirche.

Wir saßen da, viele Minuten lang, ohne ein Wort zu sagen. Beim flackernden Kerzenlicht verwischten die Unterschiede zwischen den Gesichtern. Ich saß zwischen den Schwarzen eingeklemmt. Aber es war anders als auf dem Bahnhof. Ich hatte keine Angst. Hier in der Kirche schienen alle das gleiche Ziel zu haben.

Schließlich erhob sich der Pater, wünschte einen guten Heimweg und ermahnte alle, ruhig und gelassen nach Hause zu gehen. Die beiden Soldaten neben der Tür waren so plötzlich verschwunden, wie sie gekommen waren.

Wir gingen mit den brennenden Kerzen hinaus. Soldaten bildeten mit aufgepflanztem Gewehr ein Spalier, durch das wir ziehen mussten.

Es waren an die vierhundert Menschen. Das konnte nicht gut gehen. Natürlich fühlten sich die meisten, vor allem die Jüngeren, provoziert. Da nutzten auch die Warnungen des Paters nichts.

Im Nachhinein glaube ich, sie hatten darauf gewartet, dass ein paar von uns die Nerven verloren. Woher kam sonst so schnell der gepanzerte Wagen mit dem Tränengas?

Tränengas und Gewehre gegen Kerzen und Steine. Die Menschen rannten in Panik auseinander. Schüsse. Dann das Tränengas. Es brannte in den Augen, im Mund, ich bekam keine Luft mehr. Ich riss mir den Pullover über den Kopf und hielt ihn vor Nase und Mund.

Dann verlor ich Glenn. Ich ruderte durch die

Menge. Manch einer fiel zu Boden, andere stiegen über sie hinweg und auf sie drauf.

Überall schrien Menschen.

Ich wusste nicht, wohin ich laufen sollte, und stolperte direkt einem der weißen Soldaten in die Arme, der das wohl als tätlichen Angriff betrachtete und mich festhielt.

Sie brachten mich in das Innere des gepanzerten Wagens, in dem schon eine ganze Reihe anderer saßen. Ich war der einzige Weiße unter ihnen, aber nicht der Jüngste. Das kleinste der Kinder war bestimmt nicht älter als zehn Jahre.

Ich hatte Angst. Alles, was ich über die südafrikanischen Gefängnisse, über Foltermethoden und Erziehungsfarmen gelesen hatte, fiel mir wieder ein. Alles Quatsch, hatte Großvater zu solchen Berichten gesagt. Hoffentlich behielt er Recht. Der Wagen hielt irgendwo. Wir wurden herausgezerrt und gleich nach Farben sortiert. Wo sie die Schwarzen hinführten, weiß ich nicht. Ich jedenfalls wurde in ein ziemlich kahles Zimmer geführt. Ein Schreibtisch. Zwei Stühle. Graue Wände.

Sie ließen mich allein dort stehen. Setzen durfte ich mich nicht. Ich starrte die Wände an und dachte nach, was sie wohl mit mir vorhatten. Sonst passierte die ersten drei Stunden gar nichts. Ich hörte Schritte vor der Tür, sie gingen immer vorbei. Nach zwei Stunden war mein größter Wunsch, mich hinzusetzen. Ich traute mich nicht.

Nach drei Stunden war es mir so ziemlich egal, was sie mit mir machen würden. Sie sollten nur endlich anfangen. Als sie

dann kamen, war ich mit den Nerven völlig fertig, obwohl mir keiner etwas getan hatte.

Sie waren zu zweit. Der eine fragte, was ich in der Kirche wollte. Ob ich nicht wüsste, dass diese Versammlung nicht erlaubt gewesen wäre, weil sie die Menschen zum Widerstand aufgerufen hätten.

»Wieso? Was wollt ihr eigentlich? Der Pater hat doch gar nichts gesagt, was falsch war.«

»Na hör mal, so naiv kannst du doch gar nicht sein! Er hat gesagt, als Christ sollte man sich gegen die Regierung wehren!«

»Er hat nur gesagt, wenn eine Regierung eine Ordnung vertritt, die im Widerspruch zu den Geboten Gottes steht, dann muss man sich als Christ die Frage nach Widerstand gegen die Regierung stellen.«

»Eben! Na siehst du, du hast es auch verstanden.«

»Er hat gesagt ›wenn‹. Wollt ihr zugeben, dass eure Regierung eine solche Ordnung vertritt?«

Es war kein besonderer Mut, der mich dies sagen ließ. Ich war nur müde und ärgerlich. Das Tränengas brannte in den Augen, mir war schlecht, und ich musste mal. Ich wollte die Sache nur schnell hinter mich bringen. Sehr erfreut waren sie nicht über meine Worte. Und ich fing schon kurze Zeit später an, sie zu bereuen. Sie taten mir im Grunde nichts. Sie sperrten mich nur in einen total dunklen Raum ohne Bett, nur nackter Boden. Ich konnte nichts sehen, nur ertasten. Ich krabbelte auf allen vieren den Raum ab und suchte nach so was wie einer Toilette. Sogar mit einem Blecheimer wäre ich zufrieden gewesen. Nichts.

Dafür fand ich die Tür. Ich hämmerte mit den Fäusten dagegen. Ich schrie, bis meine Stimme zu krächzen anfing.

Aber natürlich kam niemand. Ich blieb vor der Tür hocken, döste vor mich hin und versuchte krampfhaft, nicht an eine Toilette zu denken.

Es wurde kalt. »Die Kälte kroch langsam an ihm hoch.« Wie oft hatte ich so einen Satz gelesen. Jetzt verstand ich ihn. Ich ging auf und ab, um warm zu bleiben. Aber dann war mir auch das egal. Ich benutzte eine Ecke als Toilette. Jetzt kam auch noch der Gestank dazu.

Irgendwann muss ich doch wohl eingeschlafen sein, als plötzlich ein grelles Licht anging, das mich blendete. Ich rutschte in eine andere Ecke. Aber das Licht verfolgte mich, egal, wo ich in dem kleinen Raum auch hinkroch. Das Licht war noch schrecklicher als die Dunkelheit. Ich hockte mich hin, legte den Kopf zwischen die Arme auf meine Knie, aber das Licht war überall.

Ich hatte Hunger und Kopfschmerzen. Dann raschelte es plötzlich an meinen Beinen. Eine Maus? Eine Ratte? Vielleicht nur meine Nerven.

Ich bin nicht sehr tapfer, und ich habe nicht mehr lange durchgehalten. Ich fing an, mich zu fragen, was ich hier eigentlich machte. Ich hatte doch gar nichts gegen ihre Regierung. Ich war doch nur mitgelaufen. Ich wollte hier raus. Es war ihr Krieg, nicht meiner. Ob schwarz oder weiß, mir war alles egal. Wenn sie meinten, diese Kerzenwache in der Kirche wäre gefährlich und verstoße gegen die Vorschriften, bitte. Ich hatte im Grunde nichts damit zu tun.

Ich hämmerte an die Tür und schrie. Als sie mich endlich

holten, war ich gerade noch imstande, sie zu bitten, Ohm Piet zu holen.

Warum ich seine Adresse nannte und nicht die von den Hennings? Es war aus mir herausgerutscht, als hätte ich gespürt, dass mich hier nur meine Verbindung zur Farm und zum Freundschaftsbund wieder befreien konnte.

Schon als ich seinen Namen und die Adresse nannte, wurde der wachhabende Offizier freundlicher. Nachdem er dann noch offensichtlich mit Ohm Piet persönlich telefoniert hatte, bekam ich sogar ein Frühstück serviert: Zwei Scheiben Brot, zwei Spiegeleier und dünnen Kaffee. Gefängnisfrühstück, aber die Luxusausführung für die weißen Gefangenen. Bei den Schwarzen lassen sie die Eier weg.

»Warum haben Sie nicht gleich gesagt, dass sie Herrn van den Berghe kennen?«

Auf einmal war ich »Sie« für die Polizisten. Der Officer schob seinen Stuhl neben meinen und lächelte mich an.

Ja, warum hatte ich Ohm Piet nicht gleich erwähnt? Dann wäre mir die letze Nacht erspart geblieben. Vielleicht, weil ich mich doch schon zu weit von der Farm entfernt hatte. Ohm Piet und Jan auf der Farm und ich mitten unter den Schwarzen bei einer Protestveranstaltung gegen die Apartheid, das würde nie wieder zusammenpassen, obwohl es mich immer noch traurig machte.

Eine Weile hatte ich geglaubt, ich könnte meine alten Freunde behalten, wenn ich auch ihre Ideen nicht mehr unterstützte. Ein gutes Verhältnis zu allen Seiten, ohne sich für eine zu entscheiden, das war mein Traum. Ich wollte Barbra verstehen und hätte gerne ihre Tochter Miriam kennen gelernt. Aber ich schätzte auch Ohm Piet.

Ich würde mich entscheiden müssen – eines Tages.

Es war Jan, der schließlich kam, um mich abzuholen. Er verstand nicht, wie mir so was passieren konnte. Ich sagte ihm, ich hätte mitgehen müssen. Schließlich wohnte ich doch bei den Leuten.

Das sah er ein, und ich schämte mich. Schließlich hatte ich mich ja frei entscheiden können. Und wenn ich auch nicht genau wusste, wohin es ging, dass es Richtung Soweto war, hatte ich geahnt.

Jan wollte mich mit zurück auf die Farm nehmen. Er fuhr bei den Hennings vorbei, weil ich sehen wollte, ob Glenn nichts passiert war.

Ich platzte mitten in eine Familienkonferenz über eine geplante Suchaktion nach mir, und mein unerwartetes Erscheinen löste einen ziemlichen Wirbel aus. Wie es schien, hatten sie geglaubt, ich hätte mich in dem Wirrwarr am Abend verlaufen und würde irgendwo in Johannesburg herumirren. Selbst Frank grinste mich an und sagte: »Mensch, bin ich froh, dass du wieder da bist.«

»Wo kommst du her? Ein Glück, dass du zurückgefunden hast.«

»Junge, du hättest ein Taxi nehmen sollen. Hast du die Adresse vergessen?«

Typisch Dirk.

»Da, wo ich herkomme, war kein Taxi zu bekommen«,

sagte ich. »Jan ist draußen. Er will, dass ich zurück auf die Farm komme.«

»Jan! Was macht er denn hier?«

»Er hat mich aus dem Gefängnis geholt.«

Na, da waren sie doch etwas geschockt. Gefängnis? Was haben sie mit dir gemacht? Und so weiter. Wie sich herausstellte, hatten sowohl Frank als auch Glenn bereits in Untersuchungshaft gesessen wegen Teilnahme an verbotenen Versammlungen.

Ich dachte, Dirk würde jetzt hinausgehen und Jan mitteilen, dass es gegen die Verabredung sei, wenn ich zurück auf die Farm führe. Drei Wochen dort, sechs Wochen hier, so war es abgesprochen.

»Jan will, dass du zurückkommst. Und du? Was willst du?«

»Habe ich eine Wahl?«

»Willst du zurück?«

Ich schüttelte den Kopf. Auf die Farm gehörte ich auch nicht mehr.

Dirk sah mich eine Weile schweigend an. Dann stand er auf und ging hinaus. Ich ging hinterher.

Jan war nicht zufrieden, als er abfuhr, aber er schluckte Dirks Erklärung, dass ich noch minderjährig sei und Dirk gehorchen musste. Abmachung war Abmachung. Ich fand zwar, Dirk hätte das mit dem Gehorchen nicht ganz so autoritär sagen müssen, aber in diesem Moment gehorchte ich ganz gern, obwohl ich das natürlich in keinem Fall zugegeben hätte.

5

Wenn ich auch gehofft hatte, das Problem »Jan« für eine Weile beiseite schieben zu können, so wurde mir bereits einige Stunden später klargemacht, dass ich so einfach wohl nicht davonkommen würde.

Es war am späten Nachmittag – ich half gerade Glenn bei den Vorbereitungen für die abendliche Cocktailparty –, als Sam mich ans Telefon rief. Das Gespräch war nur kurz.

»Denk an die Fotos heute Abend«, sagte Jan. »Wir brauchen Bilder von allen Schwarzen, die auf die Party kommen. Und wenn ein gewisser Molefe dabei ist, ruf sofort auf der Farm an! Wir treffen uns morgen um 12.00 Uhr im Park am Ende der Straße.«

Ehe ich zu Wort kam, hatte er schon aufgelegt. Aber was hätte ich auch schon sagen können? Vielleicht könnte ich nur die Beine knipsen oder die Bilder bewusst unterbelichten. Aber ob er mir das abnehmen würde?

Als die ersten Gäste kamen, war ich immer noch nicht weitergekommen. Also schob ich das Problem mal wieder, so gut es ging, beiseite.

Es wurde auf der Terrasse gegrillt. Ich half, Wein und Bier auszuschenken. Es waren etwa dreißig Leute da, überwiegend Weiße, aber auch Schwarze und einzelne Farbige.

Dirk stellte mich einigen vor. Sie begrüßten mich höflich und setzten ihre Gespräche fort. Ich wanderte mit meiner Cola in der Hand von einer Gruppe zur anderen, hörte zu, mal länger, mal nur im Vorbeigehen. Niemand forderte mich auf, am Gespräch teilzunehmen, und ich war mit meiner Rolle als Zuhörer zufrieden.

Was mich an diesem Abend erstaunte, war, dass alle trotz Zensur und Ausnahmezustand offen über die brisanten Themen der südafrikanischen Politik diskutierten. Selbst die Frage nach so genannten »offenen« Wohngebieten, in denen alle Rassen gemischt zusammenleben könnten, war kein Tabu. Sie sprachen über den Ausnahmezustand, den die Regierung seit dem Sommer '86 verhängt hat, die verschärften Pressekontrollen und die Panzer in den schwarzen Townships.

Die Leute waren sich durchaus nicht immer einig, es gab ziemlich hitzige Diskussionen. Die Familie Henning hatte scheinbar Gäste aus vielen politischen Lagern eingeladen. Die Gesichter der Gäste habe ich vergessen, und auch ihre Gespräche sind mir entfallen. Nur an eine Diskussion kann ich mich noch genau erinnern. Und dann natürlich an die Begegnung mit Thomas, aber das kam erst später am Abend.

Nachdem ich mich mit einer großen Portion gegrilltem Lammfleisch und Salat versorgt hatte, ging ich nach draußen und setzte mich auf einen der großen Steine, die die Terrasse zum Garten hin begrenzten.

Ein paar Schritte entfernt von mir stand ein mittelgroßer Schwarzer im Gesellschaftsanzug mit weißem Hemd und Krawatte. Schwarzer Bart und Brille.

Überhaupt fiel mir auf, dass die

schwarzen und farbigen Gäste sehr viel eleganter gekleidet waren als die Weißen, die oft mit einfacher weißer Baumwollhose und Sporthemd, selten jedoch mit Krawatte erschienen waren.

Ob die Schwarzen glaubten, ein Anzug und eine Krawatte würden die dunkle Hautfarbe leichter vergessen lassen?

Na, jedenfalls wurde ich auf ihn aufmerksam, weil Jans Beschreibung auf ihn zu passen schien. Ob es Molefe war? Er unterhielt sich mit einem Weißen, der ihn als gleichberechtigten Gesprächspartner zu akzeptieren schien. Der Weiße hörte ihm mit Interesse zu, obwohl er augenscheinlich anderer Meinung war, und der Schwarze vertrat seine Ansicht lebhaft mit schnellen Worten und Gesten, so als ob er es gewohnt sei, in Gesellschaft zu reden.

Ich ging so ganz unauffällig näher, weil ich wissen wollte, worüber sich ein Schwarzer und ein Weißer so angeregt unterhalten konnten und dabei scheinbar ihre unterschiedlichen Hautfarben vergaßen.

Wie ich nach einer Weile mitbekam, war der Schwarze ein katholischer Priester, einer der Führer der Young Christian Workers, der christlichen Arbeiterjugend. Der andere war ein führendes Mitglied der Geschäftsleitung einer Bergbaufirma, auch Katholik.

Und das war auch schon das Ende der Gemeinsamkeiten. In dem Gespräch ging es um die Verhaftung von drei Arbeitern aus dem Werk der Bergbaufirma. Sie hatten Flugblätter verteilt, um gegen zu lange Arbeitszeiten und den Verstoß der Firma gegen Sicherheitsbestimmungen zu protestieren.

Unter dem Vorwand, kommunistische Propaganda zu betreiben, wurden sie nach den entsprechenden Paragraphen zur Aufrechterhaltung der öffentlichen Sicherheit ohne Gerichtsverfahren verhaftet und ins Gefängnis geworfen.

Der schwarze Priester wollte offensichtlich dies Zusammentreffen auf einer Cocktailparty dazu nutzen, um sich für die drei Arbeiter einzusetzen. Der weiße Geschäftsmann wich diesem direkten Angriff aus. Er erzählte stattdessen, dass seine Firma und auch er längst erkannt hätten, dass Reformen im Interesse aller nötig seien. So müsste die Ausbildung der Schwarzen verbessert werden, da die südafrikanische Industrie qualifizierte Facharbeiter braucht und die Zahl der Weißen nicht ausreicht.

Inzwischen hatten sich noch einige andere Gäste mit Sektgläsern in den Händen zu den beiden gesellt. Es machte ihnen offensichtlich Freude, solche Gespräche zu führen. So eine Art Gesellschaftsspiel. Man gab sich liberal, so wie der Professor, der jedes Jahr einmal seine Studenten zu einer Exkursion in ein schwarzes Township führte. Ob aber auch nur einer von ihnen mit einem schwarzen Hausbesitzer in direkter Nachbarschaft einverstanden wäre?

Der schwarze Priester schlug sich sehr gut. Ich hielt zu ihm. Auch als der Weiße ihn persönlich angriff, blieb er ruhig und sachlich.

»Ich beobachte Priester wie Sie seit langem, und ich

fürchte, unsere Kirche wird allmählich kommunistisch unterwandert. Sind Sie Kommunist?«

Der Schwarze lächelte nur.

»Bin ich Kommunist, nur weil ich dagegen bin, dass man Menschen in vier Schubladen legt: Weiße, Farbige, Asiaten und Schwarze? Weil ich dagegen bin, dass eine Regierung die Chancen, die ein Kind im Leben hat, von seiner Hautfarbe abhängig macht?«

»Und darum unterstützt die Kirche die schwarzen Jugendlichen, die Molotowcocktails in weiße Wohngebiete werfen und im Namen der Gerechtigkeit weiße Kinder töten?«

Das war natürlich der weiße Geschäftsmann. Die anderen nickten. Genau das war der kritische Punkt. Zum Glück war der Schwarze ihnen gewachsen, wahrscheinlich, weil für ihn diese Fragen kein akademisches Gesellschaftsspiel, sondern tägliche Realität waren.

»Bei uns gibt es über hundert Gesetze, die alle die wichtigsten Menschenrechte verletzen. Und anstelle von Reformen werden Panzer eingesetzt«, sagte er ganz ruhig. »Ist das keine Gewalt? Ich bin gegen Gewalt von beiden Seiten. Aber solange der Staat im Namen des Rechtes Gewalt einsetzt, müsst ihr euch nicht wundern, wenn die Schwarzen sagen: Uns bleibt nur Gegengewalt, denn wir haben keine Möglichkeit, legal etwas zu ändern.«

Ich stand mit meinem leeren Glas noch immer da, als die Gruppe längst Richtung Terrasse davongegangen war.

Plötzlich tauchten zwei Schatten vor mir auf: Frank und Thomas.

Er war sicher noch überraschter als ich. Er hatte mich zuletzt auf der Terrasse neben Jan gesehen.

»Und das hier ist Daniel«, stellte Frank mich vor.

»Hallo, Manfred!«, sagte Thomas und grinste mich an.

Ich fühlte, wie ich rot und zornig wurde. Was hatte Thomas vor? Würde er Frank sagen, was er von mir und der Bewegung wusste? Dann konnte ich gleich meine Koffer packen.

»Thomas«, stellte Frank weiter vor. »Seines Zeichens Student des Maschinenbaus und mein bester Freund.«

Thomas trug als einziger Schwarzer keinen Anzug. Er hatte seine Jeans und sein T-Shirt mit dem UDF-Aufdruck an. Die beiden zogen weiter, ich folgte ihnen langsam.

Erst gegen Ende des Abends ergab sich eine Gelegenheit, Thomas alleine zu erwischen. Er ging auf die Terrasse, und ich folgte ihm.

Ich fragte ihn nach seinen Eltern. Er öffnete mit einem Plopp seine Coladose.

»Warum interessiert dich das auf einmal? Du hast doch friedlich mit angesehen, wie sie vom Hof vertrieben wurden. Wo stehst du eigentlich? Auf unserer Seite, oder arbeitest du für Ohm Piet?«

»Hast du es Frank erzählt?«

»Ich mische mich da nicht ein, solange du uns nicht in die Quere kommst. Und was meine Eltern angeht, wenn es dich wirklich interessiert: Die Squattersiedlung, in der sie zunächst untergeschlüpft sind, ist abgerissen worden.«

»Oh, das tut mir aber Leid.«

»Auf das Mitleid der Weißen können wir ganz gut verzichten. Ohm Piet hatte auch Mitleid, als er hörte, dass meine Mutter krank geworden ist, weil sie das alles so mitgenommen hat. Er hat einen Lastwagen für den Abtransport ihrer Sachen ins Homeland zur Verfügung gestellt. Kostenlos, versteht sich. Zurück auf die Farm, wo sie seit Jahrzehnten gelebt haben, durften sie aber nicht. Zur Arbeit untaugliche Schwarze werden immer in die Homelands abgeschoben. Ein Volk auf dem Müllhaufen, wer hat das noch gesagt? Ohm Piet hat inzwischen Arbeiter aus Mosambik eingestellt. Die sind froh über jede Arbeit und protestieren nicht.«

»Du musst uns Weiße ganz schön hassen!«, sagte ich.

»Hassen? Nein!« Er schüttelte den Kopf. »Ich verachte euch – von einigen Ausnahmen abgesehen.« Er sagte das so ganz nebenbei, ganz sachlich, ohne jede Betonung.

Er verachtet uns! Ein Schwarzer verachtet mich. Na, das war gut. Da bemühte ich mich um ein Gespräch mit ihm, so ganz ohne Vorurteile wie mit meinesgleichen und weil es mir ja wirklich Leid tat, wie seine alten Eltern so von einer Stelle zur anderen geschubst wurden.

Und er sagte mir ins Gesicht, dass er mich verachtete. Zu den Ausnahmen durfte ich mich ja wohl nicht zählen. Hassen, das konnte er ruhig. Das verstand ich sogar. Aber verachten? Man kann nur jemanden verachten, dem man überlegen ist. Und war er das nicht auch?

»Habe ich dich gekränkt?« Wie ich seine spöttische

Stimme hasste! Was bildete er sich eigentlich ein? Was war er denn? Schwarz!

»Wir dürfen die Weißen nicht verachten? Stimmt's? Nur

wer die richtige Mischung Blut hat, darf sich den Luxus, überlegen zu sein, leisten. Na, ich denke, was das Blut anbetrifft, sitzen wir im gleichen Boot. Vergiss das nur nie!«

Damit ließ er mich stehen und ging ins Haus zurück.

Er hatte es also nicht vergessen! Der Unterschied war nur, dass er dazu stand und ich es verdrängte. Und das machte seine Überlegenheit aus.

6

Am Morgen nach der Party stand ich mit den anderen auf, obwohl ich hundemüde war. Mir lag das Treffen im Park, bei dem ich den Film abgeben sollte, im Magen. Fotos hatte ich keine gemacht. Ich hätte sie auch gar nicht machen können, denn irgendwie hielt Frank sich immer in meiner Nähe auf. Nicht auffällig, aber doch so, dass er mich im Auge behielt. Ich war im Grunde froh, auf diese Weise am Fotografieren gehindert worden zu sein. Wie sollte ich das aber Jan erklären? Er war sicher der Meinung, dass man es hätte schaffen können. Er schien ohnehin schon misstrauisch.

Warum ich es so kompliziert machte? Warum ich nicht einfach sagte, ich würde nicht mehr mitmachen? Punkt! Schluss! So weit war ich einfach noch nicht. Ich stand nicht mehr auf ihrer Seite, aber ich stand auch nicht auf der anderen. Und eigentlich wollte ich mich von keiner Seite mehr in irgendetwas hineinziehen lassen. Sie sollten mich alle nur in Ruhe lassen.

Ich saß also wie abgesprochen in der Mittagshitze im Park und beobachtete die Inder und die Schwarzen, wie sie ihre Körbe zum Mittagspicknick auspackten.

Bis vor einem Jahr war dieser Park nur für Weiße gewesen. Gegen den Widerstand eines großen Teils der weißen Bevölkerung war er dann für alle Rassen geöffnet worden. Auch die Bank, auf der ich saß, hatte bis vor kurzem noch das Schild auf der Rückenlehne: »Blankies«. Man sah die Umrisse und die Löcher noch deutlich.

Plötzlich saß er neben mir.

»Sieh dir bloß dies farbige Gewimmel an! Schrecklich! – Hast du den Film?«

Diese Frage hatte ich gefürchtet.

»Es war unmöglich zu knipsen. Dieser Frank ist nicht von meiner Seite gewichen. Den Kugelschreiber hat er mir gleich zu Beginn abgenommen, angeblich, um was zu schreiben, und dann konnte er ihn nicht wieder finden.«

Ich log mir einen zurecht, und ich weiß nicht, ob Jan mir glaubte. Er sagte eine Weile gar nichts, stocherte nur mit einem Stock auf dem Boden herum.

»Hast du heute was vor?«

Ich schüttelte den Kopf, erleichtert, dass er das Thema wechselte.

»Dann komm!«

Ich stellte keine Fragen, stolperte nur hinter ihm her zu

seinem Wagen, den er am Eingang des Parks abgestellt hatte. Wir fuhren quer durch Johannesburg, bis er auf dem Parkplatz vor einem großen grauen Hochhaus anhielt.

Wir gingen am Pförtner vorbei, der uns nach ein paar erklärenden Worten von Jan höflich den Weg durch das Gewirr von Gängen wies. Es war eine der größten Polizeizentralen, durch die wir gingen, und für einen Moment glaubte ich, Jan wollte mich dorthin zurückbringen, woher er mich vor zwei Tagen abgeholt hatte, nämlich hinter Gitter.

Als ich mich gerade absetzen wollte, klopfte Jan an eine Tür. Es war zu spät. Der Mann hinter dem Schreibtisch schien eines der hohen Tiere in dem Gebäude zu sein. Er hatte uns erwartet. Zu meiner Erleichterung begrüßte er nicht nur Jan wie einen alten Bekannten, sondern schüttelte auch mir freundschaftlich die Hand, als würde es ihm großes Vergnügen bereiten, mich zu sehen.

Da das hohe Tier ziemlich viel zu tun hatte, erfuhr ich dann sehr rasch, worum es eigentlich ging. Ohm Piet hatte per Telefon darum gebeten, dass ich einmal eine Patrouillenfahrt in einem der Casspirs in eine Township mitmachen durfte.

Ich sollte mit eigenen Augen erleben, wie die Polizei dort für Ordnung sorgt, um ein Chaos zu verhindern. Damit ich verstehen könnte, warum sie auch gegen Kerzenwachen und ähnliche unruhestiftende Veranstaltungen hart durchgreifen müsse. Wann würden sie alle endlich aufhören, mich von irgendetwas überzeugen zu wollen? Warum ließen sie mich nicht alleine? Es konnte ihnen doch egal sein, was ich dachte und wo ich stand.

Das Ende der Geschichte war jedenfalls, dass sie mich einem Polizeioffizier im braunen Kampfanzug anvertrauten, der eine der Patrouillen leitete. Jan verabschiedete sich, um noch Einkäufe für die Farm zu machen.

Ich ging mit dem Offizier in den Hof hinunter, wo er mir die aufgereihten Fahrzeuge erklärte. Da gab es verschiedene gepanzerte Autos, die Hippos und Kwelas, wie die Schwarzen sie nennen, die mit Wasserwerfern und Geräten zum Schleudern von Gummigeschossen ausgerüstet waren. Dann die Sneezemachine, mit der ich schon Bekanntschaft gemacht hatte. Während der Offizier mir ganz sachlich erklärte, dass diese Maschine ein Gemisch aus 25 Prozent Tränengas und 75 Prozent Reizpulver versprühte, das auf der Haut brannte und nicht so einfach abzuwaschen war, überlegte ich, ob er wohl schon selber einmal sein Wundermittel ausprobiert hatte.

»Sehen Sie«, erklärte er mir, »für einen Außenstehenden mag das alles sehr brutal aussehen. Aber Sie werden selber erleben, wie aggressiv die Schwarzen sind. Sie bewerfen uns mit Molotowcocktails, Steinen und selbst gebastelten Benzinbomben. Sie bauen Gräben in die Straßen, und wenn unsere Fahrzeuge da hängen bleiben und unsere Soldaten versuchen, den Wagen frei zu machen, stürzen sie sich auf uns. So manch ein weißer Soldat ist dabei schwer verletzt worden. Es gab sogar Tote.«

»Vielleicht sollte man darüber nachdenken, warum die

Schwarzen so aggressiv sind? Vielleicht mögen sie die Panzer in ihren Townships nicht.«

Der Offizier sah mich mitleidig an.

»Mein lieber Freund, das ist mal wieder ein typischer Kommentar von euch Ausländern. Glaubt ihr, wir fahren freiwillig da mitten zwischen den Schwarzen spazieren? Das ist ein ganz beschissener Job. Aber jemand muss für Ordnung sorgen. Und es ist kein Ende abzusehen.«

»Weil ihr nur versucht, die Unruhen zu unterdrücken, aber euch nicht um die Ursachen kümmert. Ihr versucht, so lange den Deckel auf den brodelnden Topf zu halten, bis er irgendwann explodiert, statt das Feuer unter dem Topf zu löschen.«

Er verstand mich nicht. Er fragte sich wahrscheinlich nur, was um alles in der Welt seinen Vorgesetzten dazu veranlasst hatte, so einen Typen wie mich mitfahren zu lassen.

Und ich fragte mich, warum ich meine Meinung nicht auch dann sagen konnte, wenn Jan oder Ohm Piet da waren. Würde ich irgendwann den Mut aufbringen, auch ihnen zu sagen, was ich dachte?

Die anderen Soldaten bestiegen den Casspir, und ich wurde zu ihnen geschoben. Die Stahltüren schlossen sich, und wir fuhren los. Es war eng, du fühlst dich wie eingesperrt und glaubst, keine Luft mehr zu bekommen. Wir fuhren nach Soweto rein, kreuz und quer durch die Straßen.

Die Soldaten zeigten mir voller Verachtung, wie dreckig es überall war. Die Menschen gingen ihrer Beschäftigung nach. Zum Teil beachteten sie uns gar nicht. Die Panzer gehörten zu ihrem täglichen Leben. Ab und zu flog ein Stein, aber der Werfer war selten auszumachen.

Wir bogen in eine Seitenstraße ein. Hier war es ruhig, nur einige Kinder spielten mit einer verbeulten Blechdose Fußball. Am Ende der Straße ein großer Sandhaufen. Davor ein kleines Mädchen, vielleicht fünf Jahr alt. Hinter dem Sandhaufen mussten sich andere versteckt halten, denn als wir ihn passierten, hagelte es Steine. Für einen Moment waren alle im Wagen abgelenkt, und da war es auch schon passiert.

Der Wagen blieb in einem dieser gefürchteten Gräben stecken, den die Schwarzen quer durch die Straßen gezogen hatten. Er war so geschickt getarnt, dass man ihn erst im letzten Moment sehen konnte, und diesen Moment hatten sie überspielt, indem sie Steine warfen. Alle fluchten. Auf ein Kommando des Offiziers verließen drei den Panzer, die anderen sollten Feuerschutz geben.

Als sich die Soldaten dem Sandhaufen näherten, stoben nach allen Seiten Kinder davon. Man konnte gar nicht so schnell hinterhersehen, wie sie zwischen den Häusern verschwanden. Es wurde geschossen, Staub wirbelte auf, aber zum Glück wurde keiner getroffen.

Laut fluchend machten sich die Soldaten daran, den Casspir wieder flottzumachen, immer mit einem Auge nach möglichen Angreifern suchend. Nach 20 Minuten harter Arbeit war es geschafft.

Auch ich war inzwischen aus dem Wagen geklettert, um zu helfen. Niemand hatte das kleine schwarze Mädchen beachtet, das ungerührt von den Ereignissen weiter im Sand Kuchen backte.

Die Fahrt konnte weitergehen, wir stiegen wieder ein.

Da flog erneut ein Stein. Er prallte direkt neben mir auf den Deckel der Einstiegsluke. Erschrocken sprang ich zur Seite.

Außer mir befand sich nur noch ein großer Soldat mit einem roten, von der Anstrengung verschwitzten Gesicht außerhalb des Wagens. Er hatte schon einen Fuß auf der Einstiegsluke, drehte sich jetzt aber blitzschnell um und feuerte mehrmals hintereinander in die Luft.

Zwei Kinder, die sich hinter dem Sandhaufen versteckt gehalten hatten, liefen kreischend davon. Auch das kleine Mädchen war aufgestanden. Es hob seine kleine Faust, rief »Amandla!« und lief hinter den anderen Kindern her.

Der Soldat feuerte wieder. Die beiden größeren Kinder liefen weiter, nur das kleine Mädchen stolperte und fiel hin. Es schrie nicht, es weinte nicht, aber es stand auch nicht wieder auf.

Der Soldat packte mich am Arm.

»Los, einsteigen! Wir müssen hier weg!«

Ich schüttelte ihn ab und rannte zu dem Kind. Es lag regungslos auf dem Boden. Aus seinem Mund lief Blut.

Inzwischen war der Offizier wieder aus dem Wagen geklettert und kam mit dem Soldaten zu mir. Er bückte sich und legte seine Hand auf die Brust des Kindes. Schließlich schüttelte er den Kopf.

»So ein Mist!«, sagte er. »Das hat uns gerade noch gefehlt. Mensch, Ken, musste das sein? Wie oft hab ich dir gesagt, du darfst dich nicht provozieren lassen.«

Ich starrte ihn fassungslos an. Da lag ein totes Kind, erschossen von einem seiner Männer, und er fragte nur, ob das sein musste.

»Es hat doch nur im Sand gespielt«, sagte ich leise.

Der Soldat zuckte mit den Schultern.

»In zwei Jahren hätte sie auch Steine geworfen. Du hast doch gehört, was sie gesagt hat. Hier saugen sie die revolutionären Sprüche mit der Muttermilch ein! Und dann schmeißen sie Bomben auf weiße Wohngebiete.«

»Aber jetzt hat sie nichts getan!«

Der Offizier sah mich an.

»Nun halte hier keine Moralpredigten. Es ist nun mal passiert. Meine Männer sind aus gutem Grund so nervös. Schließlich ist das hier ja keine Vergnügungsfahrt. Und nun steig endlich ein, bevor noch mehr passiert!«

Ich ging ein paar Schritte zurück. Als sie auf mich zukamen, drehte ich mich um und lief davon. Irgendwo zwischen die Häuser, ohne nachzudenken. Ich wollte nur weg von ihnen. Zuerst verfolgten sie mich. Ich hörte ihre Schritte, sie riefen. Dann war es still. Ich lief kreuz und quer, in eine Straße rein, zwischen Häusern durch. Nur weg.

Dann hörte ich leises Kichern und Flüstern, das immer lauter wurde. Als die ersten Blechdosen um meinen Kopf flogen, sah ich mich im Laufen um. Es waren Kinder, die sich einen Spaß daraus machten, mich, einen Weißen, durch ihre Township zu jagen.

Als Weißer alleine in der schwarzen Township, das hätte schlimm für mich ausgehen können. Und ich hätte es ihnen nicht einmal verdenken können, wenn sie statt mit Blechdosen mit Steinen nach mir geworfen hätten. Ich war weiß, und weiß waren die Soldaten, die ihre Freunde erschossen, weiß waren die Polizisten, die nachts ihre Häuser durchsuchten, weiß die Beamten, die ihnen die Arbeitserlaubnis und die Aufenthaltsgenehmigung verweigerten. Weiß war die Farbe, die sie hassen mussten.

Erst als sich größere Jungen anschlossen und sie anfingen, mir den Weg abzuschneiden, wurde mir langsam klar, dass ich hier herausmusste. Und dann fielen die ersten Steine. Einer traf mich an der Schulter. Ich stolperte und spürte, wie mein Hemd nass wurde. Ich schlug einen Haken und kam wieder auf eine größere Straße. In der Ferne sah ich zwei Panzer, die auf mich zukamen. Die Schwarzen blieben ein wenig zurück. Aber zu den Panzern wollte ich auch nicht.

Ich stand da mitten auf der Straße. Hinter mir die zögernden Schwarzen. Vor mir die langsam näher kommenden Panzer. Sie suchten mich wahrscheinlich. Schließlich hatte der Offizier ja die Verantwortung für mich übernommen. Wahrscheinlich hatte er Angst vor seinem Vorgesetzten. Vor einem der flachen grauen Gebäude am Rande der Straße stand ein Schwarzer, der die Szene beobachtete. Er winkte mir zu, und da ich keine andere Möglichkeit sah, nahm ich sein Angebot an und lief zu ihm.

Er führte mich durch eine Art Gebetsraum hindurch in einen kleinen Raum am anderen Ende des Hauses. Vom Fenster aus konnte ich beobachten, wie die Panzer vorbeifuhren. Sie hatten mich nicht bemerkt. Dann kamen die Schwarzen. Sie redeten mit dem Schwarzen vor dem Haus. Nach einem längeren Hin und Her zogen sie ab.

Er kam und brachte mir was zu trinken.

»Hier bist du erst mal sicher. Ich verstecke in der Kirche auch oft schwarze Jugendliche vor der Polizei. Aber du bist ganz schön verrückt, wenn du hier als Weißer alleine herumläufst.«

Später habe ich von Thomas erfahren, dass er mich tatsächlich für ein bisschen verrückt gehalten hat, weil ich die anderthalb Tage, die ich dort blieb, nur vor mich hin gestarrt hätte und kein Wort aus mir herauszubringen war.

Ich erinnere mich an diese Tage gar nicht mehr. Ich lag auf dem Bett, aber ich war weit fort. Ich stand neben dem Mädchen und sah auf seine kleine Faust, die es auch im Tod noch geballt hatte.

Manchmal, wenn ich einnickte, hörte ich die Schüsse wieder und sah, wie die anderen weiterliefen. Nur sie fiel um. Jedes Mal wachte ich dann schreiend auf, und jedes Mal stand der schwarze Priester neben mir und redete beruhigend auf mich ein.

Am Abend des zweiten Tages ging es mir besser. Ich hatte einige Stunden geschlafen, zum ersten Mal, ohne von ihr zu träumen. Als ich aufwachte, hörte ich im Nebenraum Stimmen. Ich stand leise auf und öffnete die Tür einen Spalt. Der Raum, in den ich sah, war klein und bis auf den letzten Zentimeter mit Tischen und Bänken ausgefüllt.

Ungefähr sieben Erwachsene, alles Schwarze, saßen dort und blickten erwartungsvoll auf den Lehrer an der Tafel. Im Gegensatz zu mir war Thomas nicht im Geringsten überrascht, mich zu sehen.

»Na, ausgeschlafen?«, fragte er nur, als er mich in der Tür stehen und ihn anstarren sah. Er gab seinen Schülern eine Aufgabe und kam zu mir herüber.

»Dich bringt wohl gar nichts aus der Fassung? Woher weißt du, dass ich hier bin?«, fragte ich statt einer Begrüßung.

Er grinste bloß.

»Wir Schwarzen haben einen siebten Sinn, der uns warnt, wenn Weiße in der Nähe sind. Das ist oft reines Überlebenstraining. Ein Weißer in der Township, das bedeutet für die Leute hier nur selten etwas Gutes.«

Er fragte nicht, warum ich hier war, und ich war ihm dankbar dafür. Ich wollte nicht erinnert werden.

»Was machst du hier?«, fragte ich ihn stattdessen.

»Ich komme jede Woche, um den Leuten Lesen und Schreiben beizubringen. Fast 50 Prozent der schwarzen Erwachsenen sind Analphabeten oder können nur das Nötigste entziffern, weil sie als Kinder keine Chance hatten, in die Schule zu gehen.«

Er machte eine Pause.

»Heute bin ich allerdings schon am Morgen gekommen. Es hat eine große Beerdigung gegeben. Vor zwei Tagen haben Soldaten die kleine Sara erschossen. Sie ist heute begraben worden.«

Ich schluckte.

»Wo? Ich meine, wo hat man sie erschossen?«

Er sah mich eine Weile schweigend an.

»Hier ganz in der Nähe. Sie hatte im Sand gespielt. Ein paar Comrades hatten einen Graben für die Casspirs gebaut. Sie hatte nichts damit zu tun. Sie war ja erst vier Jahre alt.«

Er rüttelte mich am Arm.

»Wann wachst du endlich auf? Wie lange willst du noch Zuschauer spielen?«

Ich gab keine Antwort. Ich ging zurück in mein Zimmer, setzte mich aufs Bett und wartete.

Zwei Stunden später war der Kurs zu Ende, und Thomas und ich sammelten die Bücher ein. Der Pastor der Kirche, in deren Räumen ich mich die letzten Tage aufgehalten hatte, kam, um sich von mir zu verabschieden. Er war es gewesen, der Thomas von mir erzähle hatte. Als ich schlief, hatte er in meiner Hosentasche den Zettel mit der Adresse der Familie Henning gefunden. Offenbar hatte er sich mit ihnen in Verbindung gesetzt und abgemacht, dass Thomas mich wieder aus Soweto hinausbringen sollte, wenn er kam, um seinen Schulungskurs zu halten.

Im Garten schmierte mir Thomas mit den Worten: »Es ist für Schwarze schon gefährlich, nachts durch Soweto zu gehen, aber für einen Weißen ist es mit Sicherheit lebensgefährlich!« eine Hand voll Dreck ins Gesicht und auf die Hände.

Wir liefen über die von Flutlichtmasten hell erleuchtete Straße. »Hier kannst du auch nachts Fußball spielen«, flüsterte Thomas mir zu. »Nur ist der Zweck der Festbeleuchtung ein anderer. Bei einer Razzia kann die Polizei besser Flüchtende verfolgen und wieder einfangen.«

Er führte mich auf Wegen, die abseits der Routen der Touristenbusse lagen. Die Straßen waren sandig und unbefestigt. Der Wind wirbelte den roten Staub auf, der sich überall festsetzte. Wenn es regnet, verwandeln sich die Straßen in ein einziges Matschfeld.

Auf einem Feld konnten wir Menschen erkennen, die in Autowracks und Zelten hausten. Der Stadtrat von Soweto hatte ihre Baracken abgerissen und das Land verkauft, damit neue Häuser darauf entstehen konnten.

Für die Menschen dort auf dem Feld waren die neuen Häuser zu teuer. Sie sollten freiwillig ins Homeland zurückgehen. Nun warteten sie hier ab, was weiter passieren würde.

Plötzlich zog Thomas mich am Arm zur Seite. Er deutete auf ein lebloses Kleiderbündel am Boden und legte den Finger auf den Mund. Er bog in eine kleine Seitenstraße ein und beschleunigte den Schritt.

»Hast du ihn gesehen? Sie haben wieder ein neues Opfer gefunden.«

»Wer?«

»Als Schwarzer stößt du überall an irgendwelche Grenzen. Ein normales Leben ist gar nicht möglich. Und jetzt täglich die Panzer in den Townships. Es ist doch klar, dass die Leute aggressiv werden. Nicht nur gegen die Weißen, sondern auch gegen alle Schwarzen, die mit der Regierung zusammenarbeiten oder manchmal nur ausgleichend wirken wollen. Der kleinste Verdacht reicht aus, und sie hängen dir einen Benzinreifen um den Hals.

Oftmals wird ein schwarzer Familienvater gezwungen, für die Regierung als Spitzel zu arbeiten. So ein Mann steht dann vor der Alternative, mitzumachen oder seinen Job zu verlieren. Wovon soll seine Familie leben?«

Durch mehrere Seitenstraßen kamen wir dann endlich zur Hütte von Thomas' Onkel, wo wir die Nacht über bleiben wollten. Das Haus aus luftgetrockneten Ziegeln und einem Dach aus Wellpappe gehörte schon zu den komfortablen. Am schlimmsten sind wohl die Blechbüchsen, die Häuser, die ganz aus Wellblech bestehen. Die Hitze staut sich den ganzen Tag über, und abends musst du alle Fenster und Türen öffnen, damit du überhaupt schlafen kannst.

Das Haus hatte zwei Zimmer, etwa fünf mal fünf Meter groß. Der Fußboden war aus Zement, die »Scheiben« zum Teil aus Pappe. Strom sollte noch in diesem Jahr verlegt werden. Wasser gab es am Gemeinschaftshahn an der Straße. Ein Hahn für vier Familien, Luxus in Soweto.

Die Toiletten lagen außerhalb, eine für zehn Familien. Einmal an jenem Abend habe ich die »Telefonzelle«, wie die Schwarzen die Latrine nennen, benutzt. Man muss es gesehen haben, um es zu glauben. Obwohl ich den Weg nicht wusste, verfehlen konnte man sie nicht. Der Gestank wies mir den Weg. Um das Häuschen herum war alles feucht und glitschig. Der Toiletteneimer war offensichtlich mal wieder übergelaufen. Er wurde nicht oft genug geleert bei den vielen Menschen, die ihn täglich benutzten. Dem Unkraut, das hier sehr üppig wuchs, bekam die Umgebung offensichtlich.

Im Licht einer Lampe gruben zwei Kinder im Boden. Als

sie mich sahen, stießen sie einen schrillen Schrei aus und verschwanden im Dunkel der Hütten. Die Lampen und den Eimer ließen sie zurück. In dem Eimer konnte ich mehrere fette Würmer ausmachen, die durcheinander krabbelten.

»Die Leute essen sie zum Maisbrei«, erklärte Thomas mir. »Weißt du, wenn der Vater oder die Mutter verhaftet sind, dann kommt kein Geld rein. Die Miete und alles, wer soll das bezahlen? Fürs Essen bleiben dann oft nur die Würmer, die bei den Toilettenhäuschen besonders dick werden, oder die Müllkippen. Du musst dir eine suchen, wo der Müll der Weißen abgeladen wird. Dort findest du dann Kleider, Löffel, Becher, Möbel, alles umsonst. Wenn du etwas Besonderes zum Essen suchst, musst du montags oder dienstags gehen, dann kommt der Müll vom Wochenende: halbe Sandwiches, Reste vom Aufschnitt, Marmeladenbrote.«

Ich hielt mir die Ohren zu. »Was glaubst du, was du alles runterschluckst, wenn du Hunger hast«, sagte er, als er mein angewidertes Gesicht sah. »Nimm so einen Wurm zum Beispiel. Das erste Mal, wenn du ihn runterwürgen sollst, glaubst du, du musst sterben. Aber wenn nichts anderes da ist, merkst du sehr schnell, dass du stirbst, wenn du die Würmer nicht schluckst.«

Die Familie von Thomas' Onkel bestand aus sechs Personen. Neben dem Ehepaar noch vier Kinder im Alter von zwei bis zwölf Jahren, von denen allerdings nur drei Kinder in der Hütte waren, als wir ankamen.

Der zehnjährige Scipo saß seit einem Monat irgendwo in einem südafrikanischen Gefängnis.

Er hatte bei der Organisation des Schülerboykotts mitgeholfen. Die Schüler in Soweto hatten gestreikt. Sie boykottierten den Unterricht und führten stattdessen Diskussionen über das Thema »Erst Befreiung, dann Erziehung«.

»Verstehen kann ich sie«, meinte Thomas' Onkel. »In der Schule bringen sie uns bei, dass wir ein Problem sind für die Weißen. Dass die Weißen uns besiegen mussten, weil wir zum Chaos neigen und uns sonst gegenseitig umbringen. Die Weißen dagegen bringen Ruhe und Ordnung in unser Leben. Wir haben das noch brav geschluckt, aber die Kids heute sagen: Worauf warten wir? Es wird sich nichts ändern, wenn wir es nicht erzwingen. Wir sind ein Problem für die Weißen. Okay, dann machen wir ihnen Probleme, damit sie Recht behalten.«

Dann, vor einem Monat, hat die Polizei das Schulgebäude umstellt und an die fünfzig Kinder, zwischen sieben und zwölf Jahre alt, verhaftet. Jonathan, der Zwölfjährige, hatte an jenem Morgen zum Glück die Schule geschwänzt. Aber Scipo hatten sie mitgenommen. Bis jetzt wussten die Eltern nicht einmal, wo er sich befand.

Jeden Tag zog Thomas' Tante zum Polizeipräsidium, um nachzufragen. Und auch das war ein Risiko, denn sie besaß keine gültigen Aufenthaltspapiere für Soweto. Jeden Tag befürchtete der Rest der Familie, dass sie auch die Mutter dabehalten würden. Sogar im Leichenschauhaus waren sie schon gewesen. Dort war er jedenfalls nicht.

Die Kinder wichen erschrocken vor mir zurück, als ich

eintrat. Das Kleinste schrie auf und rannte in Panik zu seiner Mutter, um sich zu verstecken.

Auch die Eltern machten ein erschrockenes Gesicht. Erst als Thomas etwas auf Venda zu ihnen sagte, gab der Onkel mir die Hand und begrüßte mich freundlich. Wahrscheinlich hatte Thomas ihnen gesagt, dass ich für ihre Sache arbeite. Das war mir unangenehm, weil ich nicht vorhatte, mich irgendwo einzumischen. Ich wollte nirgends neu einsteigen, mich verwickeln lassen in neue komplizierte und gefährliche Unternehmen. Jonathan, der Älteste, starrte mich die ganze Zeit finster an. Auch zu Thomas hatte er kein gutes Verhältnis. Später erfuhr ich, dass er nicht verstand, warum Thomas mit Weißen zusammenarbeitete. Für Jonathan und seine Freunde gab es keine Zusammenarbeit mit Weißen.

Wir aßen Pap'n Vleis, Maisbrei mit Fleischstückchen. Das Fleisch hatte Thomas mitgebracht. Als ich sah, wie die Kinder die Fleischstücke hinunterschlangen, nahm ich mir nur ein wenig von dem Brei. Er schmeckte, weil ich Hunger hatte. Thomas beobachtete mich amüsiert, und darum sagte ich: »Schmeckt ganz gut. Ist sicher sehr nahrhaft.«

Er grinste mich an.

»Oh ja, ich glaube schon. Aber wenn du morgens, mittags und abends nichts anderes kriegst, hängt dir auch das Nahrhafteste zum Halse raus. Zum Glück haben sie alle zu großen Hunger, um sich Gedanken darüber zu machen, ob eine Sache schmeckt oder nicht.«

7

Wir waren gerade mit dem Essen fertig, als es klopfte. Zweimal. Pause. Noch zweimal. Das verabredete Zeichen.

Es waren sechs Schwarze, die sich durch die enge Tür in die Hütte drängten. Vorsitzende von Straßenkomitees, die sich überall in den Townships gebildet hatten. Sie waren so in Thomas' Alter, also Mitte Zwanzig, wenn nicht sogar jünger.

Ich hatte im ersten Moment Angst vor ihrer Reaktion. Wer wusste schon, was sie mit einem Weißen anfangen würden, der ganz mutterseelenallein so unverhofft in ihre Hände geriet.

Sie schauten zwar verwundert, aber dann begrüßten sie mich als »Comrade« in ihrer Runde.

»Wir wollen ein Südafrika, in dem alle zusammenleben können«, sagte einer und klopfte mir auf die Schulter.

»Ein Südafrika, in dem die Menschen nicht länger nach Rassen sortiert werden. Darum brauchen wir auch die Unterstützung der Weißen. Wer es ehrlich meint, ist uns willkommen.«

Für mich sahen alle gleich schwarz aus, obwohl es sich um Angehörige aus verschiedenen Stämmen handelte: zwei Zulu, zwei Xhosa, zwei Tsonga und zwei Venda, nämlich Thomas und sein Onkel.

Sie lachten, als ich ihnen das sagte. Einer der Xhosa meinte: »Du triffst genau den Punkt. Ich bin ein Xhosa, der da ist vom Stamm der Zulu, aber wir beide sind schwarz. Und dies Bewusstsein ist stärker als alle Stammesunterschiede. Der Weiße versucht, uns zu spalten, indem er die Unterschiede zwischen den einzelnen Stämmen, die natürlich bestehen, betont. Den meisten Schwarzen ist aber längst klar geworden, dass der Weiße uns nicht schlecht behandelt, weil wir Xhosa oder Zulu sind, sondern weil wir schwarz sind.«

Thomas' Onkel ergriff das Wort.

»›Nie-Blankies‹, ›Non-Whites‹, so stand und steht es zum Teil noch über Toiletten, Bushaltestellen, Stränden, Eingängen in Geschäfte, die ich benutzen darf. Ich war nur das Negativbild der Weißen, ein Nichtweißer. Das Wort allein klingt nach Schmutz. Dann aber habe ich entdeckt, dass ich schwarz bin und die Weißen Nichtschwarze. Es kommt eben nur auf den richtigen Blickwinkel an.«

Der zwölfjährige Jonathan hatte mich, seit ich in die Hütte gekommen war, misstrauisch beobachtet, ohne ein einziges Wort mit mir zu reden. Jetzt rief er zornig: »Wir sind schwarz, und darauf sind wir stolz. Unseren Eltern hat man eingeprügelt, dass ein Schwarzer schlecht, ungebildet und minderwertig ist. Wir werden es ihnen zeigen! Wir holen uns, was uns gehört. Und dazu brauchen wir die Weißen nicht!«

Er spuckte mir ins Gesicht, stand auf und verließ die Hütte. Seine Mutter entschuldigte sich für ihren Sohn, aber das war nicht nötig. Ich verstand ja seinen Zorn. Und seine Worte kamen mir bekannt vor. Die Tochter von Barbra, der Köchin bei den Hennings, hatte in ihrem Brief an die Mutter ähnlich geredet.

Bevor Jonathans Mutter mit den Kleinen im hinteren Raum, der als Schlafzimmer diente, verschwand, sagte sie noch zu mir: »Früher war ich stolz darauf, eine Venda zu sein. Ich wollte, dass meine Kinder die Stammestraditionen genau kennen. Ich mochte meine Nachbarn, eine Zulufamilie, nicht besonders. Ich sah es nicht gerne, wenn Jonathan und Scipo mit deren Kindern spielten. Sie sollten mit Vendakindern spielen. Jetzt sieht es anders aus. Die kleine Tochter meiner Nachbarin wurde erschossen von weißen Polizisten, mein Sohn sitzt in einem weißen Gefängnis. Als die Weißen anfingen, auf unsere Kinder zu schießen und sie zu verhaften, da haben sie den entscheidenden Fehler gemacht. Gemeinsames Leid kennt keine Stammesgrenzen! Wenn wir Schwarzen zusammenhalten, werden wir sie eines Tages besiegen, denn wir sind in der Mehrheit.«

Die ganze Unterhaltung fand auf Englisch statt, was alle verstanden und ausreichend sprachen. Die englische Sprache war eine weitere Verbindung über alle Stammesgrenzen hinweg.

Dann begann die eigentliche Diskussion, die so oder ähnlich jede Woche stattfand, immer an einem anderen Treffpunkt. Sie diente der politischen Schulung der schwarzen Komiteevorsteher, die ihrerseits auch wieder Diskussionsrunden abhielten.

Eine ganz wichtige Rolle spielten dabei die Kinder. So zog Jonathan zurzeit wieder von Schule zu Schule, um in den Klassen über die Politik der Regierung und Möglichkeiten des Widerstandes zu diskutieren.

»Wir wollen nicht«, so eröffnete Thomas das Gespräch, »dass die Weißen unsere Ketten in Gold verwandeln. Wir wollen unsere Ketten loswerden!« Die anderen hoben in stummem Protest ihre geballte Faust. Für sie waren die Reformen, die laut Ohm Piet den Untergang der Republik Südafrika einläuteten, nichts weiter als Kosmetik.

Thomas zitierte Minister Koornhof, der gesagt haben soll, dass »jede unnötige Diskriminierung in Zukunft vermieden« werden sollte.

»Sie werden einige Gesetze ändern«, erklärte einer der Xhosa. »Vielleicht sogar abschaffen. Seit 1979 sind zum Beispiel Facharbeiterplätze nicht mehr per Gesetz den Weißen vorbehalten. Aber es gibt auch kein Gesetz, das besagt, Schwarze und Weiße müssten gleichberechtigt werden. Ich habe in meiner Firma einen Facharbeiterjob, aber mein Kollege in der Fabrik nebenan wird nie diese Chance haben, egal wie gut er ist. Der Besitzer lehnt schwarze Facharbeiter ab. Er macht weiter wie bisher. Ein Betriebsrat und gewerkschaftliche Arbeit sind zwar per Gesetz auch erlaubt, aber keiner traut sich, einen Antrag bei der Firmenleitung zu stellen. Du stehst zu schnell auf der Straße, und draußen warten Tausende, um deinen Job zu bekommen.«

»Aber immerhin sind Gewerkschaften theoretisch zugelassen. Das ist doch ein Fortschritt gegenüber vor 20 Jahren.« Dies war mein erster und auch letzter Beitrag zur Diskussion. Sie schrien mich empört nieder.

»Vor 20 Jahren wären wir vielleicht auch noch zufrieden

gewesen. Jetzt aber nicht mehr. Was machen sie denn im Grunde nur? Sie reformieren und schleifen die kantigsten Stellen in ihrem Apartheidsystem ab. Aber das ändert doch nichts am System. Entweder haben sie eingesehen oder nicht, dass es falsch ist, Menschen nach ihrer Haut zu beurteilen – dann kannst du die Apartheid nur abschaffen. Reformieren kannst du sie nicht.«

Thomas' Onkel blätterte unterdes in einem kleinen Büchlein, dessen Seiten eng beschrieben und schon ziemlich abgegriffen waren. Die anderen grinsten, als er die Hand hob und um Ruhe bat. Er hielt mir das kleine Buch entgegen.

»Meine Vorster-Bibel. Gesammelte Zitate unseres verehrten, zum Glück verstorbenen Premierministers«, erklärte er mir. »Darin lese ich immer, wenn ich den Mut verliere. Hier, das ist mein Lieblingszitat: ›Auch die Schwarzen haben eine Seele.‹ Na, hast du das für möglich gehalten?«

Ich verstand ganz gut, warum sie sich aufregten, so viel hatte ich inzwischen über die Reformen gelernt. Das Kernstück der Apartheid wurde ja gar nicht berührt: Das Gesetz über die Registrierung jedes Südafrikaners nach seiner Hautfarbe nämlich, der Population Registration Act. Im neuen Pass erscheint dieser Eintrag über die Rasse nur versteckt, als Code. »Was habt ihr vor?«, fragte ich sie. »Was könnt ihr überhaupt tun?«

»Eine Menge. Die Leute lassen sich nicht mehr alles

gefallen. Sieh dir die Kinder an. Sie sind bereit, für die Freiheit zu sterben.«

»Wirst du auch Bomben in weißen Wohngebieten legen?«

»Sie töten schwarze Kinder, aber wir sind nicht besser, wenn wir ihre Kinder töten«, antwortete Thomas für alle. »Versteh mich recht, ich habe großes Verständnis für meine Freunde, für Jonathan und seine Comrades. Sie sagen: Worauf wartest du noch? Freiwillig geben die Weißen keins ihrer Privilegien auf. Sie werden noch in 50 Jahren darüber nachdenken, wie man am besten die Schwarzen an der Macht teilhaben lässt, ohne selber die Macht zu verlieren. Nur, ich glaube, dass sich mit Bomben, erschossenen Kindern, weißen und schwarzen, kein neues Südafrika erbauen lässt.«

Thomas sah auf seine Armbanduhr. Es war kurz nach Mitternacht. Die Ersten mussten bereits um 4.00 Uhr den Bus nach Johannesburg besteigen. Im Eildurchgang berichteten die einzelnen Schwarzen dann von den Aktionen in ihren Stadtvierteln. Vom Mietboykott zum Beispiel, der seit 1984 anhielt. Die Polizei sperrte immer wieder den Strom und das Wasser, aber die Leute waren inzwischen Spezialisten im Reparieren und Improvisieren. Thomas verteilte Handzettel. Der Mietboykott sollte auf weitere Stadtteile ausgedehnt werden. Dann brachen die anderen auf.

Erst spät in der Nacht schlief ich ein. Thomas schnarchte längst neben mir, als ich mich noch auf dem harten Zementboden hin und her wälzte, jeden meiner Knochen spürte und versuchte, mich gegen die Kälte mit einer alten Zeitung zuzudecken.

Ich wachte auf, als mich jemand am Arm rüttelte. »Los, beeil dich, wir müssen verschwinden!«

Erst jetzt hörte ich den ohrenbetäubenden Lärm, der von draußen hereindrang. Sirenen heulten, schreiende Kinder, brüllende Stimmen. Glas klirrte, Holz zersplitterte.

Thomas, sein Onkel und seine Tante tuschelten miteinander. »Los, mach schon! Wenn sie dich hier finden, nehmen sie dich auch gleich mit, vor allem, wenn sie dich mit mir zusammen sehen.«

»Wer?«

»Frag nicht, komm!«

Der Lärm kam näher.

»Sie sind schon an der Nachbarhütte!«, zischte Thomas' Onkel. Der kleine Junge klammerte sich an seine Mutter.

»Nicht weggehen!«

Sie stieß ihn von sich und flüsterte der siebenjährigen Sana zu: »Du weißt Bescheid. Erst öffnen, wenn wir weg sind. Und vergiss nicht, das Fenster hinter uns zu schließen. Ich komme zurück, sobald sie weg sind!«

Fußtritte an der Tür.

»Aufmachen!«

»Mama, nicht weggehen!«

Sana hielt ihrem Bruder den Mund zu, während wir leise aus dem Fenster in den dahinter liegenden Hof kletterten. Es war taghell draußen. Die Flutlichtmasten erleuchteten alles.

Über zwei Hinterhöfe gelangten wir in eine Seitenstraße. Und dort passierte es. Sie hatten Wachen aufgestellt. Thomas und ich konnten entwischen. Wir schlugen mehrere

Haken und versteckten uns dann in einem Graben am Rande einer Straße unter einem Gebüsch. Wir sahen, wie sie Thomas' Onkel und Tante abführten.

Vorsichtig folgten wir ihnen. An der Hauptstraße standen mehrere Lastwagen. Von allen Seiten wurden alte Leute, Frauen, Männer und vereinzelt Kinder herangeführt. Die meisten waren nur halb angezogen, man hatte sie direkt aus dem Bett geholt. Es waren schwarze Polizisten, der Anführer war jedoch weiß. Dazwischen weinende und schreiende Kinder, die sich an ihre Mütter klammerten.

»Was soll das alles? Was haben sie getan?«, fragte ich Thomas leise.

»Eigentlich gar nichts. Sie leben hier, weil es hier in der Stadt Arbeit gibt. Oft schon seit vielen Jahren. Aber nach dem Gesetz der Weißen haben sie kein Recht, hier zu wohnen. Wer zum Beispiel seine Arbeit verliert, muss sofort zurück ins Homeland, das er oft nicht einmal kennt. Mein Onkel und meine Tante leben seit Jahren so. Jede Nacht gehst du mit der Angst schlafen, dass sie kommen und Kontrollen machen. Meist können sie rechtzeitig flüchten. Heute hatten sie Pech.«

»Pech« nannte er es! Wie Verbrecher wurden sie gejagt in dem Land, in dem sie geboren waren. Und warum? Nur weil sie dort leben wollten, wo es Arbeit gab.

Wir gingen zur Hütte zurück. Die Tür hing zersplittert zwischen den Pfosten. In der Küche sah es aus wie nach einem Tornado. Töpfe, Geschirr, alles lag zum Teil zerbrochen am Boden.

Zuerst dachten wir, sie haben die Kinder auch mitgenommen. Thomas rief leise ihre Namen. Ein leises Wimmern kam aus dem Schlafzimmer.

Unter dem Bett der Eltern fanden wir sie dann, zusammengekrümmt in der hintersten Ecke. Nur langsam ließen sie sich überreden, herauszukommen. Im Kerzenlicht betrachteten wir sie. Ich hatte ja vorgehabt, neutral zu bleiben, mich nicht mehr in eine Sache hineinziehen zu lassen. Über diese Frage habe ich nie wieder nachdenken müssen.

Sana fehlten zwei Zähne. Die Lippen waren geschwollen und blutverkrustet. Der Kleine hatte eine Platzwunde am Kopf, die zum Glück nur noch leicht blutete.

Sana sah Thomas an. Sie begriff sofort, warum ihre Eltern nicht mitgekommen waren.«

»Aber wir haben nichts gesagt. Kein Wort!«, sagte sie immer wieder.

Wir wischten ihnen vorsichtig das Blut ab. Dann räumten wir die Hütte auf. Thomas packte ein paar Kleidungsstücke der Kinder in eine alte Plastiktüte. Er sagte der Nachbarin Bescheid, dass er die Kinder zu einer Cousine bringen wollte. Sie versprach, sich um Jonathan zu kümmern, wenn er wieder auftauchte.

Und dann brachen wir auf. Thomas trug die Tüte und auf der Schulter den Kleinen. Ich wollte Sana bei der Hand nehmen. Sie zögerte, legte ihre Hände auf den Rücken und sah mich an. Schließlich meinte sie: »Du ein bisschen guter weißer Mann!« Sie ging ganz nah neben mir her. Ihre Hand gab sie mir aber nicht.

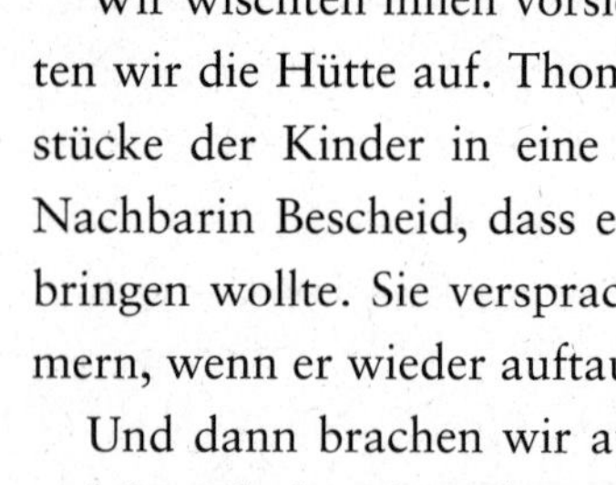

8

Wir gaben die Kinder bei Thomas' Cousine ein paar Häuserblocks weiter ab. Die ganze Familie schlief noch. Schließlich war es erst 3.00 Uhr morgens. Auf unser Klopfen öffnete die Frau. Sie sah uns, die verweinten Kinder und wusste sofort Bescheid.

Sie legte die Arme um die beiden.

»Ich kümmere mich schon um sie. Ist ja nicht das erste Mal.« Sie schob die Kinder in die Hütte.

»Und ihr verschwindet besser sofort«, sagte sie dann hastig. »Vor allem dein weißer Freund da. Nach so einer Nacht ist keiner hier gut auf einen Weißen zu sprechen.«

Thomas nickte. »Du hast Recht. Wir gehen lieber gleich, bevor die Leute zu ihren Bussen aufbrechen. Ich versuche, noch heute das Geld für die Auslösung der beiden aufzutreiben. Frau Henning wird sicher helfen.«

Es wurde langsam hell, und wir machten, dass wir davonkamen. Auf Schleichwegen führte Thomas mich aus Soweto hinaus. Ohne Pause eilte er durch die Straßen, über Felder und Wiesen. Schließlich stießen wir auf die Eisenbahnlinie. Auf den Schwellen marschierten, stolperten wir vorwärts.

»Lass uns auf einen Zug warten und aufspringen!«, bat ich schließlich.

Bist du lebensmüde? Der nächste Zug kommt direkt aus Soweto, voll gepackt mit Schwarzen, die unausgeschlafen sind und statt einem anständigen Frühstück nur Wut auf die Weißen im Bauch haben. Meinst du, die werden dich freundlich begrüßen und dir womöglich noch beim Aufspringen helfen? Nein, mein Lieber, das hier ist kein Kinderspiel. Das hättest du wissen müssen, bevor du in den Casspir einstiegst.« Es war das einzige Mal, dass Thomas durchblicken ließ, dass er wusste, wie und warum ich in Soweto aufgetaucht war.

Ich spürte meine Füße schon nicht mehr, als Thomas auf einmal wie wild anfing zu wedeln. Ein Taxi! Und es beförderte sogar gegen ein gehöriges Trinkgeld Weiße und Schwarze gemeinsam. Die Fahrt nahm kein Ende, aber endlich kamen wir dann doch bei den Hennings an.

Glenn stürzte uns entgegen und umarmte mich. Eigentlich mag ich so etwas gar nicht, aber in diesem Moment war ich selber glücklich, wieder weiße Gesichter zu sehen.

Sie fragte nicht viel, setzte uns stattdessen ein umfangreiches Frühstück vor. Thomas erzählte von seinem Onkel, und Glenn zog sofort mit ihm los, um die beiden freizukaufen.

Gegen Mittag kam sie müde zurück. Die Tante war freigekommen, aber Thomas' Onkel wurde beschuldigt, regierungsfeindliche Boykotts zu planen. Die Flugblätter mit dem Aufruf zum Streik! Die Polizisten hatten sie in seinem Haus gefunden. Wie lange er im Gefängnis bleiben musste, wusste Glenn auch nicht. Bis jetzt war noch nicht einmal Anklage erhoben. Es konnte Jahre dauern.

»Und wenn er dann herauskommt, falls er herauskommt, dann wird auch er nicht mehr mit den Weißen zusammen nach einer Lösung für Südafrika suchen«, meinte sie traurig. »Hast du eigentlich noch Hoffnung, dass es jemals eine friedliche Lösung geben wird?«, fragte ich sie.

»Es muss sie geben. Die Regierung ist auf dem richtigen Weg. Heute sagt sie Dinge, die vor einem Jahr noch undenkbar waren. Zum Beispiel, dass die weiße Vorherrschaft auf Dauer beendet werden muss. Nur, immer mehr Weiße driften nach rechts ab. Sie sind für die Wiedereinführung aller Apartheidsgesetze. Und das macht mir Angst. Wie lange wird die Regierung ihren Weg weitergehen können? Sobald ihre Wähler zu den Rechten überlaufen, wird sie die Reformen stoppen.

Ich sehe die Hoffnung nicht sosehr bei den Weißen, denn sie haben Angst. Ich setze auf die Schwarzen, die immer noch offen für eine Zusammenarbeit mit den Weißen sind, die eine Änderung des Systems ohne Gewalt wollen, die auch Verständnis haben für die Ängste der Weißen. Aber die Gruppe der Schwarzen, die die Geduld verloren haben, wächst mit jeder Razzia neu.«

Glenn gehörte zu den Weißen, die sich ernsthaft um eine Zusammenarbeit bemühten. Ihre Solidarität galt vor allem den Müttern in den Townships. Zusammen mit anderen weißen Frauen vom Black Sash versuchte sie, Müttern zu helfen, deren Kinder in Haft saßen. Sie organisierte Proteste, um die Öffentlichkeit auf die Kinderschicksale aufmerksam zu machen.

»Ist das nicht gefährlich?«

»Jedes Engagement für die Gerechtigkeit ist in diesem

Land gefährlich. Aber noch gefährlicher ist es, alles so hinzunehmen. Einer muss anfangen. Wir haben nicht mehr viel Zeit und die Schwarzen nicht mehr viel Geduld.«

Zurzeit organisierte sie gemeinsam mit schwarzen Müttern einen Schweigemarsch aus Protest gegen die Anwesenheit der Panzer in den Townships.

»Wir Mütter haben eines gemeinsam: Wir haben Angst um unsere Kinder. Die schwarzen Mütter fürchten, dass ihre Kinder von den weißen Soldaten erschossen werden. Und wir wollen verhindern, dass unsere Kinder gezwungen werden, auf schwarze Kinder zu schießen.« Sie überlegte einen Moment.

Dann fragte sie: »Hast du Lust, mich morgen zu begleiten?«

Für einen Augenblick krampfte sich mein Magen zusammen. Bis jetzt war ich noch jedes Mal, wenn ich jemanden begleitet hatte, in eine dumme Lage geraten. »Noch eine Kerzenwache? Ich habe von Gefängnissen genug.«

Glenn lachte. »Daran wirst du dich gewöhnen müssen. Jeder von uns steht mit einem Fuß im Gefängnis. Wenn du das nicht willst, musst du zur Seite gehen, Zuschauer bleiben.«

Na ja, und genau das konnte ich eben nicht mehr. Ich wollte auch nur wissen, was sie vorhatte.

»Du hast ja Recht. Wenn du schon was riskierst, sollst du wenigstens vorher wissen, auf was du dich einlässt. Ich will zu einer schwarzen Siedlung fahren, deren Bewohner umgesiedelt werden sollen. Ich sammle Informationen, um durch internationale Proteste zu erreichen, dass der Abbruch aufhört.

Aber vor allem will ich die Weißen hier aufklären, damit jeder meiner Nachbarn weiß, was los ist. Die meisten haben noch nie eine schwarze Township gesehen, geschweige denn betreten. Alles ist so gut arrangiert, dass du als Weißer dein Leben lang kein schwarzes Wohngebiet zu Gesicht bekommen brauchst. Die meisten leben in ihrer weißen Welt, ohne zu wissen, was neben ihrer Haustür passiert.

Ich will, dass sich niemand später hinter der Entschuldigung verstecken kann: Das habe ich nicht gewusst. Bei euch in Deutschland haben viele nach dem Zweiten Weltkrieg gesagt, sie hätten keine Ahnung von den Verbrechen an den Juden gehabt. Hier bei uns soll das keiner sagen können.«

Am nächsten Morgen fuhren wir los. In der schwarzen Siedlung angekommen, verwunderten mich allerdings weniger die bestehenden Gebäude als vielmehr die Ruinen, die dach- und fensterlosen Häuser. Kinder spielten auf Fundamentresten mit Steinen Häuserbauen. Abwässer liefen über die Wege. Es stank. Es gab zu wenig Wasserstellen, gekocht wurde in einem rostigen Topf vor dem Haus. Es qualmte, und über der ganzen Siedlung lag Rauch.

Glenn zeigte auf die stinkenden Abwasserrinnsale und sagte: »Das wäre nicht nötig. Die Einwohner wollen Kanalisation und Strom mitfinanzieren. Der Ort könnte sehr schnell saniert werden. Nur, das liegt nicht im Interesse der

Behörden. Wasser, Brennstoff, alles ist nicht knapp, aber es wird bewusst knapp gehalten, um die Leute zum Umsiedeln zu zwingen. Sie sollen an die Grenze zu Bophutatswana gebracht werden, in eine neue Siedlung. Aber sie wollen nicht weg hier. Es gibt ja auch keinen Grund. Nur die Weißen auf der anderen Seite der Straße stört der Anblick.«

»Ich dachte, es gebe keine Zwangsumsiedlung mehr!«

»Keine Umsiedlung aus politischen Gründen mehr, heißt es offiziell. Die Regierung lässt die Siedlungen, die auf ›weißem‹ Gebiet liegen, verkommen, und dann werden die Leute aus hygienischen Gründen umgesiedelt.«

Wir gingen stundenlang durch die Siedlung. Glenn machte sich Notizen, sprach mit einigen Schwarzen. Ich habe an jenem Tag keine Polizei im Einsatz erlebt. Ich habe kein Tränengas gesehen. Ich habe nur Menschen erlebt, die zusahen, wie Bulldozer ihre Häuser zerstörten, in denen sie seit Jahren wohnten. Nicht etwa, weil diese Häuser baufällig waren, sondern aus dem einzigen Grund, weil diese Häuser auf »weißem« Gebiet lagen.

Ich habe keine Soldaten gesehen und keine Panzer. Ich habe nur Menschen gesehen, die keine Kraft mehr hatten, sich gegen das Unrecht zu wehren.

»Was kann man machen?«, sagte die alte Frau, neben der Glenn und ich standen, während die Bulldozer die Seitenwände ihres Hauses umstießen. »Da habe ich fünf Jahre gelebt. Das Haus in der Millerstreet, wo ich vorher war, haben sie auch abgerissen. Und das in der Bakerstreet auch. Was kann man machen? Ich werde die Steine verkaufen.«

»Wo wirst du hingehen?«

Sie zuckte die Schultern und zeigte auf die Töpfe und Möbel, die in der Sonne auf die Lastwagen warteten.

»Sie werden wissen, wo sie mich hinbringen. Ich kann es ja doch nicht ändern.«

Alles war friedlich an jenem Tag. Keine Proteste, keine erhobenen Fäuste. Nur Menschen, die wie Schachfiguren von einem Feld zum anderen geschoben wurden. Schwarze Menschen, die keinen eigenen Plan für ihr Leben mehr hatten, weil die Gesetze des »weißen« Mannes ihr Leben von Geburt an bestimmten.

Die alte Frau weinte nicht, als ihr Haus zusammenbrach. Sie war auch nicht wütend. Sie sah einfach nur zu. Und sie erzählte von ihren Enkelkindern, die sich dem ANC angeschlossen hatten. Ihre Enkelkinder sahen nicht mehr zu, sie wehrten sich.

9

Seit meiner Rückkehr aus Soweto wurde ich auch von Frank akzeptiert. Ob er mir wirklich vertraute oder ob er es nur tat, weil Thomas es machte, weiß ich nicht. Jedenfalls nahm er mich ab und zu in eine Vorlesung oder abends zu Versammlungen in der Universität mit.

Außerdem traf er sich regelmäßig mit einer Gruppe von Leuten, die für die Abschaffung der Wehrpflicht kämpfen. Frank selber hatte den Wehrdienst aus religiösen Motiven verweigert und war als einer der wenigen anerkannt worden. »Wir wollen die Weißen über die Situation in den schwarzen Townships aufklären«, erklärte er mir. Auf den abendlichen Treffen, an denen auch ich teilnahm, wurden Flugblätter entworfen, öffentliche Veranstaltungen organisiert und Kontakte zu den Bewohnern der Townships hergestellt, was in unserem Fall Thomas übernahm.

»Über das Parlament erreichst du nichts«, wurde ich von Frank aufgeklärt. »Es sind ja nur Weiße vertreten, die ihre Privilegien schützen wollen. Und diese so genannte Verfassungsreform ist Augenwischerei. Die Kammern für Asiaten und Mischlinge können über kulturelle Angelegenheiten ihrer eigenen Gruppen diskutieren. Die wichtigen Entscheidungen werden aber weiter von den Weißen getroffen, und da in erster Linie von den Buren.

Die Reform sollte ein leckeres Bonbon für die Mischlinge und die Asiaten sein, damit sie sich nicht mit den

Schwarzen verbünden. Aber der Zug ist in dem Moment abgefahren, wo sie alle Mischlinge zu Nichtweißen erklärt haben. Ehen zwischen Weißen und einem Mischling galten von heute auf morgen als unmoralisch und strafbar. Wie viele Kinder sind ohne Vater oder Mutter aufgewachsen, weil die Eltern wegen dieses Gesetzes nicht mehr zusammenleben durften? Manche haben es geschafft und sind rückklassifiziert worden.«

»Was sind sie?«

»Rückklassifiziert worden. Es gibt bei uns eine Behörde, da kannst du beantragen, die Hautfarbe zu wechseln. Da wird dann geprüft, ob du dein lockiges Haar von einer schwarzen Ahnin hast oder ob es einfach von Natur aus kraus ist. Kennst du den berühmten Bleistifttest? Wenn du nicht sicher bist, ob jemand reinrassig ist oder nicht, gibt es eine todsichere Methode, es herauszufinden. Du wickelst einen Bleistift um eine Haarlocke, und wenn der Bleistift durch die Locke gehalten wird, hast du mit Sicherheit ein wenig schwarzes Blut, denn Schwarze haben bekanntlich Locken.

Moment, wo habe ich die Statistik. Hier. Allein im Jahr 1986 wurden neun Weiße zu Mischlingen, fünfhundertsechzig Mischlinge verwandelten sich in Weiße, zwei Weiße wurden Malaien, siebenundachtzig Mischlinge wurden zu Indern, neun Inder wurden weiß, sechshundertsechsundsechzig Schwarze wurden Mischlinge, fünf Schwarze wurden Asiaten, vierzig Mischlinge wurden schwarz, aus sieben Chinesen wurden Weiße ...«

Ich hielt mir die Ohren zu.

»Weißt du jetzt, was rückklassifiziert oder umklassifiziert heißt? Die Liste geht noch weiter.«

Das Problem der Mischlinge hatte es Frank besonders angetan. Stundenlang schilderte er mir Fälle, wo die Gesetze Familien zerstört hatten.

Als er mich an einem Abend mit zur Uni nahm, verstand ich, warum. Er stellte mir Nancy vor. Sie hatte genauso helle Haut wie Frank und ich, ihre Haare waren dunkel, aber nicht dunkler als die von Frank.

Nancys Urgroßmutter hatte einen Weißen geheiratet, auch Nancys Vater war ein Weißer. So hatte sich das Erbe im Laufe der Generationen so weit verändert, dass man Nancy die Urgroßmutter nicht mehr »ansah«. Auch Nancys Mutter sah nur noch aus, als hätte sie zu lange in der Sonne gelegen. Aber in der weißen Schule, die Nancy besuchte, hatte jemand das mit der schwarzen Urgroßmutter herausgefunden. Nancys Mutter und die Kinder wurden zu Mischlingen erklärt. Sie mussten das Haus des Vaters verlassen, weil es im weißen Wohngebiet lag. Sie lebten in einer Mischlingssiedlung. Der Vater kam regelmäßig zu Besuch. Seit 1984 durfte er wieder bei ihnen wohnen. Nancy hatte noch Glück gehabt. Ihre Familie hatte zusammengehalten. Die meisten Ehen zerbrachen.

»Ich hasse das Wort ›coloured people‹«, erklärte Nancy. »Denn es stimmt nicht einmal. ›People‹ heißt, du hast ein Volk mit eigener Sprache. Mit einer Kultur, die uns von den anderen Völkern unterscheidet. Aber unsere Kultur ist die der Weißen. Fast alle von uns sehen Afrikaans als ihre Muttersprache an. ›Coloured‹ bedeutet, dass du nirgendwo hingehörst, weder zu den Weißen noch zu den Schwarzen. Du hast von beiden etwas mitbekommen, aber du gehörst zu keiner Seite ganz.«

Abgesehen von solchen ernsten Gesprächen war Nancy eher ein fröhlicher Mensch. Wo sie war, gab es immer etwas zu lachen. Ich mochte sie auf Anhieb sehr gerne. Und wenn sie nicht Franks Freundin gewesen wäre ... Na ja, da war natürlich auch noch der Altersunterschied ...

Ehe ich mich versah, war ich in die unterschiedlichsten Aktivitäten und Pläne einbezogen. Jan und die Farm waren weit weg. Nur einmal wurde ich daran erinnert, als ich mit Frank eine Vorlesung besuchte. Vorne in der ersten Reihe erblickte ich plötzlich jemanden, der mir bekannt vorkam. Hendrik oder so hieß er. Während der Professor weiterredete, überlegte ich, wo ich ihn gesehen hatte. Es war auf der Farm gewesen, an jenem Abend in der Hütte. Er hatte zu denen gehört, die diese Fragen nach meiner Großmutter und meinem jüdischen Blut gestellt hatten.

In der Pause ging ich zu ihm und begrüßte ihn. Ich wollte wissen, was er hier machte. Soweit ich wusste, arbeitete er irgendwo im Büro, war aber kein Student. Er blitzte mich zornig an und zischte: »Verschwinde!«

Ich ging zurück zu meinem Platz neben Frank.

»Kennst du den?«, fragte Frank verwundert. »Der kommt seit einigen Wochen regelmäßig vorbei.«

Ich sagte ihm kurz, dass ich ihn auf der Farm kennen

gelernt hatte, aber offensichtlich wollte er nichts mit mir zu tun haben. Frank blickte mich nachdenklich an.

»Vielleicht hat er seine Gründe, warum er nicht erkannt werden will. Wir sollten ihn im Auge behalten. Womöglich spitzelt er für den B.O.S.S., den Staatssicherheitsdienst.«

10

Auch mit Thomas traf ich in den nächsten Wochen sehr oft zusammen. Er war einer der Verbindungsleute zwischen der UDF und dem ECC und war auf den meisten Treffen auch in Franks Zimmer dabei.

Wenn ich behaupten wollte, wir freundeten uns an, so ist das wohl zu viel gesagt. Aber irgendetwas trieb mich immer in seine Nähe, und anfangs wollte ich ihm wohl nur beweisen, dass ich nicht zu den Weißen gehörte, die er verachten musste.

Ich unterhielt mich gerne mit ihm, vielleicht, weil ich bei ihm ganz offen sein konnte. Er kannte meine Geschichte und wusste als Einziger, dass ich sie auch kannte. Er erzählte mir vom Leben seiner Freunde in Soweto. Er blieb dabei ganz sachlich. Zornig habe ich ihn nie gesehen.

»Ich lege meine Maske nie ab«, erklärte er, als ich ihn einmal darauf ansprach. »Ich habe das ganze Jahr über Karneval. Warum stört dich das? Ihr Europäer wollt uns doch so haben, damit ihr sagen könnt: Seht mal, sie lächeln. Es kann alles nicht so schlimm sein, wie sie es bei uns in den Zeitungen schreiben!«

Zu Beginn sagte er noch häufiger solche Dinge, um mich zu testen oder zu verletzen, ich weiß es nicht, aber je öfter wir miteinander sprachen, desto seltener wurden derartige Angriffe. Nur über Ohm Piet und die Farm sprachen wir beide nie.

Wie ich erst jetzt erfuhr, arbeitete Thomas neben seinem Studium als freier Mitarbeiter beim »Sowetan«, der größten Johannesburger Zeitschrift für Schwarze. Er schrieb Artikel über Wohnprobleme, die Situation der Schwarzen in den Bergwerken und die Auswirkungen der neuen Passgesetze.

Tagelang begleitete ich ihn auf seinen Fahrten in die Umgebung und lernte dabei die Probleme aus der Sicht der Schwarzen kennen. Es hat durchaus Fortschritte gegeben, das gab auch Thomas zu.

»Wir haben vieles erreicht, von dem unsere Eltern nur träumten«, erklärte er mir. »Es gibt schwarze Bauunternehmer und schwarze Ladenbesitzer. Und doch bleibt der Weiße der Oberboss, weil er bestimmt, wo der Schwarze bauen oder seinen Laden aufmachen darf. Und außerdem: Am Leben der Mehrheit hat sich nicht viel geändert.«

Vieles von dem, was er sagte, hatte ich selber kennen gelernt: die kleinen Baracken, durch die der Wind pfiff, keine Elektrizität oder warmes Wasser. Morgens zum Frühstück muss man erst über die Leute klettern, die auf dem Boden – in alte Zeitungen gehüllt – schlafen. Dann der ständige Qualm in dem

Haus von den billigen Feuerstellen. Du gehst zum Klo, und der Eimer fließt über, weil er zu selten geleert wird. Die Straßen sind staubig oder matschig, die Flutlichtmasten.

»Als Schwarzer bist du ständig frustriert«, sagte Thomas. »Du wirst immer nur hin und her geschubst, schämst dich vor deinen Kindern. Wie sollen sie dich achten, wenn sie mit ansehen müssen, wie du halb nackt, zitternd vor Angst, abgeführt wirst. Und dann wirst du aggressiv gegen deine Frau, die Kinder, die Nachbarn, die Verwaltung, gegen alles. Dann schickt die Regierung Panzer, denn es geht vielen so. Die Panzer sollen Ruhe und Ordnung wiederherstellen. Welche Ordnung? In deinem Leben gibt es keine Ordnung. Immer, wenn du gerade Ordnung geschaffen hast, wird sie durch irgendeine Bestimmung, ein Gesetz, das du missachtet hast, wieder durcheinander gebracht.

Und dann die Kinder! Ich kann sie verstehen. Sie fragen voll Zorn: Warum sollen wir lernen, schuften wie unsere Eltern? Wir stoßen ja doch überall an die Grenze, wo es heißt: Hier ist Schluss für dich! Diese Kinder sind nicht schlechter als die Weißen. Sie sind nur schwarz. Sie sind wie die Vögel. Den meisten von ihnen hat man die Flügel gestutzt. Und die, die fliegen gelernt haben, können auch nicht herausfliegen. Sie stoßen doch immer wieder an das Netz, das über dem Käfig liegt.

Die Regierung hat mit ihren Reformen das Netz ein wenig höher gelegt. Die Vögel können ein paar Meter weiter fliegen. Aber das reicht ihnen nicht mehr. Sie wollen das Netz zerreißen, auch wenn sehr viele bei dem Versuch sterben werden.«

11

Es passierte, als wir mitten in den Vorbereitungen für einen Generalstreik waren. Eine Woche lang sollte das Leben in Südafrika lahm gelegt werden, einfach dadurch, dass kein Schwarzer mehr zur Arbeit erschien, in weißen Geschäften nicht mehr eingekauft wurde und so weiter. Die Flugblätter waren gedruckt, die meisten Gewerkschaften spielten mit, der Tag X war festgelegt.

Vor den Fabriken sollten Streikposten aufgestellt werden, zu denen auch ich gehörte.

Ich war längst von einem Mitläufer zu einem aktiven Mitgestalter geworden. Ich nahm an Versammlungen von Studenten und Arbeitern teil, die alle unter das Versammlungsverbot des Ministers für Recht und Ordnung fielen. Im Interesse der Staatssicherheit, des öffentlichen Friedens und um die Förderung feindlicher Gefühle zwischen den verschiedenen Bevölkerungsgruppen zu verhindern, waren Versammlungen jeder Art verboten. 500 Rand Strafe oder sechs Monate Gefängnis bei Verstoß. Wie gefährlich die Sache war, wurde mir direkt nur einmal bewusst. In der Nacht nach einer dieser Versammlungen, auf der ich auch Hendrik wieder entdeckte, wurden die beiden Hauptredner in ihren Wohnungen verhaftet.

Kurze Zeit später fand man Hendrik – mit einer Halskrause um den Hals – verbrannt im Garten seiner Eltern. Die Strafe für Verräter, obwohl es ja nur eine Vermutung, wenn auch eine ziemlich sichere, gewesen war, dass Hendrik die beiden verraten hatte.

Die ersten Male, wenn ich mit Thomas, Frank und Nancy unterwegs war, dachte ich noch ans Gefängnis. Aber man kann sich daran gewöhnen. Die anderen riskierten mehr. Ich als Ausländer konnte immerhin meine Botschaft einschalten. Das war es, was mir Dirk besonders einschärfte. »Verlang den deutschen Botschafter, wenn sie dich einsperren. Ich weiß nicht, was ich deiner Mutter sagen soll, wenn du so spurlos hinter Gittern verschwindest.«

Mutter. Ich habe ihr geschrieben, sie gefragt, warum sie mir nicht die Wahrheit über Großvater gesagt hat. Ein langer Brief kam zurück. Sie hat versucht, es zu erklären: Nachdem sich Großvater von Großmutter Ruth hat scheiden lassen, ist diese mit Mutter, die damals drei Jahre alt war, zu einer guten Freundin, einer »Arierin«, gegangen. Diese Frau hat meine Mutter weiter betreut, nachdem die Gestapo Großmutter Ruth beim Einkaufen verhaftet hatte.

Erst nach ihrem Tod, nach dem Krieg, hat das Rote Kreuz Großvater ausfindig gemacht. Sie lebte dann bei ihm und seiner zweiten Frau. Großvater hat von Kriegswirren gesprochen, und man habe sich verloren. Jedenfalls hat er auf Mutters Fragen immer irgendeine harmlose Antwort gehabt. Durch Zufall hat sie die Wahrheit herausbekommen, als sie ein Gespräch zwischen Großvater und seiner zweiten Frau belauschte. Noch am selben Tag hat sie das Haus verlassen. Da war sie achtzehn. Die zweite Frau hat noch mehrmals versucht, mit Mutter Kontakt aufzunehmen. Sie konnte ja auch nichts dafür, aber Mutter wollte nicht. Erst am Tag ihrer Beerdigung hat sie ihren Vater wieder gesehen, und ich zum ersten Mal meinen Großvater. Mutter hat all das vergessen wollen, sie wollte nicht daran erinnert werden. Jahrelang hat sie geträumt, wie man ihre Mutter im KZ vergast hat, nur weil sie Jüdin war.

»Ich habe geglaubt, all das ist Geschichte, Vergangenheit«, schrieb sie. »Es würde nie wieder passieren. Ich hätte es dir sagen müssen, denn nur, wenn man die Erinnerung wach hält, das Schreckliche an die Kinder weitergibt, wird es vielleicht nicht wieder passieren. Aber du kannst sicher verstehen, dass man schreckliche Dinge vergessen möchte, so als glaubte man, sie dadurch ungeschehen machen zu können.«

Ich konnte sie schon verstehen. Auch ich hatte inzwischen Dinge erlebt, die ich lieber vergessen wollte, so wie die kleine tote Sara. Ich träumte nicht mehr von ihr, wachte auch nicht mehr schweißgebadet auf, hörte nachts nicht mehr den Schuss, sah nicht mehr, wie sie umfiel, aber ich hatte auch noch niemandem davon erzählt. Ich hatte Angst, die Träume kämen zurück.

Mutter habe ich es geschrieben. Diese Briefe waren die ersten richtigen Gespräche, die wir seit vielen Jahren führten. Und die Schuld liegt wohl nicht nur bei ihr.

Es passierte, als ich gerade ein Flugblatt, das wir am Abend vorher entworfen hatten, zu unserer versteckten Druckerei bringen wollte.

Es war ein Brief von Großvater, ein dicker Umschlag. Am liebsten hätte ich ihn gleich in den Papierkorb geworfen, weil ich ahnte, dass ich nicht mehr lange ausweichen konnte. Ich wusste, wo ich hingehörte, aber Großvater wusste es nicht und auch nicht die Bewegung. Zumindest hier in Südafrika müssen sie aber etwas geahnt haben, sonst wäre alles anders ausgegangen, und vielleicht würde Thomas dann noch leben.

Ich nahm den Brief und ging auf mein Zimmer. In dem äußeren Briefumschlag steckte ein sechsseitiger Brief von Großvater an mich und ein weiterer Umschlag, an Ohm Piet adressiert.

Großvater beschwerte sich, dass ich seit Wochen nicht geschrieben hatte. Dann ging er zum eigentlichen Thema über: die Wahl. Ich hatte überhaupt nicht mehr daran gedacht. Hier in Südafrika hatte ich jedes Zeitgefühl verloren.

Sie hatte also stattgefunden, und wenn Großvater mit seiner Partei auch nicht die Fünfprozenthürde genommen hatte, sie waren mit 4,8 Prozent der Stimmen nur knapp gescheitert.

Wobei »scheitern« der falsche Ausdruck ist. 4,8 Prozent der Stimmen! Das mussten Hunderttausende sein, die für Großvaters Programm gestimmt hatten. Wer hätte das gedacht? Ob sie aber wussten, was sie da gewählt hatten? Keiner von ihnen kannte den geheimen Teil des Programms.

Großvater jedenfalls war überglücklich.

»Wir haben den Anfang geschafft, mein Junge!«, schrieb er. »Jetzt können wir die Partei bundesweit ausbauen, und in ein paar Jahren werden wir sehen, wer die Macht in diesem Staat hat.«

Im Grunde musste er froh sein, dass der Einzug ins Parlament noch nicht geglückt war, denn die Partei war auf diesen Erfolg organisatorisch gar nicht vorbereitet. Zwei Prozent, das hatten wir uns schon ausgerechnet. Aber auf Anhieb knapp unter der Fünfprozentmarke!

Am meisten ärgerte ihn die Reaktion der anderen Parteien. »Uns wirft man vor, wir diskriminierten die Ausländer. Ha, aber wenn du erlebt hättest, wie sie uns behandeln! Sie weigern sich, neben mir am Tisch zu sitzen und interviewt zu werden! Bei einer Pressekonferenz haben so linke Chaoten jedes Wort von mir mit dem Zuruf ›Nazis raus!‹ sabotiert. Dabei heißt es doch immer, bei uns gebe es Meinungsfreiheit. Ha! Aber keine Sorge. Noch müssen wir uns das gefallen lassen, aber der Tag wird kommen, wo wir es denen heimzahlen. Für jedes ›Nazi raus‹ werden sie mir büßen!«

Ich saß da, den Brief in der Hand, und konnte mich nicht freuen. Noch vor zwei Monaten hätte ich laut gejubelt über dies für die Partei so fantastische Ergebnis. Ich hatte mit Großvater jeden Schritt zusammen erlebt. Das erste Ziel war erreicht. Wir hatten einen Erfolg errungen, von dem wir vor einem halben Jahr nicht zu träumen gewagt hatten.

Der Erfolg erschreckte mich. Ich verstand nicht, wie die Leute Großvaters Partei wählen konnten. Sie gaben ihm ihre Stimme, weil sie glaubten, er packe ihre Probleme an. Aber sie ahnten nicht, wohin er sie führen wollte. Er benutzte sie nur als Mittel zum Zweck. Und sobald er durch sie an die Macht gekommen war, würde er diesen ganzen demokratischen »Wahlquatsch«, wie er das nannte, abschaffen.

Ich betrachtete nachdenklich den dicken Umschlag, den ich persönlich bei Ohm Piet abgeben sollte. Was mochte da drin sein?

Während ich noch überlegte, ob ich den Umschlag öffnen sollte, erschienen Thomas und Frank. Thomas nahm mir ganz einfach den Brief aus der Hand. Das Wahlergebnis kannten die beiden schon. Dirk hatte es ihnen mitgeteilt. Ihnen, mir nicht. Den Rest des Briefes übersetzte ich.

Thomas pfiff leise.

»Was hat dein Großvater eigentlich vor?«

Er nahm den inneren Umschlag und sah die Aufschrift.

»So langsam wird mir einiges klar. Dein Großvater und Ohm Piet, die Bewegung. Ich glaube, wir sollten den Umschlag lieber öffnen.«

Es war ganz einfach. Großvater hatte den Brief nicht einmal versiegelt. Er ahnte ja schließlich nicht, dass ich ins andere Lager abgewandert war. Wir hielten den Brief über den Wasserkessel in der Küche.

»Und wenn es doch auffällt?«

»Dann kannst du immer noch sagen, der südafrikanische Geheimdienst kontrolliert die Briefe der Familie Henning. Und das ist nicht mal gelogen. Es wäre nicht der erste Brief, der geöffnet wurde«, beruhigte mich Frank.

Zuerst kam ein Brief zum Vorschein. Großvater grüßte die Brüder im fernen Südafrika und dankte allen, die mit so viel Interesse die Wahl in Deutschland verfolgt hatten.

Dann folgte eine ähnlich euphorische Schilderung des Wahlergebnisses, wie ich sie bereits gelesen hatte.

Und dann der Plan. Großvater beschrieb ausführlich, wie er sich das neue Deutschland, sein »Viertes Reich«, vorstellte.

»Die Lösung des Problems, das ihr in Südafrika schon so gut unter Kontrolle habt, steht uns noch ins Haus«, schrieb er. »Die Apartheid als System, Konflikte zwischen den Rassen zu vermeiden, hat sich bei euch gut bewährt. Und Bewährtes soll man übernehmen, natürlich auf unsere Bedürfnisse zugeschnitten. Aber der zentrale Gedanke der Rassentrennung ist übertragbar.«

Ich las den Brief, die vertrauten Worte in Großvaters vertrauter Handschrift. Es war, als wenn du eine Melodie nach Jahren wieder hörst. Sie ist dir immer noch so vertraut, du kannst jeden Ton mitsummen, aber du fragst dich, was dir eigentlich an dem Lied so gut gefallen hat, damals. Vielleicht hast du es nur gemocht, weil es dir so oft vorgespielt wurde. Während ich las, hatten sich Thomas und Frank die Karte vorgenommen, die auch im Brief war. Es war eine Karte von Deutschland in den Grenzen von 1939.

»Ich glaub das einfach nicht!« Thomas sah mich an. »Das gibt es nicht! Da versuchen wir hier, das System abzuschaffen, weil es den Menschen nur Unglück bringt. Und dein Großvater teilt Deutschland in arische und nichtarische Bezirke auf.«

Die Karte war in verschiedenen Farben gehalten. Die Industriezentren und andere wirtschaftlich interessante Gebiete waren braun getönt: arische Gebiete. Auch alle

Städte hatten einen braunen Kreis. Sie waren für Nichtarier nur während der Arbeitszeit zu betreten.

Dann gab es noch gelbe, grüne, rote und blaue Flecken. Hier sollten, meist in ländlichen, wirtschaftlich unbedeutenden Gebieten, die Homelands für die Türken, Jugoslawen, Japaner, die slawischen Volksgruppen, die Afrikaner und andere Nichtarier entstehen.

»Hier, sieh mal«, sagte Frank und zeigte auf einen orangefarbenen Fleck in der Nähe von Frankfurt. »Sogar für die Mischlinge und die Juden hat er ein Gebiet vorgesehen.«

Ich wollte nicht hinsehen.

»Dich scheint das Ganze nicht sehr zu überraschen. Du hast es gewusst!«

»Ich habe sogar an den Plänen mitgearbeitet.«

Thomas starrte mich an.

»Du hast mitgearbeitet? Ach du liebe Güte! Hat dir niemand gesagt, dass du dabei an deinem eigenen Gefängnis mitarbeitest? Hier in das orangefarbene Homeland zu den Mischlingen würdest du gesteckt, ist dir das nicht klar? Oder meinst du, dein Großvater macht für dich eine Ausnahme? Schlag dir das aus dem Kopf. Für jemanden, der die Menschen nach Rassen einteilt, gibt es keine Ausnahmen.«

»Ich stehe nicht mehr auf Großvaters Seite. Er weiß es nur noch nicht. Ich kann das nicht schreiben, versteht ihr. Ich will in sein Gesicht sehen, wenn ich ihn frage, ob er auch Mutter und mich in so ein Homeland sperren will.«

»Ich finde, wir sollten diesen Plan einmal Dirk zeigen«,

meinte Frank. »Man muss doch was dagegen unternehmen. Man sollte ihn veröffentlichen. Damit die bei euch Bescheid wissen.«

»Damit jeder Bescheid weiß, dass ich den Plan verraten habe. Was glaubst du, was sie mit mir machen, wenn ich zurückkomme?«

Thomas sah mich an. »Wovor hast du eigentlich Angst? Die Pläne dieses Großvaters sind doch noch keine Wirklichkeit. Es sind Pläne. Und dagegen kannst du leichter kämpfen!«

»Aber bei uns nimmt niemand die Gefahr ernst, gerade weil es nur Pläne sind. Sie werden nicht zuhören. Es ist ihnen lästig, daran erinnert zu werden, dass es vor sechzig Jahren schon einmal so klein anfing.«

»Dann musst du dafür sorgen, dass sie es ernst nehmen. Du weißt Bescheid. Du warst Teil der Bewegung.«

Das sagte sich so leicht. Weil ich Teil der Bewegung war, wusste ich genau, was sie mit »Verrätern« machten, um zu verhindern, dass Informationen nach draußen gelangten. Es war ein großer Unterschied, ob ich hier in Südafrika an Protesten und Streiks beteiligt war. Als Ausländer konnte ich immerhin mit einer Sonderbehandlung rechnen. Aber drüben in Deutschland – sie würden mich fertig machen, bevor ich irgendetwas weitergeben konnte.

»Du musst es geschickt anfangen. Überleg es dir. Denk daran, sie bauen auch für dich ein Gefängnis. Und dann ist es zu spät.«

Überzeugt war ich nicht, als wir zu Dirk fuhren, um ihm den Plan zu zeigen. Das heißt theoretisch schon. Ich wollte es ja auch verhindern, aber möglichst ohne den eigenen Kopf hinzuhalten.

Dirk war genauso entsetzt wie die anderen, obwohl er einiges geahnt haben muss. Er kopierte den Plan, und dann verschlossen wir den Umschlag so sorgfältig wie möglich. Er überreichte ihn mir.

»Und was soll ich damit?«

Dirk zeigte auf die Aufschrift.

»Dort abgeben.«

»Bist du verrückt? Ich soll zur Farm, um den Brief abzugeben?«

»Natürlich!«, meinte jetzt auch Frank. »Du musst unbedingt hingehen. Gleich an diesem Wochenende. Da haben sie ihr Jahrestreffen.«

Thomas nickte.

»Das ist die Idee. Da kann er sich gleich mal umhören, ob von unseren Streikplänen etwas durchgesickert ist.«

Erst am Abend, als auch Nancy mich bat zu fahren, willigte ich ein. Nancy befürchtete, dass über diesen Hendrik unser Plan verraten worden sei.

»Wenn die Organisation weiß, was wir vorhaben, erfährt es auch der B.O.S.S. Und das kann für uns lebensgefährlich werden. Wir müssten dann den Streik verschieben.«

Mir war nicht wohl bei der Sache, aber ich ließ mich überreden. Noch am selben Abend rief ich Ohm Piet an und sagte ihm, dass ich einen Brief von Großvater hätte, den ich ihm persönlich überreichen sollte. Er schien sich wirklich zu freuen, wieder etwas von mir zu hören, und lud mich für das Wochenende auf die Farm ein.

»Du kannst auch die ganze nächste Woche bleiben, falls man dich freigibt. Jan hat mir schon erzählt, dass du unter strenger Bewachung stehst.« Er lachte. »Und die Sache in der Township habe ich auch schon gehört. Junge, Junge, du machst Sachen. Rennst einfach davon. Sie hätten dich umbringen können, diese schwarzen Teufel. Na ja, vor deinen schwachen Nerven hatte Rudolf uns ja gewarnt. Komm und erhol dich bei uns so lange, wie du magst.«

12

Mit Großvaters Brief in der Tasche machte ich mich also zwei Tage später auf den Weg. In Pietersburg holte Jan mich ab. Auch Ohm Piet war mitgekommen. Während Jan etwas reserviert wirkte, freute sich Ohm Piet sichtlich, mich wieder zu sehen.

Ich übergab ihm den Brief. Er öffnete ihn sofort, las ihn und nickte zufrieden.

»Ich habe schon darauf gewartet. Dein Großvater war fleißig. Und die Wahl war ein voller Erfolg. Es geht vorwärts mit der Bewegung, und das verdanken wir zu einem großen Teil deinem Großvater.«

Auf der Farm herrschte Volksfeststimmung. Überall Zelte und Buden. Es roch nach Bier und gebratenem Fleisch. Ohm Piet führte mich umher und stellte mich denen vor, die ich noch nicht kannte.

»Rudolfs Enkel Manfred.«

Der Name »Manfred« klang ungewohnt, und ich würde nicht so lange bleiben, bis er mir wieder vertraut wurde. Wäre ich wieder »umgefallen«? Das habe ich mich seitdem oft gefragt.

Abends gab es Lagerfeuer, Fahnen, die deutsch-südafrikanische Freundschaft wurde besungen. Es waren viele weiße Südafrikaner anwesend, die zur Widerstandsbewegung der Weißen gegen die Reformpolitik gehörten. Sie beschworen, angefangen bei Ohm Piet, die Erinnerung an siegreiche Schlachten der Vergangenheit.

Dann stand er auf und rief mit laut schallender Stimme: »Ich frage euch, wollt ihr heute aufgeben? Dies Land wurde mit der Kraft, dem Schweiß und den Tränen eurer Väter gebaut. Nicht Schwarze, nicht Juden, nicht die Europäer, sondern Buren waren es, die wahren Afrikaander.«

Hochrufe! Klatschen! Die Stimmung war unbeschreiblich. Und ich saß mitten unter ihnen und fürchtete mich. Die Regierung in diesem Land konnte noch so viele Reformen beschließen. Sie musste sie erst einmal gegen diese immer stärker werdenden Afrikaander durchsetzen. Die hier hatten sich längst in ihre Wagenburg zurückgezogen, beschworen die alten siegreichen Zeiten herauf und waren entschlossen, ihre Privilegien als Weiße gegen jeden zu verteidigen, der sie abschaffen wollte.

Durch Zufall bekam ich ein Gespräch zwischen Ohm Piet und Jan mit. Ich wollte mir nur ein Bier holen, als ich sie abseits von den anderen unter einem Baum stehen sah. Jan redete mit vielen Gesten auf seinen Großvater ein.

Ich suchte nach einem Weg, um mich unauffällig von hinten an die beiden heranzuschleichen. Aber das war unmöglich. Einer von Jans Freunden war immer irgendwie auf Sichtkontakt. Ließen sie mich beobachten?

Heute weiß ich, dass sie es tatsächlich taten. Während Ohm Piet mir nach wie vor wegen meines Großvaters vertraute, waren Jan und seine Freunde misstrauisch geworden, nicht zuletzt wegen meines Verhaltens in der Township. Schwache Nerven hin, schwache Nerven her, sie waren der Meinung, dass mehr dahinter stecken musste als nur der Schock, weil ein Kind erschossen wurde.

Als Jans Mutter mit frisch gebackenen Keksen erschien, waren für einen Moment alle abgelenkt. Ich holte mir schnell ein Bier und näherte mich wie unbeabsichtigt dem Baum, unter dem sie standen. Ich stellte mich so unter die Büsche, dass es nicht so aussah, als wollte ich lauschen. Ich verstand natürlich kein Wort. Nur an zwei Stellen fing ich Wortfetzen auf, als Ohm Piet in seinem Erstaunen Jans Worte laut wiederholte.

»Thomas?!«, war das eine Wort, dann fiel der Name der Hennings. Zum Schluss sagte Ohm Piet: »Halt die Ohren offen. Wir brauchen das genaue Datum des Streikbeginns.«

Ich rückte vorsichtig noch ein Stück näher. Jan drehte sich um. »Wenn du willst, besorge ich dir das Datum noch heute.«

»Was hast du vor, Jan? Lass den Jungen in Ruhe. Ich glaube nicht, dass er da mit drinsteckt.«

»Willst du das Datum oder nicht?«

»Aber keine Gewalt!«

»Wir machen das schon.« Jan ging davon.

Ich schlich mich hinter den Zelten entlang, am Eingang vorbei und dann auf die Straße Richtung Pietersburg. Den Frühzug nach Johannesburg musste ich bekommen.

Ich hatte noch nicht einmal die Hauptstraße nach Pietersburg erreicht, als sie mich mit dem Jeep einholten. Jan war nicht dabei, aber eine ganze Reihe seiner Freunde, die ich damals bei dem Abend in der Hütte kennen gelernt hatte.

»Wir haben dich gewarnt, erinnerst du dich? Mit Verrätern gehen wir nicht sehr vorsichtig um. Und dein Großvater schützt dich da auch nicht.«

Die ersten Schläge schmerzten am meisten. Dann irgendwann ist dein ganzer Körper ein einziger Schmerz. Jede Berührung tut dir weh, und dann kommt der Moment, auf den ich jedes Mal gewartet habe, wenn sie wieder anfingen. Du verlierst das Bewusstsein. Du merkst nicht mehr, was sie mit dir machen. Als ich aufwachte, lag ich auf einem Haufen Heu. Meine Hände und Füße waren gefesselt. Aber bewegen hätte ich mich sowieso nicht können. Alles tat weh. Auch mein rechtes Auge musste etwas abbekommen haben, denn ich konnte kaum etwas sehen.

Sie holten mich noch mehrmals an jenem Tag. Das Schlimmste war, als sie mir einen Plastiksack über den Kopf stülpten. Jedes Mal, wenn du Luft holst, legt er sich über Nase und Mund, und

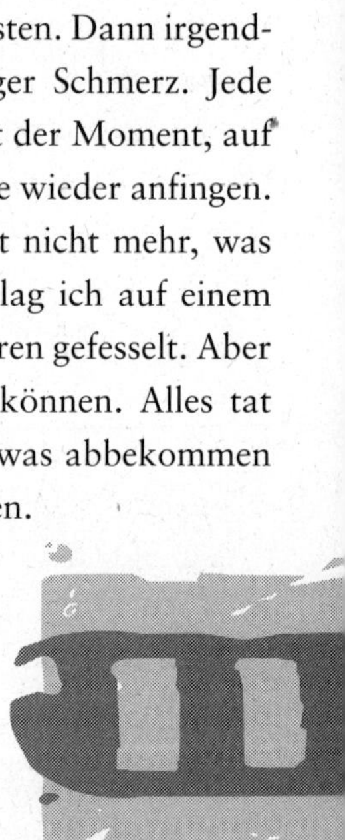

du glaubst zu ersticken. Du gerätst in Panik, und am Schluss sagst du alles, was sie wissen wollen.

Ich habe alles verraten, alle Pläne, das Datum, wer beteiligt war.

Warum ich sie nicht beschwindelt habe? Habe ich ja versucht. Aber wenn du vor Schmerzen halb verrückt bist, fällt es auf, wenn du lügst.

Sie haben mich nicht einmal geschlagen. Sie haben mich nur in den Nachbarraum geführt. Ich hatte die ganze Zeit schon trotz der dicken Wände furchtbares Stöhnen und Schreien gehört. Auf einem Stuhl saß ein junger Schwarzer mit den Füßen in einem Eimer Wasser. An seinen Ohrläppchen, an den Zehen und an den Hüften waren elektrische Drähte angeschlossen.

»Jetzt pass gut auf«, sagte der Weiße, der mich die ganze Zeit verhört hatte. »Du bist der Nächste.«

Er drückte auf einen Knopf in der Wand. Der Körper des Schwarzen fing an zu zucken, er schrie. Es sah schrecklich aus. Es war kein Mensch mehr, nur noch Fleisch, das geschüttelt wurde, und dazu das Gesicht. Als er das Bewusstsein verlor, schalteten sie den Strom ab.

Ich habe nicht wieder versucht, sie anzulügen. Sie konnten gar nicht so schnell mitschreiben, wie ich die Informationen, die sie wollten, ausspuckte.

»Na also, warum nicht gleich!«, meinte mein Gefängniswärter, als sie mich anschließend abführten.

Dabei war ich gar nicht in einem offiziellen Gefängnis. Ich vermute, dass es eine dieser Gefängnisfarmen war, auf der viele Dinge geschehen konnten, die selbst in Südafrika sonst aufgefallen wären.

Erst schätzungsweise drei Tage später verlegten sie mich nach Johannesburg. Genau weiß ich das alles nicht, weil sie mir, sobald ich ins Freie kam, einen Sack über den Kopf stülpten.

Sie führten mich in einen Raum, der fast so ähnlich aussah, wie der auf der Farm. Ein Schreibtisch mit Stuhl für den, der verhörte, und noch ein Stuhl für mich. Ich dachte, es ginge alles von vorne los. Aber der weiße Polizeioffizier lächelte mich nur an.

»Jetzt hör mir einmal gut zu, mein Junge. Es hängt von dir ab, ob du heute Abend in deinem Bett schlafen kannst oder noch eine Weile hier bleiben musst. Du kannst von Glück sagen, dass sich Mijnheer van den Berghe für dich eingesetzt hat. Verstanden?«

Ich nickte.

»Wir haben da noch ein kleines Problem. Deine Informationen neulich haben uns geholfen, diese ganze Verschwörung hochgehen zu lassen. Diesen Thomas haben wir geschnappt und auch die meisten der anderen. Aber Frank Henning und seine kleine Freundin sind uns durch die Lappen gegangen. Spurlos verschwunden. Du kennst doch sicher ihre Schlupfwinkel?«

Ja, da hatte er Recht. Sie hatten oft über die Notwendigkeit gesprochen, plötzlich untertauchen zu müssen. Es gab einige Schlupfwinkel. Aber ich würde sie nicht verraten.

Jetzt, wo die Schmerzen allmählich nachließen, wurde

mir erst so richtig klar, was ich gemacht hatte. Ich hatte sie alle verraten. Niemand würde mir einen Vorwurf machen, erst recht Thomas nicht. Er hatte neulich, als wir abends über unsere mögliche Verhaftung während des Streiks sprachen, zu mir gesagt: »Keiner hat das Recht, jemanden zu verachten oder anzuklagen, der unter der Folter seine Freunde verrät. Sie machen aus dir Tiere, und du handelst nur noch instinktmäßig: Du willst überleben. Und so sagst du ihnen alles, was sie wissen wollen. Manchmal mehr, als du weißt. Nur damit sie nicht wieder anfangen.«

»Ich habe keine Ahnung, wo sie sind. Sie haben mich nicht in alle ihre Pläne eingeweiht. Sie wussten doch, dass ich Verbindungen zur Farm hatte.«

Der Offizier sah mich an.

»Und das soll ich dir glauben? Du weißt sehr gut Bescheid über diesen Streik und wer mitgemacht hat. Warum auf einmal diese Gedächtnislücke? Aber das haben wir gleich.«

Er drückte auf einen Knopf auf seinem Schreibtisch. Sofort erschien ein weiterer Polizist. Sie flüsterten kurz miteinander. Dann kam der Neue zu mir, packte mich am Arm und führte mich durch verschiedene Gänge in einen Raum, der nicht viel anders aussah als die anderen. Ich wurde hineingeschubst, und dann wurde die Tür abgeschlossen.

Zuerst dachte ich, ich bin allein. Bis ich das leise Stöhnen hörte. Und da, an einem Balken, der unter der Decke angebracht war, hing er an seinen Handschellen. Ich möchte lieber nicht beschreiben, wie er aussah. Ich habe ihn kaum wieder erkannt, so blau und geschwollen war sein Gesicht. Das Schlimmste war, er erkannte mich nicht mehr.

»Thomas?«, habe ich gerufen, immer wieder. Er drehte auch den Kopf in meine Richtung, aber seine Augen blickten durch mich hindurch.

Als ich ihm die Fesseln losbinden wollte, führten sie mich ab. Ich habe getreten und um mich geschlagen, bis mich einer von ihnen k. o. schlug.

Als ich wieder wach wurde, spuckte ich Blut und zwei Zähne aus. Soweit ich ertasten konnte, lag ich auf einer Decke auf einer Gefängnispritsche. Sehen konnte ich nicht. Ob es Nacht war oder meine Zelle nur kein Fenster hatte, ich weiß es nicht. Sie ließen mich allein, Stunde um Stunde, bis ich jedes Gefühl für Tag und Nacht verlor.

Ich döste vor mich hin, und jedes Mal, wenn ich einschlief, sah ich Thomas vor mir. Er hatte mich nicht einmal erkannt. Und es war alles meine Schuld.

Mein Kopf tat weh, mir war übel. Als ich aufstand, drehte sich alles, und ich war froh, als ich die Pritsche wieder erreichte. Je länger ich dalag, desto verwirrter wurden meine Gedanken. Jan. Ohm Piet, Großvater, meine Freunde aus der Bewegung. Sie standen auf einmal neben meinem Bett und redeten auf mich ein. Ich schlug mit der Hand nach ihnen, aber ich traf sie nicht. Ich schrie sie an, sie sollten mich in Ruhe lassen.

Sie kamen immer näher. Einer von ihnen hatte eine Spritze in der Hand. Ich trat mit den Füßen nach ihm. Zu zweit hielten sie mich fest, sie spritzten irgendwas in meinen Arm. Und dann bin ich eingeschlafen.

Montag, 31. Januar im Jahre X

Zusammen mit den tausenden anderer Menschen fahre ich wie jeden Morgen aus der jüdischen »Fremdenregion« am Rande von Zwickau ins Zentrum. Während die anderen dann aber vom Zentralbahnhof aus zu ihren Arbeitsplätzen in alle Richtungen auseinander streben, setze ich mich unauffällig ab und gehe durch den Seiteneingang zurück auf den Bahnsteig.

Ich will nach Berlin. Ich muss nach Berlin. Heute noch.

Der Zug ist bereits eingelaufen. Vor jede Tür hat sich ein Wachposten gestellt, um die Einsteigenden zu kontrollieren. Jeder wird heute unter die Lupe genommen, der einen Zug Richtung Berlin besteigt. Der Führer hat Anweisung gegeben, vor allem die Züge aus dem Umkreis der »Fremdenregionen« besonders zu beobachten. Er will am heutigen Tag keine Störung der Feierlichkeiten in der Hauptstadt.

»Warum fährst du heute nach Berlin?«, fragt mich dann auch der Offizier in seiner neuen braunen Uniform, als ich mich unauffällig im Schutz einer kinderreichen Familie hinter dem letzten Familienmitglied durch die Abteiltür drücken will.

Es ist nur eine Routinefrage, die jeder vor mir auch beantwortet hat, aber mir klopft das Herz bis zum Hals.

»Ich will unbedingt dabei sein, heute. Den Führer sehen und hören«, bringe ich heraus und lege dabei so viel Begeisterung wie möglich in die Worte.

Offenbar habe ich ihn überzeugt, denn er nickt beifällig und meint: »Na, dann viel Spaß. Ich wollte, ich könnte auch fahren. Aber Dienst ist Dienst. Und der Führer hat befohlen, die Bahnhöfe um Judistan besonders genau zu kontrollieren. Manchen dieser Juden sieht man das schlechte Blut gar nicht an. Da sind mir sogar die Türken lieber. Schwarze Haare, dunkle Augen, stinken nach Knoblauch. Die riechst du zehn Meter gegen den Wind. Aber so einen Juden! Da gibt es welche, die sehen arischer aus als du und ich: groß, blond, sogar blaue Augen haben sie. Da sieht man mal wieder, wie gefährlich sie sind.«

Der Zug ist überfüllt, aber ich finde noch einen Platz in einem Abteil. Langsam rollt der Zug aus dem Bahnhof und aus der Stadt hinaus. Ein breiter Graben, mit Wasser gefüllt und von Stacheldraht eingerahmt, trennt den Bahndamm von den nebenliegenden Wiesen, die schon zur »Fremdenregion« Judistan gehören.

Es begann zwei Monate nach dem Sieg des Führers. Zuerst kam die Aufforderung an alle nichtarischen Ausländer, binnen einer Woche das Land zu verlassen. Es waren nur wenige, die diese Verordnung ernst nahmen. Die meisten hielten es für einen dummen Scherz oder eine Zeitungsente, wenn auch keine besonders geschmackvolle.

Dann wurde zum Boykott aller jüdischen und ausländischen Geschäfte, Restaurants, Arztpraxen und Anwaltskanzleien aufgerufen. Vor den Geschäften, deren Besitzer den Ariernachweis nicht bringen konnten, patrouillierten uniformierte Angehörige der NRW, der Neuen Reichswehr, die jeden registrierten, der das Verbot umging.

In einem nächsten Schritt wurde von den Beamten ein Ariernachweis gefordert, um Missständen wie der

Beschäftigung von Türken im Polizeidienst, wie es in früheren Jahren durchaus üblich war, ein für alle Mal einen Riegel vorzuschieben.

Im Zuge dieser Verordnung wurden auch gleich alle Mischlinge, solche mit einem arischen und einem nichtarischen Elternteil, entfernt.

Drei Wochen später wurde das Gesetz zum Schutz des deutschen Blutes, das Ehen zwischen Ariern und Nichtariern verbot, aus dem Jahr 1935 wieder eingeführt. Auch freundschaftliche Beziehungen zwischen den Rassen wurden unter Strafe gestellt.

Das Gesetz zur Errichtung der Rassengettos oder der »Fremdenregionen«, wie der Führer es vorzog zu formulieren, bildete den Abschluss. Jeder, der im Reich lebte, musste künftig seinen Pass abgeben. Hierbei wurde gleichzeitig die Zugehörigkeit zu den entsprechenden Rassegruppen festgestellt und im neuen Ausweis vermerkt.

Dieser neue Ausweis regelt seitdem das Leben im Reich. Nichtariern ist der Besuch von Museen, Theatern, Kinos und Universitäten untersagt. Bei den öffentlichen Verkehrsmitteln sind sie gehalten, die für sie reservierten und mit einem roten F wie »Fremder« gekennzeichneten Busse und Züge zu benutzen.

Den größten Teil des Landes, alle Städte und Industriegebiete, hat der Führer zu Ariergebieten erklärt, in denen sich die Nichtarier nur mit einer Spezialerlaubnis aufhalten dürfen, so z.B. wenn sie dort ihrer Arbeit im Auftrag eines Ariers nachgehen. Ansonsten sind für ihren Aufenthalt bestimmte Gebiete als Reservationen abgeteilt wor-

den. So ist z.B. im Emsland die »Fremdenregion Kurdistan« entstanden, die Chinesen bekamen einen Teil des Eichsfeldes zugewiesen, Italiener, Jugoslawen, Spanier und Portugiesen sitzen im Bayerischen Wald.

Die Nichtarier polnischer und russischer Abstammung sind in der »Fremdenregion Neubrandenburg« untergebracht.

Auf zwei Gruppen hat der Führer es besonders abgesehen: auf die Mischlinge und die Juden, denn bei beiden weiß man nicht, wo man sie einordnen soll. Sie gelten als besonders kritisch und in ihrem ganzen Benehmen arierähnlich. Außerdem seien sie anfällig für revolutionäre Theorien.

Judistan bei Zwickau und die Vororte von Frankfurt, wo die Mischlinge in riesigen Hochhaussilos leben, werden deshalb besonders streng bewacht.

Keiner darf die »Fremdenregionen« ohne Genehmigung verlassen. Zum Arbeiten gehen die meisten Männer in die umliegenden Städte, weil es nur dort Arbeit gibt. Viele kehren abends zurück, oft nach stundenlangen Bus- und Zugfahrten.

Nur wenn sie in weiter entfernt liegenden Städten Arbeit gefunden haben, müssen sie ohne ihre Familien als so genannte »Wanderarbeiter« am Rande der Stadt in Hochhaussiedlungen bleiben, die extra zu diesem Zweck errichtet worden sind, denn die Stadtzentren sind ab 20.00 Uhr nur für Arier zu betreten.

Es hat vereinzelt Aufstände gegen diese Regelung gegeben. Aber der Führer hat diesen Augenblick jahrelang vor-

bereitet, und seine gut ausgebildete und mit den modernsten Waffen ausgerüstete Truppe wurde sehr schnell mit den Aufständischen fertig.

Auch die Mischlinge haben sich aufgelehnt und einen Protestmarsch in Richtung Berlin organisiert. Sie kamen keine hundert Kilometer weit. Die Polizei setzte Tränengas und zum ersten Mal auch die mit Gummigeschossen schießenden neuartigen Panzerfahrzeuge ein. »Die Zeiten, als sich die Polizei von vermummten Chaoten zusammenschlagen ließ, sind endgültig vorbei«, kommentierte der offizielle Polizeisprecher nach dem erfolgreichen Abschluss der Aktionen. Die Mehrzahl der Bevölkerung stimmte dem zu.

Zahlen über Verluste bei den Aufständischen wurden nie vorgelegt. Für Journalisten, das heißt für die, die noch berichten dürfen, sind Themen, die die »Fremdenregionen« berühren, ohnehin tabu.

Außer mir sitzen im Abteil noch ein dicker Mann in Uniform in Großvaters Alter und eine Familie mit zwei Kindern. Schon seit einer ganzen Weile unterhalten sie sich lebhaft über das bevorstehende große Ereignis.

Der vielleicht zehnjährige Junge trägt eine neue braune Hose, schwarze Stiefel und eine rote Uniformjacke mit aufgenähtem Hakenkreuz.

»Er ist im Jugendreichsbund, sogar Anführer seiner Gruppe«, berichtet der stolze Vater gerade. »Und heute darf er dem Führer die Grüße der Jugendgruppen aus Zwickau überbringen.«

Der Junge strahlt seinen Vater an. Dann sagt er zu mir

gewandt: »Ich habe zwei Juden gefangen. Sie kamen mir gleich verdächtig vor, wie sie da so durch unsere Straße schlichen. Ich habe sie belauscht, und als mein Verdacht sich bestätigte, habe ich sie sofort dem Gauleiter gemeldet. Und tatsächlich! Sie hatten Judistan ohne Genehmigung verlassen. Und dann sind sie auch noch in Geschäfte gegangen, die für Arier reserviert sind. Als man sie schließlich einfing, wollten sie gerade in den Stadtpark gehen. Sie taten so, als ob sie noch nie etwas davon gehört hatten, dass laut Anweisung aus dem Führerhauptquartier Strände, Parks und andere Vergnügungsorte für Nichtarier gesperrt sind.«

»Und zur Belohnung haben sie meinen Jungen dann zum Anführer seiner Gruppe gemacht«, ergänzt die Mutter.

»Ich erkenne jeden Juden, auch wenn er sich noch so gut tarnt. Instinkt.«

Der dicke Mann neben mir nickt befriedigt.

»Es wurde Zeit, dass den Juden und den anderen Nichtariern im Lande mal gezeigt wurde, wer der Herr im Hause ist. Die fingen ja schon an, uns auf der Nase herumzutanzen. Erst nahmen sie uns die Arbeit weg, dann wollten sie wählen. Wer weiß, wohin das noch gekommen wäre. Na, damit ist jetzt glücklicherweise ein für alle Mal Schluss.«

Er zeigt auf seine neue Uniform. »Meine Frau hat sie extra für diesen Tag geschneidert. Nach einer alten aus dem Dritten Reich. Mein Vater war bei der SS, aber die alte Uniform passt leider nicht.«

Er klopft sich auf den Bauch. Alle lachen. »Der Helm ist

aber noch echt«, fügt er stolz hinzu. »Original Zweiter Weltkrieg.«

Der Junge, der zwei Juden gefangen hat, beobachtet mich schon eine ganze Weile misstrauisch. Oder bilde ich mir das nur ein?

Ich fühle nach meinem Pass, der mit einer Sicherheitsnadel am Innenfutter meiner Manteltasche befestigt ist. Es ist eine gute Fälschung. Ich habe sie schon zweimal auf Kurzausflügen in die Stadt ausprobiert. Beide Male habe ich die Kontrollposten ohne Beanstandungen passiert.

Ein Freund von Mutter aus der Zeit vor dem Sieg des Führers, ein Arier, hat den Pass aus alter Freundschaft mit meinem Bild und den nötigen Stempeln versehen.

»Du hast Glück gehabt«, hat er zum Abschied, als er mir den Pass überreichte, gesagt. »In einem halben Jahr bekommen wir auch für die Juden die fälschungssicheren Sichtkarten. Jede Polizeistation ist dann an den Zentralcomputer in Berlin angeschlossen. Und den Computer kannst du nicht täuschen. Sie stecken deine Sichtkarte in den Schlitz, und innerhalb von Sekunden haben sie alle Daten von dir. Ob du Arier bist, in welche ›Fremdenregion‹ du gehörst und so weiter.« Was in einem halben Jahr passiert, ist mir egal. Ich muss heute Abend dabei sein.

»Wenn du erwischt wirst, kenne ich dich nicht, hörst du«, waren seine Abschiedsworte. »Ich werde alles abstreiten, und sie werden mir glauben.« Sicher werden sie das. Er ist Arier und ich nicht. Ich verstehe ihn. Wer hat schon den Mut, gegen den Strom zu schwimmen? Jeder hat Angst, unterzugehen.

Aber eigentlich kann ja gar nichts passieren. Nur wenn ich großes Pech habe, werden sie mich erkennen. Ich sehe aus wie ein Deutscher, ein arischer Deutscher meine ich: blonde Haare, blaue Augen, groß und schlank, so wie der Führer sich seine Jungs vorstellt.

Die jüdische Großmutter, die ich nie kennen gelernt habe, sieht man mir nicht an. Aber sie ist halt da, irgendwo als Rest in meinem Blut.

Vielleicht sind 10 Prozent meiner weißen Blutkörperchen nichtarisch, vielleicht sind es auch 20 Prozent. Sie reichen jedenfalls aus, um mich nach Judistan zu verbannen, mich und meine Mutter.

Und heute an diesem Abend dürfte ich unter keinen Umständen dabei sein, wenn es nach dem Willen des Führers ginge. Es ist ein rein arisch-deutscher Tag.

Aber ich muss einfach kommen, um zu sehen, wie es aussieht, wenn der Führer am Ziel ist.

Und ich habe ihm auch noch geholfen! Ich habe seine Pläne gekannt. Aber ich habe nichts getan, um sie zu verhindern, weil ich sie nicht so ernst genommen habe.

Draußen fliegen Wiesen, Felder, Dörfer und Städte vorbei. Sind es arische Gebiete? »Fremdenregionen«? Ich kenne mich nicht mehr aus. Wir nähern uns Berlin.

Innerhalb von wenigen Jahren hat sich Deutschland von Grund auf gewandelt. Nicht über Nacht. Oh nein. Es hat schon lange vor dem Sieg des Führers angefangen. Man hat sie nur übersehen, diese kleinen harmlosen Hinweise.

Der Führer hat die Arbeitslosigkeit durch seine Staatsprogramme beseitigt. Das Recht eines jeden Deutschen auf

Arbeit steht nicht mehr nur auf dem Papier. Er hat es verwirklicht.

Auf deutschem Boden befinden sich auch keine amerikanischen Bomber mehr. Die Militärbasen sind vom Führer in deutsche Hände übergeleitet worden.

Das hat das nationale Selbstbewusstsein ungemein gehoben, und man verzeiht dem Führer dafür so manche Einschränkung der eigenen persönlichen Freiheit.

Ist er nicht mit der Ausländerplage im Land auf so elegante Weise fertig geworden? Ja, ein starker Mann an der Spitze, das war mal wieder nötig. Einer, der sagt, wo es langgeht. Ohne diese leidigen Parteiskandale!

Es dämmert schon, als der Zug im Bahnhof Friedrichstraße einläuft. Durch die beschlagenen Abteilfenster kann ich die vielen Menschen erkennen, die sich auf dem Bahnsteig zusammendrängen. Und zu meinem Schrecken sehe ich zwischen ihnen die braunen Uniformen der Reichspolizei, die verstärkt Passkontrollen durchführt.

Der Zug hält. Ich halte mich dicht hinter der Familie aus Zwickau und dem Dicken mit der SS-Uniform. Vielleicht habe ich Glück, und sie denken, ich gehöre dazu.

»Heil Hitler«, grüßt der Beamte, und unsere rechten Arme schnellen nach vorne. Er winkt ab, als wir ihm unsere Pässe entgegenhalten.

Nicht nötig. Alles Vollblutarier. Das sehe ich doch auf den ersten Blick.«

Hinter der Sperre tauche ich, ohne mich zu verabschieden, in der Menge unter.

Fackelschein über Berlin, der alten und neuen Haupt-

stadt des wieder vereinigten Reiches. Aus allen Teilen des Landes sind die Menschen hierher gekommen, mit Fahnen und brennenden Fackeln bewaffnet.

Die Menge zieht mich mit in Richtung Brandenburger Tor, das lange Symbol der Trennung war, jetzt aber ein Zeichen der Wiedervereinigung ist.

Wie oft habe ich mit Großvater dort gestanden, und wir haben hinübergesehen in den anderen Teil Deutschlands. Auf alten Fotos zeigte er mir, wie es früher da weiter ging. Manchmal führte er mich zu Straßen, die plötzlich an der Mauer endeten, zeigte mir die Reste von Straßenbahnschienen, die nicht mehr benötigt wurden. Dort also, auf dem Vorplatz des Brandenburger Tores, will der Führer heute am Abend des 31. Januar offiziell das »Vierte Reich« ausrufen.

Die Innenstadt ist weiträumig für den privaten Autoverkehr gesperrt worden. Überall in den Bäumen sind Lautsprecher montiert, damit auch die, die vor dem Tor keinen Platz mehr finden, die Rede des Führers verfolgen können.

Aus den Seitenstraßen stoßen immer mehr Menschen zu uns, ältere, junge, aber auch Familien mit Kindern. Viele tragen die braunrote Uniform des Jugendreichsbundes. Menschen, Fackeln, Fahnen, Hakenkreuze überall.

Ich gehe neben einem alten Mann, der Mühe hat, das Tempo mitzuhalten. Er sieht mich strahlend von der Seite an. »Dass ich das noch miterlebe! Es ist wie anno '33. Wer hätte das vor einigen Jahren für möglich gehalten?«

Laut hupend bahnt sich eine Autokolonne den Weg

durch die Menschenmenge. Vorweg ein Militärfahrzeug, dahinter drei beschlagnahmte Sanitätswagen des Roten Kreuzes, mit Soldaten bemannt. Das Rote Kreuz und die anderen Hilfsorganisationen lehnen eine Zusammenarbeit mit der neuen Regierung ab – jedenfalls zurzeit noch.

Dann das Aufnahmeteam des Neuen Reichsfernsehens (NRF), das die Bevölkerung mit Heimatfilmen und Sängerwettbewerben erfreut, also ganz ohne Sex und Gewalt, so wie der Führer es seit langem gefordert hat.

Auch die Neue Presse ist vertreten. Um Berufsverbote und Hausdurchsuchungen zu vermeiden, haben sich viele Journalisten schon bald nach dem Sieg des Führers einer freiwilligen Selbstzensur unterworfen. Bestimmte Themen werden stillschweigend übergangen und im Übrigen das geschrieben, was der Führer hören möchte.

Der alte Mann stößt mich an. »Sieh dich einmal um! Merkst du nichts?«

Ich kann nichts Auffälliges an den grauen Häuserreihen entdecken, wenn man mal von den Fahnen absieht, die jedes Haus vorschriftsmäßig gehisst hat.

»Da, merkst du denn nicht, dass nur Deutsche hier sind? Keine Türken, keine Chinesen, keine Neger. Da hat der Führer eine wahrhaft geniale Idee gehabt mit den Zonen für Arier und Nichtarier. Warum ist das bloß früher niemandem eingefallen? Hier!«

Er zeigt auf einen leer stehenden Laden, bei dem die Scheiben eingeschlagen und ein riesiger Davidsstern einsam auf dem Rest einer Glasscherbe prangt.

»Hier hatte sich wieder ein Jude eingenistet. Jetzt sitzt er

in Judistan, und hier soll ein deutscher Tabakladen entstehen. Und dort drüben! Da hatte so ein Kümmeltürke sein Geschäft. Jeden Morgen wimmelte es von Frauen mit Kopftüchern. Wenn du da vorbeigingst, konntest du denken, du bist im Ausland. Ein türkisches Kauderwelsch mitten in Berlin.

Einfach fantastisch, diese ›Fremdenregionen‹. Und so ganz unblutig. Stell dir vor, wir hätten all diese Nichtarier wieder ins KZ gesteckt. Na, das hätte international aber Ärger gegeben! Das hätten die Amerikaner sicher nicht so hingenommen. Ich bin sowieso überrascht, dass sie nicht eingreifen.«

Dem alten Mann geht die Puste aus. Er sieht mich an, als erwarte er die Antwort von mir.

»Der Führer hat ihnen sicher klar gemacht, dass ihre ehemaligen Militärbasen weiterhin gegen den Osten gerichtet sind, wenn auch unter deutscher Aufsicht. Außerdem ist die neue Regierung strikt antikommunistisch. Alle linken Elemente, die in den vergangenen Jahren das politische Klima vergiftet hatten, sind ausgeschaltet. Grüne, Friedensbewegung, Wehrdienstverweigerer, alles wie ausradiert.«

Der alte Mann nickt zufrieden. »Prima, was? Du scheinst ja gut informiert zu sein.«

Diesmal erhält er keine Antwort. Soll ich ihm vielleicht sagen, dass mir diese Sätze so leicht von den Lippen gehen, weil der Führer persönlich sie mir jahrelang sozusagen eingeflößt hat?

Wir nähern uns dem Brandenburger Tor. Es ist hell

erleuchtet und festlich geschmückt. Zwischen den Säulen flattern die roten Fahnen mit dem schwarzen Hakenkreuz auf dem weißen Kreis. In der Mitte Siegesflaggen.

Soldaten der Reichswehr in ihren braunen Uniformen halten die Ehrenwache.

Seit der Wiedervereinigung ist das Tor Ziel unzähliger Touristen, die nach Berlin kommen und einfach nur durch dies Tor marschieren wollen, so als könnten sie es sonst nicht glauben, dass ein vierzigjähriger Traum Wirklichkeit geworden ist.

Und über dieser traumhaften Wirklichkeit übersehen sie die übrigen Veränderungen, die es seit der Machtübernahme des Führers im Lande gegeben hat: die Auflösung von Parteien und Verbänden zugunsten einer Einheitspartei und die Einschränkung wesentlicher Grundrechte.

Vor dem Tor in Blickrichtung »ehemalige DDR« ist das Rednerpult und die Tribüne für die Gäste aufgebaut. Der Platz gleicht einem Meer aus Fahnen, Standarten und Wimpeln. Marschmusik erklingt aus den Lautsprechern.

Ich beiße mir erschrocken auf die Lippen, als ich mich dabei ertappe, wie ich die Melodien mitsumme. Sie klingen immer noch so vertraut.

Auf der Ehrentribüne treffen die ersten Gäste ein. Der Botschafter der Republik Südafrika, dann die Abgeordneten der Amerikaner und der EG-Staaten, die das neue Regime zwar noch nicht anerkannt haben, aber erste zaghafte Kontakte knüpfen wollen. Schließlich kann man auf die Deutschen als starke Wirtschaftspartner nicht verzichten.

Seit Stunden harren die Menschen geduldig auf das Erscheinen des Führers. Trotz der Marschmusik, trotz des Stimmengewirrs kann man plötzlich das Rattern eines Hubschraubers hören.

Ein Aufschrei geht durch die Menge. »Der Führer!«

Alle Köpfe drehen sich nach oben, verfolgen mit den Augen den Hubschrauber, der am Himmel langsam seine Bahn zieht. Er dreht unter den »Heil!«-Rufen der Menge eine Ehrenrunde über dem Brandenburger Tor und setzt dann langsam auf dem Dach eines Hotels zur Landung an.

Stille. Alle warten. Als die ersten Takte des Badenweiler Marsches erklingen, weiß jeder, dass der große Augenblick bevorsteht. Er ist im Anmarsch.

Umgeben von seiner Leibgarde schreitet der Führer nach vorne. Leise »Sieg Heil«-Rufe erklingen. Langsam fallen die Übrigen ein. Als er die Stufen zum Rednerpult emporsteigt, bricht tosender Beifall aus.

Der Führer steht einen Moment bewegungslos in den Anblick der jubelnden Menschen versunken. Dann hebt er den rechten Arm zum Gruß. Die Menschen auf dem Platz tun es ihm nach. Es tritt Stille ein.

Der alte Mann stößt mich an. Da nehme auch ich meinen Arm hoch. Aber ich balle die Faust und hoffe, dass es im Dunkeln niemand bemerkt.

Das Deutschlandlied erklingt. »Deutschland, Deutschland über alles!« Es klingt gewaltig. Es geht durch einen durch und endet mit einem Kribbeln im Bauch.

Dem alten Mann neben mir laufen die Tränen über das Gesicht. »Dass ich das noch erlebe!«, flüstert er.

Sie singen alle drei Strophen. Dann braust erneut Jubel auf. Hochrufe auf den Führer erklingen.

Ich drängle mich durch die Menge nach vorne, schubse, puffe, werde gepufft, bis ich in der ersten Reihe stehe, direkt vor dem Rednerpult.

Das Gesicht des Führers. Ich kenne es so gut. Und doch glaube ich, es zum ersten Mal zu sehen. Ich sehe den Triumph in seinen Augen. Er hat es geschafft. Er ist am Ziel. Die Arbeit der letzten Jahre, die nächtelange Planung, es hat sich am Ende ausgezahlt.

Er hebt die Hand. Die Menge verstummt.

»Deutsche!«, ruft er ins Mikrofon, und seine Stimme überschlägt sich fast.

»Deutsche! Dies ist der Tag, auf den wir seit dem Ende des Krieges gewartet haben. Über vierzig Jahre hindurch hat man uns das Singen unserer Nationalhymne mit all ihren herrlichen Strophen untersagt.

Kinder, Jugendliche, ja selbst viele Erwachsene kannten kaum mehr den Text.

Jetzt erklingt er wieder, in den Schulen, in den Betrieben zu Beginn jeder Schicht, in den Kinos und Theatern.

Wir haben aufgehört, eine Kolonie der Coca-Cola-Imperialisten aus Amerika zu sein. Der Deutsche bestimmt sein Schicksal wieder selbst.

Und dies wird so bleiben, so lange unser Viertes Reich besteht: von nun an bis in alle Ewigkeit!«

»Amen!«, schreien die Menschen auf dem Platz, und ein unbeschreiblicher Jubel bricht aus.

Der Jubel schwappt auf mich über wie eine große Welle.

Sie trägt mich mit fort. Ich werde Teil der Welle. Ich schreie mit.

Sieg Heil!

Mit einer Handbewegung bringt er die Menschen wieder zum Schweigen.

»Wir sind es dem Andenken unseres wahren Führers, Adolf Hitler, schuldig, dass wir seine Ideen und Pläne ...«

Er stockt mitten im Satz. Er hat mich gesehen. Er runzelt die Stirn, wie ich das von ihm kenne, wenn ihm etwas in die Quere gekommen ist.

Er zeigt mit dem Finger auf mich.

»Was macht dieser Jude da? Wie kommt er hierher? An einem solchen Tag wie heute? Er soll entfernt werden.«

Die Stimme überschlägt sich. Die letzten Worte sind nur noch ein heiseres Krächzen.

Die Männer in den schwarzen Lederjacken kommen auf mich zu. Ich stehe wie erstarrt, kann es nicht fassen. Sie packen mich und schleifen mich davon.

»Großvater!«, schreie ich. »Großvater! Erkennst du mich denn nicht mehr? Ich bin es! Daniel! Manfred! Was kann ich dafür, dass ich Jude bin? Es ist doch deine Schuld! Großvater!!«

Schweißgebadet wachte ich auf. Es war immer noch stockdunkel. Ich stand auf und tastete mich an die Tür vor. Dort stand die Schale mit dem Wasser. Ich wusch mein Gesicht und setzte mich auf meine Pritsche. Allmählich wurden meine Gedanken wieder klarer.

Ich musste hier so schnell wie möglich raus. Ich wollte zurück nach Deutschland, mit Großvater reden. Als sie mich dann holten, war ich vorbereitet. Ich hatte keine Angst mehr vor ihnen.

Sie glaubten meine Lügen. Weil ich keine Angst mehr hatte, konnte ich gut lügen. Ich habe ihnen mehrere Stützpunkte zur Auswahl gegeben. Bei allen wusste ich, dass sie längst aufgegeben worden waren, weil Frank befürchtete, die Polizei wüsste davon. Einen kannten sie tatsächlich, die anderen waren neu.

»Das sind alle Verstecke, von denen ich weiß. Aber sicher bin ich nicht, dass sie dort sind.«

»Na, das ist ja immerhin ein Anfang. Wir werden dich jetzt entlassen. Zum Abschluss nur noch eine Frage: Wenn du gefragt wirst: Wurdest du gefoltert?«

Ich schwieg.

»Los, antworte! Hat man dich hier bei der Polizei gefoltert?«

Ich schwieg. Sie konnten mich nicht mehr erschrecken. Da ich nicht sprach, entschloss er sich schließlich zu einem Monolog.

»Niemand hat dich geschlagen. Niemand hat dich angerührt, abgesehen von dem Mal, wo du um dich getreten hast. Das war aber Notwehr des Polizisten.

Und darum erzähle keine Märchen, wenn du draußen bist. Eure Journalisten sind ganz wild auf diese Gerüchte.«

»Aber ich habe gesehen, wie ...«

»Was du gesehen hast, ist deine Sache. Du bist nicht gefoltert worden. Das wollen wir mal festhalten.«

Ich schwieg. Und schweigend ließen sie mich an einer Seitenstraße hinaus.

Eine Woche später flog ich zurück nach Deutschland. Es war einen Tag, nachdem Thomas' Tante plötzlich bei den Hennings erschienen war. Sie wollte nicht hereinkommen. Sie sagte nur, dass Thomas tot ist.

»Diese Schweine! Sie haben ihn umgebracht. Wir müssen etwas unternehmen. Ich habe ihn gesehen, als er schon halb tot an dem Balken hing.«

Sie schüttelte den Kopf.

»Sie haben ihn am gleichen Tag wie dich freigelassen. Sie müssen befürchtet haben, dass du redest, falls er in der Haft stirbt. Sie haben das Aufsehen nicht nötig.«

»Sie haben ihn freigelassen? Wieso ist er dann tot?«

»Ich habe ihn gepflegt, heute Morgen ist er zum ersten Mal wieder nach draußen gegangen. Er ist von Schwarzen umgebracht worden.«

»Von Schwarzen??«

Sie fing an zu weinen. »Weißt du, wenn bei uns ein Schwarzer aus der Haft entlassen wird, der wie Thomas gefoltert wurde, dann gerät er leicht in Verdacht. Sie haben geglaubt, dass er andere verraten hat. Vielleicht ist er nur freigekommen, weil er bereit ist, als

Polizeispitzel zu arbeiten, haben sie gedacht. Und da denken manche, bevor er mich verrät, ist es besser, er stirbt.«

»Aber warum hast du den Leuten von Thomas erzählt?«

»Meinst du, man kann in unseren Hütten etwas tun, von dem die Nachbarn nichts wissen?«

»Du meinst, eure Nachbarn ...«

Sie schüttelte den Kopf.

»Es war Jonathan«, sagte sie leise. »Er hat Thomas nie verziehen, dass er mit Weißen zusammengearbeitet hat. Thomas wollte ein neues Südafrika bauen mit den Weißen zusammen. Er hat an eine Aussöhnung mit ihnen geglaubt. Jonathan dagegen sieht in jedem Weißen einen Unterdrücker, und Thomas war für ihn ein Verräter an der schwarzen Sache.«

»Wie ... ich meine, wie haben ...?« Ich mochte nicht aussprechen, an was ich dachte.

Sie nickte.

»Sie haben ihm den Benzinreifen um den Hals gelegt und angezündet. Wie einen Verräter haben sie ihn umgebracht.«

»Aber Thomas hat bestimmt nicht ...«

»Das weißt du und das weiß ich. Thomas hat zu denen gehört, die nicht mehr in Hautfarben dachten. Aber in den heutigen Zeiten ist jeder misstrauisch. Lieber er als ich.«

Thomas tot. Von Frank und Nancy keine Spur. Sie leben, sind untergetaucht, versuchen ins Ausland zu fliehen. Glenn wollte mir nicht mehr verraten.

»Wir machen dir keine Vorwürfe«, hat sie gesagt. »Aber es ist besser, du weißt nicht mehr.«

Ralf war da mit einem Brief von Großvater. Ralf ist sauer auf mich. Er sagt, ich habe wohl nur Mist gebaut da unten. Die Jungs haben eine ziemliche Wut auf mich.

»Nicht auszudenken, was sie jetzt von uns halten. Du bist mir ein schöner Vertreter gewesen!«

Major Herbert will kommen, um die Sache zu klären.

Mir egal. Soll er doch kommen. Es gibt nichts mehr zu klären.

Wenn nur Großvater nicht wäre. Er schreibt, er vermisse mich. Warum ich nicht komme. Ob ich dort unten krank geworden sei.

Im Gegenteil, Großvater. Gesund bin ich geworden.

Warum, Großvater? Warum musste ich die Grabsteine auf jüdischen Friedhöfen umstoßen? Was hast du mit meiner Großmutter gemacht? Hast du gewusst, dass sie im KZ gestorben ist? Du hast es gewusst. Du musst es gewusst haben.

Warum hast du dann gesagt, das mit den KZs sei Lüge? Und warum fängst du alles von vorne an? Willst du, dass bei uns wieder Menschen sterben, nur weil sie anders sind?

Ich werde hingehen und ihm sagen, dass ich Bescheid weiß. Ich werde ihn fragen, warum er mich belogen hat. Ich werde ihm sagen, dass ich ihn abscheulich finde, dass ich genau wie meine Mutter weggehen werde. Und dass ich nichts mehr mit ihm zu tun haben will.

Ich werde ihm sagen ...

Ich werde ihn einfach nur fragen, was er mit Mutter und mir vorhat, falls seine Pläne eines Tages Wirklichkeit werden.

Ich habe keine Angst vor Major Herbert und keine Angst vor Ralf und den anderen Jungs.

Aber ich habe Angst vor Großvaters Antwort.

Nachwort

Dies Buch ist in den Jahren 1986 bis 1989 geschrieben worden und bezieht sich daher auf die damalige Situation in Südafrika.

Apartheid in Südafrika bedeutete Rassentrennung auf allen Gebieten des menschlichen Lebens – im persönlichen wie im öffentlichen Bereich. Konkret hieß dies: nach Rassen getrennte Wohngebiete, Busse, Parkanlagen, Schulen und Strände. Apartheid bedeutete die Herrschaft einer kleinen weißen Minderheit über die Mehrheit der Nichtweißen.

Inzwischen haben sich die politischen Verhältnisse in Südafrika radikal geändert. Die Apartheidgesetze sind abgeschafft, die Delegierten im Verfassungsforum haben sich auf wichtige Verfassungsgrundsätze geeinigt: Gleichheit aller Rassen, Anerkennung und Schutz der Vielfalt von Sprachen und Kulturen u. a. Am 27. April 1994 haben die ersten Wahlen unter Beteiligung aller Südafrikaner stattgefunden.

Ein Referendum im März 1993 zeigte, dass die Mehrheit der weißen Bevölkerung hinter der Reformpolitik des Präsidenten de Klerk stand. Dennoch darf man nicht übersehen, dass immerhin ein Drittel dagegen stimmte. Auch die Zahl der Weißen, die zurück zum reinen Apartheidstaat wollen, jede Reform ablehnen und ihre alten Rechte notfalls mit dem Gewehr in der Hand verteidigen würden, steigt. Unter der schwarzen Bevölkerung gibt es ebenfalls viele, die Verhandlungen als Zeitverschwendung ansehen. Sie wollen die Schwarzen durch eine Revolution an die Macht bringen. Zunehmend kommt es auch zu blutigen Auseinandersetzungen zwischen den verschiedenen Organisationen der Schwarzen, vor allem zwischen Anhängern des ANC und Anhängern der Inkatha-Bewegung des Zuluführers Buthelezi, um die Führungsrolle im zukünftigen Südafrika.

Die gesetzlichen Grundlagen für ein neues Südafrika, in dem alle Rassen gleichberechtigt sind und friedlich miteinander leben könnten, wurden zwar geschaffen: In den Köpfen vieler Menschen aber hat sich noch nicht viel geändert.

Und wie sieht es bei uns aus? Was hat die Situation in Südafrika mit Deutschland zu tun?

Bei uns gibt es keine Apartheidgesetze, hat es nie gegeben. Seit 1949 steht im Grundgesetz festgeschrieben:

»Alle Menschen sind vor dem Gesetz gleich. Niemand darf wegen seines Geschlechtes, seiner Abstammung, seiner Rasse, seiner Sprache, seiner Heimat und Herkunft, seines Glaubens, seiner religiösen oder politischen Anschauungen benachteiligt oder bevorzugt werden.« (Artikel 3)

Und doch fühlen sich seit einigen Jahren Ausländer bei uns zunehmend benachteiligt, verfolgt und bedroht. Durch den zahlreichen Zustrom von legalen und illegalen Asylbewerbern, durch die jahrelangen Diskussionen um ein neues Asylrecht, durch das Auftreten vieler Fremder in unseren

Städten bröckelte manches von der Ausländerfreundlichkeit in Deutschland ab. Es kam und kommt immer wieder zu Gewalttaten Einzelner gegenüber Ausländern.

In einem Aufsatz schreibt eine 14-jährige Schülerin aus der Türkei nach Anschlägen auf das Asylbewerberheim in Solingen: »Ich habe jetzt Angst, alleine mit der S-Bahn zu fahren, und ich habe Angst, abends auf die Straße zu gehen. Jeder sieht, dass ich keine Deutsche bin, weil ich schwarze Haare und braune Haut habe. Meine Eltern kamen vor 14 Jahren hierher, weil sie wegen ihrer christlichen Religion verfolgt wurden. Sie hatten gehofft, in Deutschland ein Leben in Frieden zu führen. Aber jetzt haben wir so langsam die Hoffnung verloren, dass das in Deutschland möglich sein wird.«

Viele Deutsche fragen sich nach den Anschlägen auf Asylbewerberheime und den Angriffen auf Ausländer in einigen Städten entsetzt: »Wie konnte so etwas bei uns passieren?«

Damit konnte keiner rechnen.

Konnte man es wirklich nicht?

Schon seit einiger Zeit sind an deutschen Schulen und an den Stammtischen wieder Töne vernehmbar, die nachdenklich machen sollten.

Einige Beispiele:

– Schülergespräch in einer ersten Grundschulklasse:

Sylvia fragt ihre deutsche Mitschülerin: »Aber mich lädst du doch zu deinem Geburtstag ein? Ich bin doch nur polnisch, und das ist doch nicht so schlimm wie türkisch, oder?«

– Schülerwitz aus einer zweiten Grundschulklasse:

Ein Deutscher, ein Chinese und ein Türke stehen vor einem Haus. Der Deutsche geht hinein und kommt wieder herausgelaufen. »Igitt! Eine Spinne!« Der Chinese geht hinein und kommt ebenfalls herausgelaufen. »Igitt! Eine Spinne!«, ruft er. Dann geht der Türke. Da kommt die Spinne herausgelaufen. »Igitt! Ein Türke!«

– Hamburg, 20. April. Hitlers Geburtstag. Wie jedes Jahr an diesem Tag bedrohen auch diesmal rechtsradikale Skinheads ausländische Familien. Viele Kinder bleiben zu Hause, türkische Geschäfte haben geschlossen, die Straßen, in denen ausländische Familien wohnen, sind menschenleer. Am nächsten Tag sagt eine deutsche Mutter zu mir: »Zum Glück ist ja nichts passiert. Ich habe nichts gegen Ausländer, aber irgendwie habe ich doch Angst vor Überfremdung.«

In Deutschland gibt es keine Apartheidgesetze, und es gibt auch keine Rassentrennung in Bussen, Parkanlagen, Wohngebieten oder Schulen, aber es gibt wieder sehr viele ausländische Mitbürger, die Angst haben müssen, weil sie nichtdeutsch
sind.

Zeittafel

Beschränkt sich auf die wichtigsten äußeren Eckdaten und die Gesetze, die das Zusammenleben der verschiedenen Bevölkerungsgruppen in Südafrika regeln.

1652 Die Holländer errichten am Kap der Guten Hoffnung einen Versorgungsposten für die Schiffe der holländisch-ostindischen Kompanie, die hier auf ihrem Weg zwischen Holland und Java vorbeikamen.

18. Jh. Siedler und Viehzüchter (vor allem holländische Buren) ziehen vom Kap Richtung Norden und Osten.
Vereinzelte Kämpfe mit schwarzen Stämmen.

1814 Die Kolonie geht in englischen Besitz über.

1828/34 Die Sklavenhaltung wird verboten, das Englische wird Amtssprache.

1836 Tausende von Buren (Treckburen, Voortrecker) ziehen aus Protest gegen die englischen Gesetze mit ihren Familien, ihren Sklaven und dem Vieh nach Norden.

1838 Die Buren besiegen den Zulukönig Dingaan und gründen eine eigene Republik in Natal (1839); 1852 den Oranje-Freistaat.

1866 Erste Diamantenfunde auf burischem Gebiet. Die Briten besetzen daraufhin Kimberley und annektieren Transvaal. Aufstand der Buren unter Paul (Ohm) Krüger.

1899/1902 Burenkrieg: Er endet mit dem Sieg der Engländer; die beiden Burenrepubliken werden britische Kolonien.

1910 Die Provinzen Transvaal, Natal, Oranje-Freistaat und das Kapland werden zur Südafrikanischen Union zusammengeschlossen und dem britischen Empire angegliedert.

1913 Black Land Act: den schwarzen Bevölkerungsgruppen werden bestimmte Gebiete zur Ansiedlung zugewiesen (= 13% des Landes). Verbot, außerhalb zu siedeln.

1923 Black Urban Aa: Schwarze dürfen in weißen Städten nicht auf Dauer sesshaft werden. Der Pass für Schwarze wird eingeführt, um die Zuzugsbeschränkungen zu kontrollieren.

1948 Sieg der burischen Nationalpartei bei den Parlamentswahlen; in den folgenden Jahren werden die verschiedenen Apartheidgesetze verabschiedet:

1949 Die Ehe zwischen verschiedenen Rassen wird verboten. Ergänzung 1957: Verbot des gemischtrassigen Geschlechtsverkehrs.

1950 Population Registration Act: Alle Bürger werden verschiedenen Rassegruppen (Weiße einschl. Japaner, Inder, Asiaten, Schwarze und Mischlinge) zugeordnet und registriert.
Group Areas Act: Den verschiedenen Bevölkerungsgruppen werden bestimmte Gebiete in Stadt/Land zugewiesen.

1953 Black Education Act: Für weiße und nichtweiße Kinder wird eine unterschiedliche Schulausbildung festgelegt.
Reservation of Separate Amenities Act: Die sog. »Kleine Apartheid« wird gesetzlich vorgeschrieben: Parks, Toiletten, Strände, öffentliche Verkehrsmittel, Krankenhäuser werden nach Rassen getrennt.

1956 Mines and Work Act / Industrial Conciliation Act: Bestimmte Arbeitsplätze werden nur für Weiße reserviert.

1959 Extension of University Act: Getrennte Universitäten für Schwarz und Weiß werden geschaffen.

1961 Die Republik wird ausgerufen; die Verbindungen zur britischen Krone werden gelöst. Urban Black Council Act: In den schwarzen Townships wird eine Art Gemeindeselbstverwaltung eingeführt, 1986/87 ausgebaut.

1970/71 Die zehn Völker der Schwarzen in Südafrika bekommen in ihren »Homelands« Selbstverwaltungsrechte (gesetzgebende Versammlungen mit einem Chief Minister). Aufstand der Schwarzen in Soweto.

1976 Einige »Homelands« werden unabhängig: Transkei, Bophuthatswana, Venda, Ciskei (1981). Alle sind weiterhin wirtschaftlich und damit auch politisch von Südafrika abhängig; kein Staat der Welt erkennt diese Unabhängigkeit an.

1984 Die neue Verfassung tritt in Kraft: Grundlage bleibt die Rassenzugehörigkeit. Farbige und Asiaten erhalten in eigenen Kammern Mitspracherecht in Fragen, die ihre Volksgruppe betreffen. Alle wichtigen Entscheidungen bleiben in der Hand der Weißen. Die schwarze Mehrheit bleibt weiterhin ausgeschlossen.

1985 Zunehmende Proteste von schwarzen Gewerkschaften, dem ANC und anderen oppositionellen Gruppen; Verhängung des Ausnahmezustandes.

1985/86 Präsident Botha führt Reformen ein: Aufhebung des Verbotes von Mischehen, des Verbotes gemischtrassiger Parteien, Abschaffung des »Passes« für Schwarze, der Rassenschranken in Hotels, Theatern und Kinos (auf Antrag!), Lockerung der Beschränkungen der Wohnsitzwahl, Abschaffung der job reservation für Weiße.

1989 Parlamentswahlen in Südafrika: Die Schwarzen dürfen auch diesmal nicht teilnehmen. Sie protestieren mit einem Generalstreik. Die Nationale Partei unter Präsident de Klerk behält ihre Mehrheit, wenn auch mit starken Stimmverlusten. Die Konservative Partei (Wahlmotto: Zurück zur reinen Apartheid) gewinnt Stimmen dazu, aber ebenso die Demokratische Partei, die die völlige Abschaffung der Apartheid fordert.

1990 Präsident de Klerk hebt das Verbot des ANC auf. Am 11. 2. wird Nelson Mandela nach 26 Jahren aus der Haft entlassen. Der ANC erklärt sich bereit, mit friedlichen Mitteln an der Lösung der südafrikanischen Probleme mitzuwirken.

1991 Das südafrikanische Parlament hebt die letzten diskriminierenden Apartheidgesetze auf.

1992 Am 17. März befürworten in einer Volksabstimmung 68,7 Prozent der weißen Wähler die Fortsetzung der Reformen.

1993 Am 2. Juli einigen sich die Delegierten im Verfassungsforum auf die wichtigsten Grundsätze, die im neuen Südafrika gelten sollen. Die ersten allgemeinen Wahlen unter Beteiligung aller Südafrikaner sind für den 27. April 1994 angesetzt.
Die zwischen den Parteien geschlossenen Vereinbarungen stoßen sowohl bei den linksradikalen Kräften im ANC als auch bei den rechtsextremen Weißen auf wachsenden Widerstand. Blutige Anschläge von beiden Seiten sind an der Tagesordnung.
Am 23. September nimmt das südafrikanische Parlament in Kapstadt das Gesetz zur Bildung

eines Übergangsexekutivrates mit großer Mehrheit an.
Am 18. November wird die neue Verfassung für die Übergangszeit verabschiedet. Darin sind u.a. eine Regierung der nationalen Einheit, ein demokratisches Regierungssystem auf drei Ebenen und ein Grundrechtekatalog festgeschrieben. Staatsoberhaupt ist ein Exekutivpräsident. Das Parlament besteht aus zwei Kammern (Nationalversammlung, Senat). Das allgemeine Wahlrecht gilt für alle Südafrikaner.
Am 10. Dezember erhalten der südafrikanische Staatspräsident, Frederik de Klerk, und der Präsident des ANC, Nelson Mandela, den Friedensnobelpreis.
Am 22.12. wird die Übergangsverfassung vom Parlament verabschiedet.

1994 Vom 26.–28. April dürfen erstmals alle Bürger des Landes, die das 18. Lebensjahr vollendet haben, wählen: das nationale Parlament in Kapstadt und die Parlamente in den 19 Provinzen. 27 politische Parteien beteiligen sich an der Wahl. Sieger der Wahlen wird der ANC, gefolgt von der Nationalen Partei (NP) und der Inkatha-Freiheitspartei (IFP).
Am 9.5. wählt die neue Nationalversammlung

Nelson Mandela zum Präsidenten der Republik Südafrika.

1996 Am 9. Mai wird die neue Verfassung verabschiedet; es ist eine Weiterentwicklung der Übergangsverfassung aus dem Jahr 1993.
Die Nationale Partei (NP) hat zwar der Verfassung zugestimmt, verlässt aber am 30.6.96 die Regierung. Der Afrikanische Nationalkongress (ANC), die Partei Mandelas, regiert nun das Land allein.

1997 Der Wandlungsprozess in Südafrika zur Beseitigung der Apartheid ist erstaunlich friedlich verlaufen, obgleich die gravierenden Veränderungen und die regionale Neugliederung des Landes für die Menschen tief greifende Einschnitte in allen Lebensbereichen mit sich brachten.
Doch viele Alltagsprobleme bleiben noch ungelöst: die Integration aller Bevölkerungsteile, die hohen Arbeitslosenzahlen, das Riesengefälle zwischen Arm und Reich, die anhaltende Korruption und der Amtsmissbrauch, die ständig steigende Kriminalität, vor allem in den Großstädten, die Sicherung der weltweiten Wettbewerbsfähigkeit der Wirtschaft.

Die Euphorie des großen Umbruchs ist inzwischen verflogen. Ernüchtert und ungeduldig warten nach wie vor Millionen schwarzer Bürger auf die Verbesserung ihrer Lebensverhältnisse, denn die sozialen Bedingungen für den Einzelnen haben sich trotz des Sieges über die Apartheid, trotz der politischen Erfolge noch nicht wesentlich verbessert.